Daolu Weixian Huowu Yunshu Congye Renyuan
道路危险货物运输从业人员
Anquan Jiaoyu Peixun Jiaocai
安全教育培训教材

道路危险货物运输从业人员安全教育培训教材编委会 编

人民交通出版社股份有限公司
China Communications Press Co.,Ltd.

内 容 提 要

本书内容共包括5篇,分别是基础知识篇、安全管理人员篇、驾驶员篇、押运人员篇和信息技术应用推广篇。其中第一篇和第五篇是道路危险货物运输企业所有从业人员均须掌握的通用理论知识,第二、三、四篇则是分别针对道路危险货物运输企业安全管理人员、驾驶员、押运人员的业务知识。

本书适用于道路危险货物运输从业人员安全教育培训。

图书在版编目(CIP)数据

道路危险货物运输从业人员安全教育培训教材/道路危险货物运输从业人员安全教育培训教材编委会编.—北京:人民交通出版社股份有限公司,2019.1

ISBN 978-7-114-15274-0

Ⅰ.①道… Ⅱ.①道… Ⅲ.①公路运输—危险货物运输—交通运输安全—安全培训—教材 Ⅳ.①U492.8

中国版本图书馆 CIP 数据核字(2018)第 293811 号

书　　名:道路危险货物运输从业人员安全教育培训教材
著 作 者:道路危险货物运输从业人员安全教育培训教材编委会
责任编辑:翁志新
责任校对:张　贺
责任印制:张　凯
出版发行:人民交通出版社股份有限公司
地　　址:(100011)北京市朝阳区安定门外外馆斜街3号
网　　址:http://www.ccpress.com.cn
销售电话:(010)59757973
总 经 销:人民交通出版社股份有限公司发行部
经　　销:各地新华书店
印　　刷:北京市密东印刷有限公司
开　　本:787×1092　1/16
印　　张:21.75
字　　数:380 千
版　　次:2019 年 1 月　第 1 版
印　　次:2019 年 1 月　第 1 次印刷
书　　号:ISBN 978-7-114-15274-0
定　　价:50.00 元

(有印刷、装订质量问题的图书由本公司负责调换)

道路危险货物运输从业人员
安全教育培训教材编委会

主　任：谢朝辉　李鸿德　沈　民
副主任：许　康　周　勇　涂子学
委　员：钟　媚　李明星　郭　静
　　　　胡显斌　吕志坚　鲁定秋
　　　　贾杰山　邵　媛　何珏颖
　　　　周凤姣

前言

随着新时代的到来,经济不断发展,各行各业对危险货物的需求量也在不断增加。道路运输具有"机动""灵活"和"门到门服务"等明显优势,因此大部分危险货物流通是通过道路运输来完成的。由于危险货物具有爆炸、易燃、毒害、感染、腐蚀等危险特性,完成运输任务是一项技术性和专业性均很强的工作,在整个运输操作过程中稍有不慎,便可能对人民群众的生命财产安全以及环境造成严重危害。因此,必须要求道路危险货物运输企业的安全管理人员、驾驶员、押运人员以及从事本行业工作的相关人员了解危险货物的基本知识,掌握所从事职业的相关技能和管理知识,严格执行国家和行业管理的法规和标准等,切实做到"安全第一、预防为主、综合治理"。尤其要强调的是,我国有关法律法规对从业人员培训提出了明确要求,如:《中华人民共和国安全生产法》要求"从业人员应当接受安全生产教育和培训,掌握本职工作所需的安全生产知识,提高安全生产技能,增强事故预防和应急处理能力";《道路危险货物运输管理规定》要求"从事道路危险货物运输的驾驶人员、装卸管理人员、押运人员应当经所在地设区的市级人民政府交通运输主管部门考试合格,并取得相应的从业资格证"。

为了全面贯彻落实《中华人民共和国安全生产法》《危险化学品安全管理条例》《中华人民共和国道路运输条例》《道路危险货物运输管理规定》等有关法律法规的要求,进一步加强道路危险货物运输从业人员安全教育培训工作,提高其安全经营、安全从业意识和安全素养,从源头上减少、杜绝重大责任事故的发生,保障运输安全,特编写本教材。

全书内容在结构设计上共分为5篇,包括基础知识篇、安全管理人员篇、驾驶员篇、押运人员篇和信息技术应用推广篇。其中第一篇和第五篇是所有道路危险货物运输从业人员均须掌握的基本知识,第二、三、四篇则是分别针对道路危险货物运输企业安全管理人员、驾驶员、押运人员所讲述的业务知识。

本书经过大量的调研和考察编写而成,具有以下特点:

(1)依据最新法规要求编写,针对性较强,符合行业管理要求。

(2)理论与实际紧密结合。

(3)本教材侧重企业实际安全生产管理要求,实用性强。

(4)本教材全国适用,通用性强。

许康和周勇负责全书的内容结构设计和统稿工作。涂子学、钟媚、李明星、郭静、胡显斌、吕志坚、鲁定秋、贾杰山、邵媛、何珏颖、周凤姣参与了本书的编写。谢朝辉、李鸿德和沈民参与了本书的审稿。在编写过程中,参考了大量的文献资料,吸收了众多专家、学者的研究成果,在此谨向他们表达衷心的感谢!

由于编者的水平有限,书中难免有不足或不妥之处,敬请有关专家和从事道路危险货物运输的工作者批评指正,以便进一步完善和补充。

道路危险货物运输从业人员安全教育培训教材编委会
2019 年元月

目 录

第一篇 基础知识篇

第一章 道路危险货物运输企业概述 ································ 2
  第一节 道路危险货物运输企业资质要求 ······················ 2
  第二节 道路危险货物运输企业从业人员基本要求 ············ 3
  第三节 道路危险货物运输企业营运车辆基本要求 ············ 4

第二章 道路危险货物运输企业安全生产相关的法规及标准 ······ 7
  第一节 道路危险货物运输安全生产有关的法律法规体系 ····· 7
  第二节 道路危险货物运输安全生产有关的技术标准体系 ····· 21

第三章 危险货物的分类与相关特性 ···························· 26
  第一节 货物物理及化学特性 ································· 26
  第二节 危险货物分类及品名编号 ···························· 37
  第三节 各类危险货物定义及特性 ···························· 40

第四章 《危险货物品名表》及其使用 ·························· 79
  第一节 《危险货物品名表》的结构和作用 ·················· 79
  第二节 危险货物运输的限制与相关免除 ····················· 82

第五章 危险货物运输包装常识 ································ 87
  第一节 危险货物运输包装基本要求 ·························· 87
  第二节 危险货物运输包装分类 ······························· 89
  第三节 危险货物运输包装标志 ······························· 95
  第四节 危险货物运输包装英文标识 ·························· 99

第六章 道路危险货物运输安全及事故应急措施 ················ 103
  第一节 爆炸品运输安全及应急措施 ·························· 103
  第二节 气体运输安全及应急措施 ····························· 105
  第三节 易燃液体运输安全及应急措施 ······················· 107

第四节　易燃固体、易于自燃的物质、遇水放出易燃气体的物质运输
　　　　　　安全及应急措施 ··· 109
　　第五节　氧化性物质和有机过氧化物运输安全及应急措施 ············ 112
　　第六节　毒性物质和感染性物质运输安全及应急措施 ················· 113
　　第七节　放射性物质运输安全及应急措施 ································ 116
　　第八节　腐蚀性物质运输安全及应急措施 ································ 118
　　第九节　杂项危险物质和物品,包括危害环境物质运输安全及应急措施
　　　　　　·· 119
第七章　道路危险货物运输常见事故处理及医疗急救常识 ············ 120
　　第一节　常见火灾事故及其防范措施 ····································· 120
　　第二节　医疗急救常识 ·· 123

第二篇　安全管理人员篇

第八章　道路危险货物运输企业安全生产管理 ·························· 134
　　第一节　道路危险货物运输企业安全生产责任制 ····················· 134
　　第二节　道路危险货物运输企业安全管理规章制度建设 ············ 140
　　第三节　道路危险货物运输企业事故隐患排查治理 ·················· 147
第九章　道路危险货物运输托运及承运 ··································· 160
　　第一节　道路危险货物运输托运人责任 ································· 160
　　第二节　道路危险货物运输承运人责任 ································· 166
　　第三节　道路危险货物运输受理 ·· 173
　　第四节　道路危险货物运输相关文件 ····································· 175
第十章　道路危险货物运输事故应急预案 ································ 180
　　第一节　制订事故应急预案的原则 ······································· 180
　　第二节　制订事故应急预案的基本指导思想 ··························· 181
　　第三节　制订事故应急预案的基本要求 ································· 182
　　第四节　事故应急预案基本内容 ·· 192
　　第五节　道路危险货物运输事故的报告和上报程序 ·················· 198

第三篇　驾　驶　员　篇

第十一章　道路危险货物运输企业驾驶员基本要求 ···················· 202
　　第一节　道路危险货物运输驾驶员职业道德 ··························· 202

| 第二节 | 道路危险货物运输驾驶员基本要求 | 205 |

第十二章　道路危险货物运输企业营运车辆基本要求 208
　第一节　道路危险货物运输车辆车型要求 208
　第二节　道路危险货物运输车辆基本要求 215

第十三章　道路危险货物运输车辆防御性驾驶 218
　第一节　防御性驾驶的基本知识 218
　第二节　防御性驾驶技术 220

第十四章　道路危险货物运输事故典型案例分析 236
　案例一　车辆超载引发的事故 236
　案例二　客运车辆违规运输危险货物引发的事故 237
　案例三　使用违规车辆运输危险货物引发的事故 237
　案例四　使用不合格罐式容器车辆运输危险货物引发的事故 238
　案例五　行驶前驾驶员未关闭紧急切断阀引发的事故 239

第四篇　押运人员篇

第十五章　道路危险货物运输押运人员概述 242
　第一节　道路危险货物运输押运人员素质要求 242
　第二节　道路危险货物运输押运人员操作规程 246

第十六章　道路危险货物运输押运过程安全及事故应急措施 251
　第一节　道路危险货物运输押运安全基本要求 251
　第二节　道路运输各类危险货物押运安全要求 254
　第三节　道路危险货物运输押运事故应急措施 264

第五篇　信息技术应用推广篇

第十七章　道路危险货物运输车辆安全实时监控管理系统 270
　第一节　道路危险货物运输车辆安全实时监控管理要求 270
　第二节　道路危险货物运输车辆安全实时监控系统建设情况 272

第十八章　公路集装箱运输的发展与信息技术应用 280
　第一节　我国公路集装箱运输的发展情况 280

第二节　公路集装箱运输信息技术及应用 …………………………………… 282
附录A　道路危险货物运输企业安全生产责任制编制格式 ……………… 296
附录B　道路危险货物运输企业安全生产操作规程 ……………………… 300
附录C　安全教育培训大纲 ………………………………………………… 304
附录D　安全教育考试大纲 ………………………………………………… 324
参考文献 ……………………………………………………………………… 336

第一篇

基础知识篇

　　本篇介绍了道路危险货物运输企业资质及从业人员、营运车辆相关要求，梳理了与道路危险货物运输安全生产有关的法律法规、国家标准、行业标准，分析了各类危险货物的理化特征、运输安全及应急措施，叙述了危险货物的品名编号、《危险货物品名表》、危险货物运输包装等从业人员应该掌握的基础知识。

第一章 道路危险货物运输企业概述

第一节 道路危险货物运输企业资质要求

《道路危险货物运输管理规定》(交通运输部令2016年第36号)第八条规定,申请从事道路危险货物运输经营,应当具备以下条件:

(1)有符合下列要求的专用车辆及设备:

①自有专用车辆(挂车除外)5辆以上;运输剧毒化学品、爆炸品的,自有专用车辆(挂车除外)10辆以上。

②专用车辆的技术要求应当符合《道路运输车辆技术管理规定》(交通运输部令2016年第1号)有关规定。

③配备有效的通信工具。

④专用车辆应当安装具有行驶记录功能的卫星定位装置。

⑤运输剧毒化学品、爆炸品、易制爆危险化学品的,应当配备罐式、厢式专用车辆或者压力容器等专用容器。

⑥罐式专用车辆的罐体应当经质量检验部门检验合格,且罐体载货后总质量与专用车辆核定载质量相匹配。运输爆炸品、强腐蚀性危险货物的罐式专用车辆的罐体容积不得超过20立方米,运输剧毒化学品的罐式专用车辆的罐体容积不得超过10立方米,但符合国家有关标准的罐式集装箱除外。

⑦运输剧毒化学品、爆炸品、强腐蚀性危险货物的非罐式专用车辆,核定载质量不得超过10吨,但符合国家有关标准的集装箱运输专用车辆除外。

⑧配备与运输的危险货物性质相适应的安全防护、环境保护和消防设施设备。

(2)有符合下列要求的停车场地:

①自有或者租借期限为3年以上,且与经营范围、规模相适应的停车场地,

停车场地应当位于企业注册地市级行政区域内。

②运输剧毒化学品、爆炸品专用车辆以及罐式专用车辆,数量为20辆(含)以下的,停车场地面积不低于车辆正投影面积的1.5倍,数量为20辆以上的,超过部分,每辆车的停车场地面积不低于车辆正投影面积;运输其他危险货物的,专用车辆数量为10辆(含)以下的,停车场地面积不低于车辆正投影面积的1.5倍;数量为10辆以上的,超过部分,每辆车的停车场地面积不低于车辆正投影面积。

③停车场地应当封闭并设立明显标志,不得妨碍居民生活和威胁公共安全。

(3)有符合下列要求的从业人员和安全管理人员:

①专用车辆的驾驶员取得相应机动车驾驶证,年龄不超过60周岁。

②从事道路危险货物运输的驾驶员、装卸管理人员、押运人员应当经所在地设区的市级人民政府交通运输主管部门考试合格,并取得相应的从业资格证;从事剧毒化学品、爆炸品道路运输的驾驶员、装卸管理人员、押运人员,应当经考试合格,取得注明为"剧毒化学品运输"或者"爆炸品运输"类别的从业资格证。

③企业应当配备专职安全管理人员。

(4)有健全的安全生产管理制度:

①企业主要负责人、安全管理部门负责人、专职安全管理人员安全生产责任制度。

②从业人员安全生产责任制度。

③安全生产监督检查制度。

④安全生产教育培训制度。

⑤从业人员、专用车辆、设备及停车场地安全管理制度。

⑥应急救援预案制度。

⑦安全生产作业规程。

⑧安全生产考核与奖惩制度。

⑨安全事故报告、统计与处理制度。

第二节 道路危险货物运输企业从业人员基本要求

一、总体规定

道路运输从业人员应当依法经营,诚实信用,规范操作,文明从业。

道路运输从业人员管理工作应当公平、公正、公开和便民。

二、驾驶员的要求

道路危险货物运输驾驶员应当符合下列条件：
(1)取得相应的机动车驾驶证；
(2)年龄不超过60周岁；
(3)3年内无重大以上交通责任事故；
(4)取得经营性道路旅客运输或者货物运输驾驶员从业资格2年以上或者接受全日制驾驶职业教育的；
(5)接受相关法规、安全知识、专业技术、职业卫生防护和应急救援知识的培训，了解危险货物性质、危害特征、包装容器的使用特性和发生意外时的应急措施；
(6)经考试合格，取得相应的从业资格证件。

三、装卸管理人员和押运人员的要求

道路危险货物运输装卸管理人员和押运人员应当符合下列条件：
(1)年龄不超过60周岁；
(2)初中以上学历；
(3)接受相关法规、安全知识、专业技术、职业卫生防护和应急救援知识的培训，了解危险货物性质、危害特征、包装容器的使用特性和发生意外时的应急措施；
(4)经考试合格，取得相应的从业资格证件。

第三节　道路危险货物运输企业营运车辆基本要求

一、车辆设备的技术要求

1 车辆技术要求

(1)危险货物运输车辆技术性能应符合《机动车运行安全技术条件》(GB 7258—2017)、《道路运输车辆综合性能要求和检验方法》(GB 18565—2016)和《道路运输车辆技术等级划分和评定要求》(JT/T 198—2016)规定的一级技术等级，并应按照《道路运输危险货物车辆标志》(GB 13392—2005)的要求，悬挂危险品运输标志，喷涂警示标志和安全告示。

（2）专用车辆外廓尺寸、轴荷和质量应符合《汽车、挂车及汽车列车外廓尺寸、轴荷及质量限值》（GB/T 1589—2016）的要求；燃料消耗量应符合《营运货车燃料消耗量限值及测量方法》（JT/T 719—2016）的要求。

（3）道路运输爆炸品和剧毒化学品的专用车辆应符合《道路运输爆炸品和剧毒化学品车辆安全技术条件》（GB 20300—2018）的技术要求。

2 专用车辆其他要求

（1）专用车辆为企业自有，且数量（挂车除外）为 5 辆以上；运输剧毒化学品、爆炸品的，自有专用车辆（挂车除外）10 辆以上。若为非经营性道路危险货物运输企业，自有专用车辆（挂车除外）的数量可以小于 5 辆。

（2）罐式专用车辆的罐体应当经质量检验部门检验合格，且罐体载货后总质量与专用车辆核定载质量相匹配。运输爆炸品、强腐蚀性危险货物的罐式专用车辆的罐体容积不得超过 20 立方米，运输剧毒化学品的罐式专用车辆的罐体容积不得超过 10 立方米，但符合国家有关标准的罐式集装箱除外。

（3）运输剧毒化学品、爆炸品、强腐蚀性危险货物的非罐式专用车辆，核定载质量不得超过 10 吨，但符合国家有关标准的集装箱运输专用车辆除外。

（4）车辆配备满足在线监控要求，且具有行驶记录功能的卫星定位系统。

（5）车辆电路系统应有切断总电源和隔离电火花装置，切断总电源装置应安装在驾驶室内，以便于开关。

（6）配备有效的通信工具。

二、车辆的限制

由于危险货物具有一定的潜在危险性，在运输装卸过程中，对于环境、温度、湿度、振动、摩擦、冲击等因素的要求非常严格。为此，《道路危险货物运输管理规定》和《危险货物道路运输规则》（JT/T 617—2018）、《道路运输爆炸品和剧毒化学品车辆安全技术条件》（GB 20300—2018）中对道路运输危险货物工具作了限制。

1 车型的限制

（1）报废的、擅自改装的、检测不合格的、车辆技术等级达不到一级的和其他不符合国家规定的车辆禁止从事道路危险货物运输。《道路危险货物运输管理规定》要求：专用车辆技术性能应符合国家标准《道路运输车辆综合性能要求和检验方法》（GB 18565—2016）的要求；技术等级达到行业标准《道路运输车辆技术等级划分和评定要求》（JT/T 198—2016）规定的一级等级；禁止使用报废的、擅自改装的、检测不合格的、车辆技术等级达不到一级的和其他不符合国家规定的车辆从事道路危险货物运输。上述车辆因技术性能不符合国家、行业标准要求,存在极大的安全隐患,因此禁止这些车辆从事道路危险货物运输。

(2)客车、客货两用车禁止运输危险货物。各种客车、客货两用车由于危险货物与人直接接触,一旦装运的危险货物泄漏,易造成人身伤亡事故。因此,这些车辆不得运输危险货物。

(3)自卸汽车一般不得装运危险货物。自卸汽车在运输中,其自卸装置有可能造成误操作而发生事故,因此自卸汽车一般不得装运危险货物。为了便于装卸和生产作业的实际需要,允许自卸汽车只能运输散装硫黄、萘饼、粗蒽、煤焦沥青等危险货物。

(4)货车列车(经特许的车辆除外)禁止装运危险货物。根据《汽车和挂车类型的术语和定义》(GB/T 3730.1—2001),货车列车是指一辆货车与一辆或多辆挂车的组合。货车列车可分为牵引杆挂车列车、双挂列车和双半挂列车。货车列车的拖挂车在行驶中颠簸、摆动很大,易造成货物丢失,且挂车与主车连接部位易产生火花等,造成火灾事故,因此禁止货车列车运输危险货物。但铰接列车、具有特殊装置的大型物件运输专用车辆除外。

(5)移动罐体(罐式集装箱除外)禁止从事危险货物运输。移动罐体是指临时固定在车辆底盘上或者放在栏板货车货箱里的常压罐体。由于利用移动罐体运输危险货物事故频发,且危害极大,交通部于2002年5月24日下发《交通部关于继续进行道路危险货物运输专项整治的通知》(交公路发〔2002〕226号)文件,"禁止使用活动罐体车辆运输剧毒、易燃易爆液体、气体货物"。

2 车辆技术状况的限制

《道路危险货物运输管理规定》要求,从事危险货物运输专用车辆的技术性能符合国家标准《道路运输车辆综合性能要求和检验方法》(GB 18565—2016)和《机动车运行安全技术条件》(GB 7258—2017)的要求,技术等级达到行业标准《道路运输车辆技术等级划分和评定要求》(JT/T 198—2016)规定的一级技术等级。凡技术性能不达标、不符合一级技术等级标准的专用车辆,不得运输危险货物。

第二章 道路危险货物运输企业安全生产相关的法规及标准

第一节 道路危险货物运输安全生产有关的法律法规体系

一、安全生产法律法规体系

我国安全生产法律法规体系,是指我国全部现行的、不同的安全生产法律规范形成的有机联系的统一整体,是国家法律法规体系的一部分。按照其法律地位和法律效力的层级划分为法律、法规及规章,如图2-1所示。

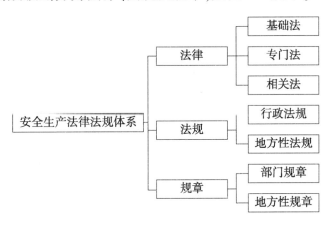

图2-1 安全生产法律法规体系

1. 安全生产法律

安全生产法律特指由全国人民代表大会及其常务委员会依照一定的立法程

序制定和颁布的规范性文件。我国安全生产法律包括基础法律、专门法律和相关法律等。

(1) 基础法。《中华人民共和国安全生产法》是综合安全生产法律制度的法律,属于基础法,它适用于与生产经营活动安全有关的所有行为、单位、部门,是我国安全生产法律体系的核心。

(2) 专门法。专门的安全生产法律是规范某一专业领域生产法律制度的法律,我国在专业领域的法律有《中华人民共和国道路交通安全法》《中华人民共和国消防法》《中华人民共和国特种设备安全法》等。

(3) 相关法。与安全生产相关的法律是指安全生产专门法律以外的其他法律中涵盖有安全生产内容的法律,如《中华人民共和国劳动法》《中华人民共和国工会法》等。

2 安全生产法规

我国现行的法规分为行政法规和地方性法规。

(1) 行政法规。安全生产行政法规是由国务院组织制定并批准公布的,是为实施安全生产法律或规范安全生产监督管理制度而制定并颁布的一系列具体规定,是实施安全生产监督管理和监察工作的重要依据。安全生产行政法规有《中华人民共和国道路运输条例》《生产安全事故报告和调查处理条例》等。

(2) 地方性法规。安全生产地方性法规是指由有立法权的地方权力机关——人民代表大会及其常务委员会依照法定职权和程序制定和颁布的、实行于本行政区域的规范性文件。各省人大及常委会通过的安全生产条例等有关国家法律法规的实施办法、条例等均属于安全生产地方性法规。

3 安全生产规章

(1) 部门规章。安全生产部门规章是指国务院的部、委员会和直属机构依照法律、行政法规或者国务院授权指定的在全国范围内实施安全生产行政管理的规范性文件,如《道路运输从业人员管理规定》《交通运输突发事件应急管理规定》《道路危险货物运输管理规定》等。

(2) 地方性规章。安全生产地方性规章是由省、自治区、直辖市、较大的市(省、自治区政府所在地的市、经济特区政府所在地的市和经国务院批准的较大的市)的人民政府根据法律、行政法规和本省、自治区、直辖市的地方性法规制定的规章。

4 安全生产法律法规的法律效力及相互关系

(1) 安全生产法律的地位和效力次于宪法,其规定不得同宪法相抵触。安全生产法律效力高于行政法规、地方性法规和行政规章。

（2）行政法规的法律地位和法律效力次于宪法和法律，但高于地方性法规、行政规章。行政法规在中华人民共和国领域内具有约束力，这种约束力体现在两个方面：一是约束国家行政机关自身的效力；二是约束行政管理相对人的效力。

（3）地方性法规的法律效力高于本级和下级地方政府规章。地方性法规与部门规章之间对同一事项的规定不一致，不能确定如何适用时，由国务院提出意见，国务院认为应当适用地方性法规的，应当决定在该地方适用地方性法规的规定；认为应当适用部门规章的，应当提请全国人民代表大会常务委员会裁决。

（4）部门规章之间、部门规章与地方政府规章之间具有同等效力，在各自的权限范围内施行。部门规章之间、部门规章与地方政府规章之间对同一事项的规定不一致时，由国务院裁决。

（5）同一机关制定的法律、行政法规、地方性法规、自治条例和单行条例、规章，特别规定与一般规定不一致的，适用于特别规定；新规定与旧规定不一致的，适用于新规定。

二、道路危险货物运输安全生产有关的法律及主要内容

我国涉及道路危险货物运输的法律主要有《中华人民共和国刑法》《中华人民共和国安全生产法》《中华人民共和国道路交通安全法》《中华人民共和国固体废物污染环境防治法》和《中华人民共和国特种设备安全法》。

1 《中华人民共和国刑法》

《中华人民共和国刑法》中涉及道路危险货物运输从业人员危害公共安全、妨碍社会管理秩序行为的相关规定，主要包括以下几个方面：

（1）非法制造、买卖、运输、邮寄、储存枪支、弹药、爆炸物的，处3年以上10年以下有期徒刑；情节严重的，处10年以上有期徒刑、无期徒刑或者死刑。

（2）交通肇事。违反交通运输管理法规，因而发生重大事故，致人重伤、死亡或者使公私财产遭受重大损失的，处3年以下有期徒刑或者拘役；交通运输肇事后逃逸或者有其他特别恶劣情节的，处3年以上7年以下有期徒刑；因逃逸致人死亡的，处7年以上有期徒刑。在道路上驾驶机动车追逐竞驶，情节恶劣的，或者在道路上酗酒驾车的，处拘役，并处罚金。犯罪主体主要是交通肇事的驾驶员，但在驾驶肇事过程中，押运人员或者其他人员对驾驶员进行指使，例如"指使驾驶员逃逸致人死亡的"，按交通肇事罪共犯论处。

（3）强令违章冒险作业。刑法规定"强令他人违章冒险作业，发生重大伤亡

事故或者造成其他严重后果的,处五年以下有期徒刑或拘役;情节特别恶劣的,处五年以上有期徒刑"。道路危险货物装卸管理人员有可能因为强令装卸人员违章进行装卸作业引发重大事故,而成为犯罪主体。

(4)危险物品肇事。违反爆炸性、易燃性、放射性、毒害性、腐蚀性物品的管理规定,在生产、储存、运输、使用中发生重大事故,造成严重后果的,处3年以下有期徒刑或者拘役;后果特别严重的,处3年以上7年以下有期徒刑。

(5)不报、谎报安全事故罪。在安全事故发生后,负有报告职责的人员不报或者谎报事故情况,贻误事故抢救,情节严重的,处3年以下有期徒刑或者拘役;情节特别严重的,处3年以上7年以下有期徒刑。

(6)传染病菌种、毒种扩散。传染病菌种、毒种扩散主要涉及第6类毒性物质和感染性物质。对从事运输传染病菌种、毒种的从业人员,如果违反操作规定,造成传染病菌种、毒种扩散,后果严重的,处3年以下有期徒刑或者拘役;后果特别严重的,处3年以上7年以下有期徒刑。

2 《中华人民共和国安全生产法》

《中华人民共和国安全生产法》由中华人民共和国第九届全国人民代表大会常务委员会第二十八次会议于2002年6月29日通过并公布,自2002年11月1日起施行;根据2014年8月31日第十二届全国人民代表大会常务委员会第十次会议《关于修改〈中华人民共和国安全生产法〉的决定》修改,自2014年12月1日起施行。

该法律调整对象并不是单独针对道路危险货物运输活动,而是针对我国境内所有从事生产经营活动单位的安全生产活动,但是该法为道路危险货物运输安全管理以及其他法律规范的制定提供了上位法依据。涉及道路危险货物运输的规定主要包括以下几个方面:

(1)明确企业主要负责人是道路危险货物运输企业安全生产责任的主体。

(2)建立生产安全事故责任追究制度。

(3)规定企业安全管理的主要职责,包括安全制度建设、人员配备及其资格和培训、安全设施设备投入和维修更新、劳动防护、应急处置等。

(4)明确从业人员的权利和义务。一方面,从业人员享有劳动安全防护权,对岗位危险因素和防范应急措施的知情权,对安全生产的建议权以及批评、检举和控告权,对违章指挥和强令冒险作业的拒绝权,紧急情况的撤离权,工伤赔偿权等;另一方面,从业人员应当履行安全生产规章制度和操作规程、接受安全生产教育和培训以及发现不安全因素的报告义务。

(5)对行业管理部门的日常安全监督、应急救援与调查处理进行的职责分工,并明确了相应的管理手段。

(6)规定违规行为主体应承担的法律责任,其中对违规的从业人员的规定是"由生产经营单位给予批评教育,依照有关规章制度给予处分;造成重大事故,构成犯罪的,依照刑法有关规定追究刑事责任"。

3 《中华人民共和国道路交通安全法》

《中华人民共和国道路交通安全法》是2003年10月28日公布的关于道路交通安全的法律,于2007年与2011年两次修订。

该法对车辆、驾驶员、道路通行条件、交通事故处理等方面进行了规定。相关规定与驾驶员密切相关,是规范驾驶员行为的最主要法律之一。

《中华人民共和国道路交通安全法》第四十八条规定:"机动车载运爆炸物品、易燃易爆化学物品以及剧毒、放射性等危险物品,应当经公安机关批准后,按指定的时间、路线、速度行驶,悬挂警示标志并采取必要的安全措施。"

4 《中华人民共和国固体废物污染环境防治法》

《中华人民共和国固体废物污染环境防治法》是为了防治固体废物污染环境,保障人体健康,维护生态安全,促进经济社会可持续发展而制定的法规。1995年10月30日第八届全国人民代表大会常务委员会第十六次会议通过,1995年10月30日中华人民共和国主席令第58号公布,自1996年4月1日施行,于2004年、2013年、2015年和2016年进行四次修订。

该法涉及道路运输危险废物相关法律规定,主要包括以下几个方面:

(1)运输危险废物,必须采取防止污染环境的措施,并遵守国家有关危险货物运输管理的规定。就是说,运输危险废物,应当依据《道路危险货物运输管理规定》,满足企业、人员、车辆等方面的要求;同时,在企业经营许可证和道路运输证中的经营范围应当直接标注"危险废物",并在车辆上悬挂危险废物的标志。

(2)禁止将危险废物与旅客在同一运输工具上载运。

(3)从事公共交通运输的经营单位,应当按照国家有关规定,清扫、收集运输过程中产生的生活垃圾。

(4)对危险废物的容器和包装物以及收集、储存、运输、处置危险废物的设施、场所,必须设置危险废物识别标志。

(5)收集、储存、运输、处置危险废物的场所、设施、设备和容器、包装物及其他物品转作他用时,必须经过消除污染的处理,方可使用。

(6)产生、收集、储存、运输、利用、处置危险废物的单位,应当制定意外事故的防范措施和应急预案,并向所在地县级以上地方人民政府环境保护行政主管部门备案；环境保护行政主管部门应当进行检查。

5 《中华人民共和国特种设备安全法》

《中华人民共和国特种设备安全法》是为加强特种设备安全工作，预防特种设备事故，保障人身和财产安全，促进经济社会发展而制定，由全国人民代表大会常务委员会于2013年6月29日发布，自2014年1月1日起施行。

该法对特种设备的生产、经营、使用、检验、检测和安全监管进行了规范。道路危险货物运输中使用的压力容器(含气瓶)属于特种设备的一种。涉及特种设备使用的相关规定主要包括以下几个方面：

(1)特种设备使用单位应当使用取得许可生产并经检验合格的特种设备。禁止使用国家明令淘汰和已经报废的特种设备。

(2)特种设备使用单位应当在特种设备投入使用前或者投入使用后30日内，向负责特种设备安全监督管理的部门办理使用登记，取得使用登记证书。登记标志应当置于该特种设备的显著位置。

(3)特种设备使用单位应当建立岗位责任、隐患治理、应急救援等安全管理制度，制定操作规程，保证特种设备安全运行。

(4)特种设备使用单位应当建立特种设备安全技术档案。

(5)特种设备使用单位应当对其使用的特种设备进行经常性维护保养和定期自行检查，并作出记录。特种设备使用单位应当对其使用的特种设备的安全附件、安全保护装置进行定期校验、检修，并作出记录。

三、道路危险货物运输安全生产有关的行政法规及主要内容

我国涉及道路危险货物运输的行政法规主要有：《中华人民共和国道路运输条例》《危险化学品安全管理条例》《中华人民共和国道路交通安全法实施条例》《医疗废物管理条例》《烟花爆竹安全管理条例》《民用爆炸物品安全管理条例》《易制毒化学品管理条例》《公路安全保护条例》和《城镇燃气管理条例》等。

1 《中华人民共和国道路运输条例》

《中华人民共和国道路运输条例》于2004年4月30日国务院令第406号公布，于2012年和2016年进行两次修订。

该条例对从事道路运输经营以及道路运输相关业务进行了规定，其中涉及对危险货物企业及其从业人员的要求有：

(1)申请从事危险货物运输经营的，应当具备下列条件：有5辆以上经检测合格的危险货物运输专用车辆、设备；有经所在地设区的市级人民政府交通运输

主管部门考试合格,取得上岗资格证的驾驶员、装卸管理人员、押运人员;危险货物运输专用车辆配有必要的通信工具;有健全的安全生产管理制度。

(2)申请从事危险货物运输经营的,应当依法向工商行政管理机关办理有关登记手续,再向设区的市级道路运输管理机构提交符合规定条件的相关材料、提出经营申请。

(3)运输危险货物应当配备必要的押运人员,保证危险货物处于押运人员的监管之下,并悬挂明显的危险货物运输标志。

(4)客运经营者、危险货物运输经营者应当分别为旅客或者危险货物投保承运人责任险。

❷《危险化学品安全管理条例》

《危险化学品安全管理条例》是为加强危险化学品的安全管理,预防和减少危险化学品事故,保障人民群众生命财产安全,保护环境制定的行政法规。由国务院于2002年1月26日发布,自2002年3月15日起施行;根据2013年12月4日国务院第32次常务会议通过、2013年12月7日国务院令第645号公布、自2013年12月7日起施行的《国务院关于修改部分行政法规的决定》修正。

该条例对危险化学品生产、储存、使用、经营和运输的安全管理进行了规定,涉及危险化学品运输的主要包括以下几个方面:

(1)从事危险化学品道路运输的,应当依照有关道路运输的法律、行政法规的规定,取得道路危险货物运输许可,并向工商行政部门办理登记手续。

(2)危险化学品道路运输企业应当配备专职安全管理人员。

(3)危险化学品道路运输企业的驾驶员、装卸管理人员、押运人员、申报人员、集装箱装箱现场检查员应当经交通运输部门考核合格,取得从业资格(具体办法由国务院交通运输部门制定);应当了解所运输的危险化学品的危险特性及其包装物、容器的使用要求和出现危险情况时的应急处置方法。

(4)运输危险化学品,应当根据危险化学品的危险特性采取相应的安全防护措施,并配备必要的防护用品和应急救援器材。用于运输危险化学品的槽罐以及其他容器应当封口严密,能够防止危险化学品在运输过程中因温度、湿度或者压力的变化发生渗漏、撒漏;槽罐以及其他容器的溢流和泄压装置应当设置准确、起闭灵活。

(5)通过道路运输危险化学品的,应当按照运输车辆的核定载质量装载危险化学品,不得超载。危险化学品运输车辆应当符合国家标准要求的安全技术条件,并按照国家有关规定定期进行安全技术检验。危险化学品运输车辆应当悬挂或者喷涂符合国家标准要求的警示标志。

（6）通过道路运输危险化学品的,应当配备押运人员,并保证所运输的危险化学品处于押运人员的监控之下。运输危险化学品途中因住宿或者发生影响正常运输的情况,需要较长时间停车的,驾驶员、押运人员应当采取相应的安全防范措施;运输剧毒化学品或者易制爆危险化学品的,还应当向当地公安机关报告。

（7）未经公安机关批准,运输危险化学品的车辆不得进入危险化学品运输车辆限制通行的区域。危险化学品运输车辆限制通行的区域由县级公安机关划定,并设置明显的标志。

（8）通过道路运输剧毒化学品的,托运人应当向运输始发地或者目的地县级公安机关申请剧毒化学品道路运输通行证。

（9）剧毒化学品、易制爆危险化学品在道路运输途中丢失、被盗、被抢或者出现流散、泄漏等情况的,驾驶员、押运人员应当立即采取相应的警示措施和安全措施,并向当地公安机关报告。公安机关接到报告后,应当根据实际情况立即向安监部门、环保部门、卫生部门通报。有关部门应当采取必要的应急处置措施。

❸《中华人民共和国道路交通安全法实施条例》

《中华人民共和国道路交通安全法实施条例》根据《中华人民共和国道路交通安全法》制定,于2004年4月28日国务院第49次常务会议通过的行政法规,2004年4月30日公布,自2004年5月1日起施行,于2017年进行修改。

该条例是为了配合《中华人民共和国道路交通安全法》的实施而制定的,具体条款内容主要是针对《中华人民共和国道路交通安全法》中相应条款进行了细化规定,此处不再赘述。该条例的具体内容,驾驶员必须掌握,押运人员也应当有所了解。

❹《医疗废物管理条例》

《医疗废物管理条例》是为加强医疗废物的安全管理,防止疾病传播,保护环境,保障人体健康,根据《中华人民共和国传染病防治法》和《中华人民共和国固体废物污染环境防治法》制定。经2003年6月4日国务院第10次常务会议通过,由国务院于2003年6月16日发布并实施。

医疗废物是指医疗卫生机构在医疗、预防、保健以及其他相关活动中产生的具有直接或者间接感染性、毒性以及其他危害性的废物。从概念上可以看出,医疗废物主要是涉及危险货物第6类毒性物质和感染性物质。该条例中涉及医疗废物运输的规定有:

（1）医疗废物集中处置单位运送医疗废物,应当遵守国家有关危险货物运输管理的规定,使用有明显医疗废物标识的专用车辆。

（2）医疗废物专用车辆应当达到防渗漏、防遗洒及其他环境保护和卫生要求。

（3）运送医疗废物的专用车辆使用后,应当在医疗废物集中处置场所内及时进行消毒和清洁。

（4）运送医疗废物的专用车辆不得运送其他物品。

（5）禁止将医疗废物与旅客在同一运输工具上载运。

5 《烟花爆竹安全管理条例》

《烟花爆竹安全管理条例》是为了加强烟花爆竹安全管理,预防爆炸事故发生,保障公共安全和人身、财产的安全而制定。最新修订条例于2016年1月13日国务院第119次常务会议通过。

该条例对烟花爆竹的生产、经营、运输和燃放进行了规定,其中涉及烟花爆竹运输的规定有：

（1）国家对烟花爆竹的运输实行许可证制度,未经许可,任何单位或者个人不得运输烟花爆竹。

（2）烟花爆竹运输企业应当建立健全安全责任制,制定各项安全管理制度和操作规程,并对从业人员定期进行安全教育、法制教育和岗位技术培训；企业主要负责人,对本单位的烟花爆竹安全工作负责。

（3）经由道路运输烟花爆竹的,托运人应当向运达地县级人民政府公安部门提出申请,并提交下列有关材料：

①承运人从事危险货物运输的资质证明；

②驾驶员、押运人员从事危险货物运输的资格证明；

③危险货物运输车辆的道路运输证明；

④托运人从事烟花爆竹生产、经营的资质证明；

⑤烟花爆竹的购销合同及运输烟花爆竹的种类、规格、数量；

⑥烟花爆竹的产品质量和包装合格证明；

⑦运输车辆牌号、运输时间、起始地点、行驶路线、经停地点。

（4）道路运输烟花爆竹企业和从业人员,除应当遵守《中华人民共和国道路交通安全法》外,还应当遵守下列规定：

①随车携带《烟花爆竹道路运输许可证》；

②不得违反运输许可事项；

③运输车辆悬挂或者安装符合国家标准的易燃易爆危险物品警示标志；

④烟花爆竹的装载符合国家有关标准和规范;

⑤装载烟花爆竹的车厢不得载人;

⑥运输车辆限速行驶,途中经停必须有专人看守;

⑦出现危险情况立即采取必要的措施,并报告当地公安部门。

❻《民用爆炸物品安全管理条例》

《民用爆炸物品安全管理条例》是为了加强对民用爆炸物品的安全管理,预防爆炸事故发生,保障公民生命、财产安全和公共安全制定的行政法规,自2006年9月1日起施行。2014年7月29日经国务院第54次常务会议《关于修改部分行政法规的决定》修改。

该条例对民用爆炸物品的生产、销售、购买、运输和爆破作业进行了规定,其中涉及民用爆炸物品运输的规定有:

(1)国家对民用爆炸物品的运输实行许可证制度,未经许可,任何单位或者个人不得运输民用爆炸物品。

(2)民用爆炸物品道路运输企业应当建立健全安全责任制,制定各项安全管理制度和操作规程,并对从业人员定期进行安全教育、法制教育和岗位技术培训;企业主要负责人,对本单位的民用爆炸物品安全工作负责。

(3)民用爆炸物品道路运输企业和从业人员,应当遵守下列规定:

①随车携带《民用爆炸物品运输许可证》;

②民用爆炸物品的装载符合国家有关标准和规范,车厢内不得载人;

③运输车辆安全技术状况应当符合国家有关安全技术标准的要求,并按照规定悬挂或者安装符合国家标准的易燃易爆危险物品警示标志;

④运输民用爆炸物品的车辆应当保持安全车速;

⑤按照规定的路线行驶,途中经停应当有专人看守,并远离建筑设施和人口稠密的地方,不得在许可以外的地点经停;

⑥按照安全操作规程装卸民用爆炸物品,并在装卸现场设置警戒,禁止无关人员进入;

⑦出现危险情况立即采取必要的应急处置措施,并报告当地公安机关。

❼《易制毒化学品管理条例》

《易制毒化学品管理条例》是对易制毒化学品的管理条例,由国务院于2005年8月26日颁布,2005年11月1日起实施。

该条例对易制毒化学品的生产、经营、购买、运输和进口、出口行为进行了规范,其中涉及易制毒化学品运输的规定有:

(1)国家对易制毒化学品运输实行分类管理和许可制度。

易制毒化学品分为三类。第一类是可以用于制毒的主要原料,第二类、第三类是可以用于制毒的化学配剂。

跨设区的市级行政区域(直辖市为跨市界)或者在国务院公安部门确定的禁毒形势严峻的重点地区跨县级行政区域运输第一类易制毒化学品的,由运出地的设区的市级人民政府公安机关审批。

运输第二类易制毒化学品的,由运出地的县级人民政府公安机关审批。经审批取得易制毒化学品运输许可证后,方可运输。

运输第三类易制毒化学品的,应当在运输前向运出地的县级人民政府公安机关备案。公安机关应当于收到备案材料的当日发给备案证明。

(2)易制毒化学品的运输应当遵守本条例的规定外,属于药品和危险化学品的,还应当遵守法律、其他行政法规对药品和危险化学品的有关规定。

(3)申请易制毒化学品运输许可,应当提交易制毒化学品的购销合同,货主是企业的,应当提交营业执照;货主是其他组织的,应当提交登记证书(成立批准文件);货主是个人的,应当提交其个人身份证明。经办人还应当提交本人的身份证明。

(4)接受货主委托运输的,承运人应当查验货主提供的运输许可证或者备案证明,并查验所运货物与运输许可证或者备案证明载明的易制毒化学品品种等情况是否相符;不相符的,不得承运。

运输易制毒化学品,运输人员应当自启运起全程携带运输许可证或者备案证明。公安机关应当在易制毒化学品的运输过程中进行检查。

运输易制毒化学品,应当遵守国家有关货物运输的规定。

❽《公路安全保护条例》

《公路安全保护条例》是为加强公路保护,保障公路完好、安全和畅通,根据《中华人民共和国公路法》制定,由国务院于2011年3月7日发布,自2011年7月1日起施行。

该条例涉及道路危险货物运输的规定有:

(1)载运易燃、易爆、剧毒、放射性等危险物品的车辆,应当符合国家有关安全管理规定,并避免通过特大型公路桥梁或者特长公路隧道;确需通过特大型公路桥梁或者特长公路隧道的,负责审批易燃、易爆、剧毒、放射性等危险物品运输许可的机关应当提前将行驶时间、路线通知特大型公路桥梁或者特长公路隧道的管理单位,并对在特大型公路桥梁或者特长公路隧道行驶的车辆进行现场监管。

(2)车辆应当规范装载,装载物不得触地拖行。车辆装载物易掉落、遗洒或者飘散的,应当采取厢式密闭等有效防护措施方可在公路上行驶。公路上行驶车辆的装载物掉落、遗洒或者飘散的,车辆驾驶人、押运人员应当及时采取措施处理;无法处理的,应当在掉落、遗洒或者飘散物来车方向适当距离外设置警示标志,并迅速报告公路管理机构或者公安机关交通管理部门。其他人员发现公路上有影响交通安全的障碍物的,也应当及时报告公路管理机构或者公安机关交通管理部门。公安机关交通管理部门应当责令改正车辆装载物掉落、遗洒、飘散等违法行为;公路管理机构、公路经营企业应当及时清除掉落、遗洒、飘散在公路上的障碍物。车辆装载物掉落、遗洒、飘散后,车辆驾驶人、押运人员未及时采取措施处理,造成他人人身、财产损害的,道路运输企业、车辆驾驶人应当依法承担赔偿责任。

❾《城镇燃气管理条例》

《城镇燃气管理条例》是为了加强燃气管理,保障燃气供应,促进燃气事业健康发展,维护燃气经营者和燃气用户的合法权益,保障公民生命、财产安全和公共安全,保证我国和谐稳定而制定的法规。该条例由国务院第129次常务会议通过(国务院令第583号公布),自2011年3月1日起实施;2016年2月6日,根据国务院令第666号《国务院关于修改部分行政法规的决定》进行修改。

该条例第二十四条明确规定:"通过道路、水路、铁路运输燃气的,应当遵守法律、行政法规有关危险货物运输安全的规定以及国务院交通运输部门、国务院铁路部门的有关规定;通过道路或者水路运输燃气的,还应当分别依照有关道路运输、水路运输的法律、行政法规的规定,取得危险货物道路运输许可或者危险货物水路运输许可。"

四、道路危险货物运输安全生产有关的部门规章及行政规范性文件

❶《道路危险货物运输管理规定》

《道路危险货物运输管理规定》是唯一一部专门针对道路危险货物运输制定的部门规章,于2013年1月23日由交通运输部发布,根据2016年4月11日《交通运输部关于修改〈道路危险货物运输管理规定〉的决定》(交通运输部令2016年第36号)修改。

该规定明确了从事道路危险货物运输企业市场准入的许可条件和从业人员的资质条件,运输车辆、设备条件,运输过程中托运人、承运人和从业人员应当履

行的义务,不同层级道路运输管理机构应当履行的职责,以及违反相应义务和职责应当承担的法律责任。具体规定详见正式文件。

❷《道路运输从业人员管理规定》

《道路运输从业人员管理规定》是为加强道路运输从业人员管理,提高道路运输从业人员综合素质而制定,自2007年3月1日起施行,根据2016年4月21日《交通运输部关于修改〈道路运输从业人员管理规定〉的决定》(交通运输部令2016年第52号)修改。

该规定对道路运输从业人员进行了详细细致的规定,涉及道路危险货物运输的特别规定有:

(1)国家对经营性道路危险货物运输从业人员实行从业资格考试制度。经营性道路危险货物运输从业人员包括道路危险货物运输驾驶员、装卸管理人员和押运人员。经营性道路危险货物运输从业人员必须取得相应从业资格,方可从事相应的道路运输活动。

(2)道路危险货物运输从业人员从业资格考试由设区的市级人民政府交通运输主管部门组织实施,每季度组织一次考试。

(3)道路危险货物运输驾驶员应当符合下列条件:

①取得相应的机动车驾驶证;

②年龄不超过60周岁;

③3年内无重大以上交通责任事故;

④取得经营性道路旅客运输或者货物运输驾驶员从业资格2年以上或者接受全日制驾驶职业教育的;

⑤接受相关法规、安全知识、专业技术、职业卫生防护和应急救援知识的培训,了解危险货物性质、危害特征、包装容器的使用特性和发生意外时的应急措施;

⑥经考试合格,取得相应的从业资格证件。

(4)道路危险货物运输装卸管理人员和押运人员应当符合下列条件:

①年龄不超过60周岁;

②初中以上学历;

③接受相关法规、安全知识、专业技术、职业卫生防护和应急救援知识的培训,了解危险货物性质、危害特征、包装容器的使用特性和发生意外时的应急措施;

④经考试合格,取得相应的从业资格证件。

(5)县级以上地方人民政府交通运输主管部门负责组织领导本行政区域内

的道路运输从业人员管理工作,并具体负责本行政区域内道路危险货物运输从业人员的管理工作。

(6)交通运输主管部门和道路运输管理机构应当将道路危险货物运输从业人员的违章行为记录在中华人民共和国道路运输从业人员从业资格证的违章记录栏内,并通报发证机关。发证机关应当将该记录作为道路运输从业人员诚信考核和计分考核的依据,并存入管理档案。

(7)道路危险货物运输驾驶员在岗从业期间,应当按照规定参加继续教育。

❸《道路运输车辆技术管理规定》

《道路运输车辆技术管理规定》经 2016 年 1 月 14 日交通运输部第 1 次部务会议通过,2016 年 1 月 22 日交通运输部令 2016 年第 1 号公布,自 2016 年 3 月 1 日起施行。

该规定为加强道路运输车辆技术管理、保持车辆技术状况良好、保障运输安全、发挥车辆效能、促进节能减排而制定,分总则、车辆基本技术条件、技术管理的一般要求、车辆维护与修理、车辆检测管理、监督检查、法律责任等内容。涉及道路危险货物运输的特别规定有:

(1)危险货物运输车辆技术等级应当达到一级。技术等级评定方法应当符合国家有关道路运输车辆技术等级划分和评定的要求。

(2)道路危险货物运输经营者应当自道路运输车辆首次取得道路运输证当月起,按照一定周期和频次,委托汽车综合性能检测机构进行综合性能检测和技术等级评定。其中,危险货物运输车辆自首次经国家机动车辆注册登记主管部门登记注册不满 60 个月的,每 12 个月进行 1 次检测和评定;超过 60 个月的,每 6 个月进行 1 次检测和评定。

(3)危险货物运输车辆的综合性能检测应当委托车籍所在地汽车综合性能检测机构进行。

(4)道路运输经营者用于运输剧毒化学品、爆炸品的专用车辆及罐式专用车辆(含罐式挂车),应当到具备道路危险货物运输车辆维修资质的企业进行维修。

具体要求和责任等内容详见具体条款。

❹《道路运输车辆动态监督管理办法》

《道路运输车辆动态监督管理办法》经 2013 年 12 月 16 日交通运输部第 13 次部务会议通过,2014 年 1 月 28 日交通运输部、公安部、国家安全生产监督管理总局令 2014 年第 5 号公布,自 2014 年 7 月 1 日起施行,根据《交通运输部　公

安部　国家安全生产监督管理总局关于修改〈道路运输车辆动态监督管理办法〉的决定》(交通运输部令2016年第55号)修改。

该办法分总则、系统建设、车辆监控、监督检查、法律责任等内容,涉及道路危险货物运输的特别规定有:

(1)道路危险货物运输企业应当按照标准建设道路运输车辆动态监控平台,或者使用符合条件的社会化卫星定位系统监控平台(以下统称监控平台),对所属道路运输车辆和驾驶员运行过程进行实时监控和管理。

(2)道路危险货物运输企业监控平台应当接入全国重点营运车辆联网联控系统,并按照要求将车辆行驶的动态信息和企业、驾驶员、车辆的相关信息逐级上传至全国道路运输车辆动态信息公共交换平台。

(3)道路危险货物运输企业应当配备专职监控人员。专职监控人员配置原则上按照监控平台每接入100辆车设1人的标准配备,最低不少于2人。

具体要求、操作规程、责任等内容详见具体条款。

❺《道路货物运输及站场管理规定》

《道路货物运输及站场管理规定》于2005年6月16日由交通部发布,自2005年8月1日起施行;最新规定根据2016年4月11日《交通运输部关于修改〈道路货物运输及站场管理规定〉的决定》(交通运输部令2016年第35号)第四次修改。

该规定分总则、经营许可、货运车辆管理、货运经营管理、货运站经营管理、监督检查、法律责任等内容,关于危险货物运输的特别规定有:

(1)危险货物运输经营者应当按照国家有关规定缴纳道路运输管理费。

(2)道路货物运输经营者从事危险货物运输活动,除一般行为规范适用本规定外,有关从业条件等特殊要求应当适用交通运输部制定的《国际道路运输管理规定》《道路危险货物运输管理规定》。

具体要求、操作规程、责任等内容详见具体条款。

第二节　道路危险货物运输安全生产有关的技术标准体系

我国近些年对道路危险货物运输特别重视,陆续制定、发布和实施了一系列的标准,进一步统一并规范了对车辆、人员等方面的运输安全管理和从业人员作业行为要求。根据《中华人民共和国标准法》的规定,国家标准和行业标准分为强制性标准和推荐性标准。保障人体健康,人身财产安全的强制执行的标准是强制性标准,其他标准是推荐性标准。强制性标准包括要求全文强制执行或部分条文强制执行,而推荐性标准由企业自愿执行。目前,道路危险货物运输相关标准大部分是强制性标准,并且经常被相关法律条款引用,成为道路危险货物运输法律法规的组成部分。

一、国家标准

1 《危险货物分类和品名编号》(GB 6944—2012)

该标准对危险货物分类、危险性的先后顺序和危险货物编号进行了规定,并且与联合国《关于危险货物运输建议书规章范本》分类的技术内容一致。该标准的主要内容包括以下几个方面:

(1)危险货物分类。按危险货物具有的危险或最主要的危险性分为9个类别,分别为:第1类 爆炸品;第2类 气体;第3类 易燃液体;第4类 易燃固体、易于自燃的物质、遇水放出易燃气体的物质;第5类 氧化性物质和有机过氧化物;第6类 毒性物质和感染性物质;第7类 放射性物质;第8类 腐蚀性物质;第9类 杂项危险物质和物品,包括危害环境物质。第1类、第2类、第4类、第5类和第6类再分成项别。

(2)危险货物包装类别及其划定标准。为了包装目的,除了第1类、第2类、第7类,5.2项和6.2项物质,以及4.1项自反应物质以外的物质,根据其危险程度,划分为3个包装类别,即Ⅰ类包装(具有高度危险性的物质)、Ⅱ类包装(具有中等危险性的物质)、Ⅲ类包装(具有轻度危险性的物质)。同时,在不同项别中明确不同物质包装类别的划定标准。

(3)不同危险货物类、项的判据。标准对不同类别和项别的危险货物进行了界定,为危险货物的不同类别、项别的判断提供了依据。

(4)爆炸品配装组分类和组合。这部分内容是新标准的新增部分。爆炸品配装总的原则是"如果两种或两种以上物质或物品在一起能够安全积载或运输,而不会明显增加事故概率或在一定数量情况下不会明显提高事故危害程度的,可视其为同一配装组"。同时,根据危险性类型将一类爆炸品分为13个配装组,并与6个项别进行组合,具体的划分配装组合的方法,该标准都作了详细的规定。

(5)危险货物危险性的先后顺序。

2 《危险货物品名表》(GB 12268—2012)

《危险货物品名表》中列入了运输、储存、经销以及相关活动过程中最常见的危险货物,但未列入那些特别危险非经批准禁止运输、储存、经销及相关活动的危险货物。该表包含了危险货物的联合国编号、名称和说明、英文名称、类别和项别、次要危险性、包装类别、特殊规定等内容。另外需要特别注意的是,《道路危险货物运输管理规定》以列入该品名表的为准,未列入该品名表的,以有关法律、行政法规的规定或者国务院有关部门公布的结果为准。

❸《道路运输危险货物车辆标志》(GB 13392—2005)

该标准对道路运输危险货物车辆标志分类、规格尺寸、技术要求、试验方法、检验规则、包装、标志、装卸、运输和储存,以及安装悬挂和维护要求等方面进行了规定,适用于道路运输危险货物车辆标志的生产、使用和管理。

该标准规定,道路运输危险货物车辆标志分为标志灯和标志牌。标志灯从车辆侧面看是安装于驾驶室顶部表面中前部,从车辆正面看是在驾驶室顶部中间位置。标志牌一般是悬挂在车辆后厢板或罐体后面的几何中心部位附近,避开放大号的车牌;对于低栏板车可视情选择适当悬挂位置。运输爆炸、剧毒危险货物的车辆,则应在车辆侧面厢板几何中心位置附近的适当位置各增加悬挂一块标志牌。运输放射性危险货物的车辆,标志牌的悬挂位置和数量应符合《放射性物质安全运输规程》(GB 11806—2004)的规定。

此外,该标准还特别规定,驾驶员应当对使用中的车辆标志进行经常性检查和维护,以保持车辆标志的清洁和完好。

❹《道路运输爆炸品和剧毒化学品车辆安全技术条件》(GB 20300—2018)

该标准规定了道路运输爆炸品和剧毒化学品车辆术语和定义、要求、标志和随车文件等内容,适用于在道路上运输爆炸品和剧毒化学品的汽车和挂车。

该标准通过明确车辆底盘、监控设备、整车相关参数、标志及使用说明书等方面的要求,保障运输该类危险化学品车辆的安全性,并通过规定车辆的装载质量和装置容积及车辆的防护、人员防护等要求,最大限度地减少相关事故造成的人员伤亡和环境污染。

❺《气瓶直立道路运输技术要求》(GB/T 30685—2014)

该标准规定了气瓶直立道路运输的一般要求、运输装载方式及要求、运输车辆、装载作业、固定要求、运输等技术要求,适用于单只气瓶水容积小于150L,用于盛装气体的散装气瓶、集束装置(卧式设计的集束装置除外)和集装篮等。

❻ 其他相关国家标准

道路危险货物运输涉及的要素和环节较为广泛,例如包装、包装标志、储运图示、车辆结构、罐式车辆技术、容器技术等方面,均制定了相应的国家标准。这些标准与道路危险货物运输及其企业安全管理息息相关,应当按照规定予以执行。

1)相关包装标准

(1)《危险货物运输包装通用技术条件》(GB 12463—2009);

(2)《公路运输危险货物包装检验安全规范》(GB 19269—2009);

(3)《危险货物包装标志》(GB 190—2009);

(4)《危险货物运输包装类别划分方法》(GB/T 15098—2008)。

2)相关车辆和容器标准

(1)《危险货物运输 爆炸品的认可和分项程序及配装要求》(GB/T 14371—2013);

(2)《危险货物运输车辆结构要求》(GB 21668—2008);

(3)《道路运输液体危险货物罐式车辆 第1部分:金属常压罐体技术要求》(GB/T 18564.1—2006);

(4)《道路运输液体危险货物罐式车辆 第2部分:非金属常压罐体技术要求》(GB/T 18564.2—2008);

(5)《系列1集装箱 分类、尺寸和额定质量》(GB/T 1413—2008);

(6)《液化气体汽车罐车》(GB/T 19905—2017);

(7)《汽车、挂车及汽车列车外廓尺寸、轴荷及质量限值》(GB/T 1589—2016);

(8)《道路运输车辆综合性能要求和检验方法》(GB/T 18565—2016)。

二、行业标准

1 《危险货物道路运输规则》(JT/T 617—2018)

该标准是我国道路运输危险货物行业中执行的推荐标准,共分为7个部分:

第1部分:通则(JT/T 617.1—2018),规定了危险货物的范围及运输条件、运输条件豁免、国际多式联运相关要求、人员培训要求、各参与方的安全要求以及安保防范要求。

第2部分:分类(JT/T 617.2—2018),规定了道路运输危险货物的分类,包括分类的一般要求和具体规定。

第3部分:品名及运输要求索引(JT/T 617.3—2018),规定了道路运输危险货物品名的一般要求、道路危险货物运输要求索引、特殊规定,以及有限数量危险货物和例外数量危险货物的道路运输要求。

第4部分:运输包装使用要求(JT/T 617.4—2018),规定了道路运输危险货物包装、中型散装容器、大型包装、可移动罐柜、罐式车辆罐体的使用要求。

第5部分:托运要求(JT/T 617.5—2018),规定了危险货物道路运输托运的一般要求、集合包装及混合包装的标记标志要求、包件标记与标志、集装箱、罐体与车辆标志牌及标记、运输单据。

第6部分:装卸条件及作业要求(JT/T 617.6—2018),规定了危险货物道路运输的装卸作业的一般要求,包件运输装卸条件、散装运输装卸条件、罐式运输装卸条件和装卸作业要求。

第7部分:运输条件及作业要求(JT/T 617.7—2018),规定了危险货物道路运输的运输装备条件、人员条件及运输作业要求。

② 《危险货物道路运输企业运输事故应急预案编制要求》(JT/T 911—2014)

该标准为推荐性标准,由企业自愿选择使用。该标准规定了危险货物道路运输企业运输事故应急预案的编制步骤、预案内容以及文本格式与要求。

③ 《危险货物道路运输企业安全生产管理制度编写要求》(JT/T 912—2014)

该标准为推荐性标准,由企业自愿选择使用。该标准规定了危险货物道路运输企业安全生产管理制度的编制要求、编制内容、编制步骤、格式及要求。

④ 《危险货物道路运输企业安全生产责任制编写要求》(JT/T 913—2014)

该标准为推荐性标准,由企业自愿选择使用。该标准规定了危险货物道路运输企业安全生产责任制的编制要求、编制内容及格式和要求等。

⑤ 《危险货物道路运输企业安全生产档案管理技术要求》(JT/T 914—2014)

该标准为推荐性标准,由企业自愿选择使用。该标准规定了危险货物道路运输企业安全生产档案管理要求、档案分类、归档范围、立卷归档、电子档案。

⑥ 其他行业标准

在集装箱技术、人员评价、安全生产管理、应急预案等方面,交通运输部及其他相关部门制定了相应的行业标准,这些标准与道路危险货物运输密切相关,从业人员应了解并按照规定执行。相关标准主要如下:

(1)《移动式压力容器安全技术监察规程》(TSG R0005—2011);
(2)《液体危险货物罐式集装箱》(NB/T 47064—2017);
(3)《道路货物运输企业等级》(JT/T 631—2017);
(4)《道路运输车辆技术等级划分和评定要求》(JT/T 198—2016);
(5)《道路运输驾驶员　适宜性检测评价方法》(JT/T 442—2014);
(6)《汽车导静电橡胶拖地带》(JT 230—1995)。

第三章 危险货物的分类与相关特性

第一节 货物物理及化学特性

危险货物是货物的一种，货物又是由物质组成的，因此，物质的特性决定了货物(包括危险货物)的特性。

一、物质、货物和危险货物的关系

在货物学中，货物被定义为"凡是经由运输部门或仓储部门承运的一切原料、材料、工农业产品、商品以及其他产品"。因此，货物是需要运输的产品、物品、物质，且从运输的角度看，物质也是货物。

《危险货物分类和品名编号》(GB 6944)共有1986年版、2005年版、2012年版3个版次，在1986年版的标准中，"危险货物"被定义为"……需要特别防护的货物"；在2005年版和2012年版的标准中，"危险货物"被定义为"……需要特别防护的物质和物品"。可见"危险货物"与货物、物质、物品存在重要联系。因此，欲了解货物及危险货物的特性，须先了解物质的基本特性。

二、物质的基本特性

(一)物质的组成和分类

1 物质的组成

物质是由分子组成的，分子又由原子组成。分子在构成物质时，不是毫无关系地简单堆积，而是按一定的排列方式并通过一定的作用力结合而成，这在很大程度上决定了物质的状态、沸点、溶解度、黏度等特性，且一种物质的分子在化学反应中会直接转化为另一种物质的分子，但不可再分，因此，分子是保持物质化学性质的最小颗粒。原子具有复杂的结构,可以通过物理方法分成一个带正电荷的原子核和若干个带负电荷的电子,但是在化学反应中不可再分。

❷ 物质的分类

物质根据组成分子的种类,可分为纯净物和混合物,如图 3-1 所示。

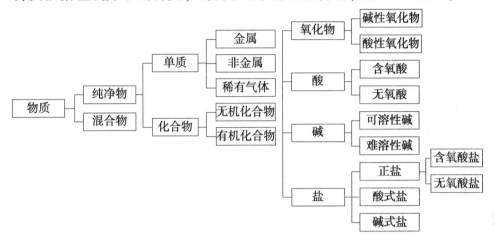

图 3-1　物质的分类

1)纯净物

由同一种分子构成的物质是纯净物,如蒸馏水、纯酒精等。纯与不纯是相对的,在规定的纯度内,可以将货物看作是纯净物,如在某些危险化学品的规格上,常常标有的"优级纯""分析纯""化学纯""试剂纯""工业纯",均是表明该物质的纯净程度。在危险货物的运输过程中,只要一种货物中所含杂质的量不至于影响储运安全,就可以被认为是纯净物。在如下两种情况中,对所运危险货物的纯度有要求:

(1)某些危险货物对杂质特别敏感,杂质达到一定的量就会影响储运安全。如高纯的石灰氮遇水是不会放出易燃气体的,但当其中含有一定量的碳化钙(电石)杂质时,遇水则会产生剧烈反应;又如有机过氧化物,即使微量的酸类、金属氧化物或胺类都会使其剧烈分解。

(2)某些危险货物在高纯度时化学性能非常活跃,有的会聚合,有的会爆炸,因此,要在这些物质里加上阻聚剂防止其聚合,或者在高纯度的易爆物质里掺上水、石粉等来降低其敏感度。这些危险货物的品名后面都会用括号来说明货物的含量或说明要添加阻聚剂等,且括号内的要求是危险货物品名的组成部分,在储运过程的所有文字手续上均不得遗漏,不符合括号内的要求则不能进行储运。《危险化学品安全管理条例》第六十三条第二款中,特别强调了"运输危险化学品需要添加抑制剂或者稳定剂的,托运人应当添加,并将有关情况告知承运人"。

纯净物又分为单质和化合物两种。由一种元素组成的纯净物叫作单质,由多种元素组成的纯净物叫作化合物。

单质按其不同性质又可分为金属和非金属。有近60种单质被列入危险货物,大致分以下几种情况:①由金属性非常强的碱金属和碱土金属两族元素组成的单质,如锂、钠、钾、铷、铯、铍、镁、钡等。②由非金属性非常强的卤族元素和氧族元素组成的单质,如氟气、氯气、溴、碘、氧气、硫、硒、碲等。③由毒性强的元素组成的单质,如锰、镉、铅、汞、铜等。④由颗粒比较细小的某些金属元素组成的单质,如粉状的锌、铝、锰、钍、钛、锆、铪等。这些金属在块状时与氧气反应缓慢,不足以构成危险。但在粉状的条件下氧化反应迅猛,所以被列入危险货物。⑤惰性气体,惰性气体就其本身的性质而言不具备化学危险性,但其被装在15MPa以上的高压气瓶内时,就是随时会被引爆的重磅炸弹。

2)混合物

由不同种分子构成的物质是混合物。混合物里的各种物质仍保持原来的特性,而这些特性综合起来,又给整个混合物附以新的性质,或加剧了或抑制了混合物中某些物质的特性。如含水酒精、压缩空气、油漆、黏合剂、炸药等均为混合物;硫黄、木炭是易燃品,硝酸钾是氧化剂,将这三者以一定的比例混合后,就形成爆炸品,称为黑火药,这是因为硫黄、木炭和硝酸钾仍然保持了各自原有的性质;某些有机过氧化物需含有一定数量的水分或其他惰性物质,来抑制其活泼的氧化性能。

(二)物质的物理变化和化学变化

世界是由物质组成的。从人们日常所需的生活用品到各种生产资料,如空气、水、食物、石油、钢铁、药品、化肥等,都是物质,危险货物也是物质。同时,一切事物都在运动,且运动可以改变物质的性质。人们可以根据物质的物理性质和化学性质,识别物质是否具有危险,是否属于危险货物。

❶ 物理变化

在物质变化过程中,仅是物质的外形或状态发生了变化而没有生成新的物质的运动形式,称作物理变化(也称为物理运动)。如水受热变成水蒸气,冷却至0℃时凝结成冰,尽管状态不同,但水、冰、水蒸气仍是同一种物质——水;萘会从固态直接转化为气态等,都是物理变化。

❷ 化学变化

在物质变化过程中,生成新的物质的运动形式,称作化学变化(也称为化学运动)。如汽油与空气燃烧发出能量后变成 CO、CO_2、HC(碳氢化合物)、NO_x(氮氧化合物的总称,通常包括 NO 和 NO_2 等,大气中的 NO_x 来源于自然和人为活动的排放)等气体;铁制品在潮湿的环境下生成铁锈等,都是化学变化。

物理变化与化学变化的比较见表3-1。

物理变化与化学变化的比较　　　　表 3-1

类别	物理变化	化学变化
定义	没有生成其他物质的变化叫物理变化	生成其他物质的变化叫化学变化
常见现象	物质的状态、形状可能发生变化,可能有发光、放热等现象出现	颜色改变、放出气体、生成沉淀等,并有吸热、放热、发光等现象出现
本质区别	是否有新物质生成	
实质	构成物质的分子是否发生变化	
联系	发生化学变化时一定同时发生物理变化,而发生物理变化时不一定同时发生化学变化	

(三)物质的物理性质和化学性质

物质的性质包括物理性质和化学性质。了解物质的性质是掌握危险货物特性的重要基础,且《化学品安全技术说明书》"第九部分　理化特性"中均涉及"物质的物理性质和化学性质"等基本概念。

1　物理性质

物质发生物理变化所表现出来的性质叫作物理性质,如状态、相对密度、熔点、潮解、颜色、气味等。物质的物理性质对识别货物尤其是危险货物、把握运输条件有重要的作用。

1)状态

物质是以一定的形态而存在的,主要有固态、气态和液态三种形态,简称为"物质的三态",物质的状态是随着温度和压力的变化而变化的。

以氯气为例,在常温(20℃左右)、压力低至1MPa以下时,呈气态;在144℃、加压到7.7MPa时,变成液态;随着温度降低,其液化压力也可降低,如在常温、压力约为2MPa时,即可保持液态。

危险货物包装的选用以及运输条件的确定,在很大程度上取决于该物质的状态和变化规律。如运输液体、气体危险货物的罐体,有常压容器和压力容器。常压是指在工作压力不高于0.1MPa,压力容器是指工作压力高于0.1MPa的容器,具体定义参见《特种设备安全监察条例》第九十九条。

2）密度和相对密度

物质的密度是指该物质的质量与该质量所占有的体积之比，也就是单位体积的质量。常见物质的密度见表3-2。

常见物质的密度　　　　　　　表3-2

名　称	密度(g/cm^3)	名　称	密度(g/cm^3)	名　称	密度(g/cm^3)
汽油	0.70	氨水	0.93	乙醚	0.71
海水	1.03	石油	0.76	牛奶	1.03
酒精	0.79	醋酸	1.049	人血	1.054
煤油	0.80	盐酸(40%)	1.20	松节油	0.855
无水甘油(0℃)	1.26	苯	0.88	二硫化铁	1.29
蓖麻油	0.97	水银	13.6	蜂蜜	1.40
硝酸(91%)	1.50	硫酸(87%)	1.80	溴(0℃)	3.12
矿物油(润滑油)	0.9~0.93	植物油	0.9~0.93	水(0℃)	0.999867

相对密度是指相同温度、相同压力下两种物质的密度之比。一般情况下，气体的相对密度以空气为标准，而液体的相对密度则以水为标准。由于水(4℃)的密度是1g/cm^3，故表3-2中的液体密度值也被称为相对密度值。同时还要注意，相对密度是没有单位(量纲)的。

了解危险货物的相对密度对安全运输具有重要意义。如由于二氧化碳的密度比空气大，故将其覆盖在火焰上可以隔绝空气与火焰的接触，从而达到灭火效果；有些气体(包括可燃物质的蒸气)的密度比空气大，在空气中易于下沉或积聚，会造成中毒(如煤气中毒)或燃烧爆炸等恶性事故；油类不溶于水且其相对密度比水小，若油类物品失火时用水扑救，油就会浮在水面上继续燃烧并随着水的流动而扩大灾情。

在实际工作中，道路危险货物运输从业人员可以通过常压罐体的容积和所运液体危险货物的密度，计算出罐体装满后的载质量，以判断罐车装载后是否超载。

3）沸点和熔点

在物质的三态相互转化中，压力固定时，温度就成为其所处状态的决定因素。在一个大气压下，液体沸腾转化为气态时的温度称为沸点；反之，从气体冷凝的角度来看，这个温度又称为液化点。液体沸腾时，继续加热，仅促使沸腾继续进行，而不会使液体温度再升高，因此，在压力不变时，液体的沸点是一定的。在一个大气压下，固体熔化时的温度称为熔点；而从液体凝固的角度来看，这个温度又称为凝固点。同样，固体熔化时的温度也是一定的。

熔点和沸点均在常温范围内的危险货物,一旦运输作业中操作不当,即会在常温下出现状态转化,引发危险。如乙胺沸点为16.6℃,四氧化二氮沸点为21℃,低温下这些货物呈液态,温度超过其沸点(处于常温范围内)则为气态,压力或体积变化较大。故这些货物的包装应考虑到气液两种状态的特性。

"熔融金属"属于危险货物,且由于熔融金属的特殊性,其运输设备应有耐高温、防喷溅的措施,设有完善、可靠的制动措施,其地面运输车辆应当采用专用运输车辆,并设置安全监控系统。

4) 升华和潮解

有些物质,如萘、樟脑、干冰等,会从固态直接转化为气态,这种现象称为升华。若物品本身具有易燃性,升华成气体时着火的危险性就更大。有些物质,如氢氧化钠(固态),能吸收空气中的水分而溶解,这种现象称为潮解。潮解性物质常用作干燥剂。

有些危险货物吸收空气中的水分后,不仅会发生单一的溶解现象,还会发生化学变化,生成新的物质,如氢化钠、电石等吸收水分后会生成易燃的氢气、乙炔气等。电石的化学名称为碳化钙,分子式为CaC_2(UN 1402),是有机合成化学工业的基本原料,可以合成一系列的有机化合物,为工业、农业、医药提供原料。电石遇水会立即发生激烈反应,生成乙炔,并放出热量。电石具有受到撞击、振动、摩擦或遇明火易爆炸,遇酸反应剧烈,含有硫磷等杂质时与水作用,引起自燃、爆炸等特性。

5) 闪点和燃点

当火焰或炽热物体接近易燃和可燃液体时,液体表面的蒸气与空气的混合物会发生一闪即灭的燃烧,这种燃烧现象叫作闪燃。闪燃是短暂的闪火,不是持续的燃烧。这是因为液体在该温度下蒸发速度不快,液体表面上聚积的蒸气一瞬间燃尽,而新的蒸气还未来得及补充,故闪燃一下就熄灭了。尽管如此,闪燃仍是引起火灾事故的危险因素。

闪点是指可燃性液体挥发出的蒸气在与空气混合形成可燃性混合物并达到一定浓度之后,遇火源时能够闪烁起火的最低温度。在闪点温度下的燃烧无法持续,但如果温度继续攀升则可能引发大火。如果可燃液体的温度高于其闪点,则随时都有接触点火源而被点燃的危险,所以把闪点低于45℃的液体叫作易燃液体,表明其比可燃液体危险性高。如在石油产品中,闪点在45℃以下的汽油、煤油称为易燃品;闪点在45℃以上的柴油、润滑油称为可燃品。

6) 着火、着火点

可燃物质受到外界火源的直接作用而开始的持续燃烧现象叫作着火。这是日常生活最常见的燃烧现象,如火柴点燃柴草,就会引燃着火。

气体、液体和固体可燃物与空气共存,当达到一定温度时,与火源接触即自行燃烧。火源移走后,仍能继续燃烧的最低温度,称为该物质的燃点或着火点。燃点(着火点)是指可燃性混合物能够持续燃烧的最低温度,高于闪点,燃点越低,越容易着火。

7) 自燃、自燃点

可燃物不与明火接触而发生着火燃烧的现象称为自燃。可燃物质虽没有受到外界点火源的直接作用,但受热达到一定温度,或由于物质内部的物理(辐射、吸附等)、化学(分解、化合等)或生物(细菌、腐败作用等)反应过程所提供的热量聚积起来,使其达到一定温度即可自行燃烧。

自燃有受热自燃和本身自燃两种。受热自燃是指可燃物质被加热到一定温度,即使不与明火接触也能自行燃烧的现象。可燃物无明火作用而能自行着火的最低温度,称为自燃点。在道路危险货物运输过程中,由于室外温度过高或太阳直接照射使得危险货物包装物的局部过热,温度高于自燃点时,一旦泄漏,均可发生自燃。本身自燃是指某些物质在没有外来热源的作用下,因受空气氧化或受外界温度、湿度影响,内部发生化学、物理和生物化学作用而产生热量,逐渐积聚使物质温度达到自燃点而发生燃烧的现象。如黄磷在空气中自燃;长期堆放的煤堆、湿木屑堆、湿稻草堆等由于生物作用而自燃;浸有植物油或动物油的纤维如油棉纱等堆积起来,由于油脂的氧化和聚合作用发热,散热不良就可能引起自燃;潮湿的棉花(UN 1365),在长期存放或海运(远洋)时会发生本身自燃。

2 化学性质

物质发生化学变化所表现出来的性质叫作化学性质,如化学变化时常伴随的放热、发光、产生气体(膨胀甚至爆炸)等。危险货物的危险性主要由其化学性质决定。掌握各类危险货物的化学性质,是确保安全运输的先决条件。

危险货物的物理性质和化学性质对安全运输和管理有很大的实际指导意义。如已知乙醚(UN 1155)的沸点为34.5℃,闪点为-40℃,相对密度为0.71,有麻醉性,是极易燃且有毒、比水轻的强挥发性液体,应使用严密封口的铁桶、玻璃瓶或塑料瓶进行包装,防止乙醚气体挥发扩散到空气中引起人畜中毒、燃烧和爆炸。因乙醚的沸点较低,在夏季运输,应使用大容量的铁桶包装进行冷藏运输;而乙醚比水轻,在发生火灾时不能用水扑救。又如黄磷、镧、钠、钾等都是在空气中能引起自燃的物质,在保存时,应和空气严格隔离;黄磷(相对密度1.82)比水重又不和水发生化学反应,所以可以浸没在水中保存;镧(相对密度6.19)虽比水重,但能和水发生反应生成可燃性氢气,故只能置于不和镧发生反应的煤油或石蜡中；钠(相对密度0.97)、钾(相对密度0.86)均比水轻,且又能和水发生剧烈反应生成可燃性氢气,故只能存放于比其轻又不和其发生化学反应的煤油之中。

(四) 物质的化学反应

物质的化学反应主要有化合反应、分解反应、置换反应和复分解反应。

化合反应是由两种或两种以上的物质生成另一种物质的反应。

分解反应是由一种物质生成两种或两种以上其他物质的反应。

置换反应是由一种单质与一种化合物反应,生成另一种单质和另一种化合物的反应；置换反应能否进行是由金属或非金属的化学活泼性决定活泼性较强的金属或非金属可置换活泼性较差的金属或非金属。

复分解反应是两种化合物反应,生成两种新的化合物的反应；复分解反应能否进行,要考虑是否有沉淀、气体或水生成。具备上述任何一个条件,分解反应便能进行。

任何一个物质都必须在一定的条件下才能发生化学反应,如在一定的温度、压力或与另一物质(用作催化剂的)相接触等。因此,要学习化学反应的规律,了解危险货物发生化学反应的特点、发生化学反应条件(如遇热、遇潮、遇光或两种不同性质的货物混合),方可控制化学反应,确保安全运输。

(五) 化合物和溶液

1 化合物

化合物按其组成与性质,可分为无机化合物与有机化合物两大类。

1) 无机化合物

无机化合物可以细分为：氧化物、碱、酸、盐等。

(1) 氧化物。任何元素和氧化合而生成的化合物称为氧化物。金属元素和氧化合得到金属氧化物,如危险货物中的氧化铍(BeO)、氧化汞(HgO)等；非金属元素和氧化合得到非金属氧化物,如二氧化碳(CO_2)、二氧化硫(SO_2)、五氧化二磷(P_2O_5)等。

一般来说,金属氧化物遇水呈碱性,故又称碱性氧化物,溶于水后生成相应的碱。非金属氧化物遇水呈酸性,故又称酸性氧化物,溶于水后生成相应的酸。列入危险货物的氧化物大致有这样几种：

①所有的过氧化物和一部分易分解释放出氧的氧化物；

②所有气体状态的氧化物；

③所有遇水反应能生成酸或碱的氧化物；

④一部分对人体有毒害作用的氧化物。

显然,列入危险货物的氧化物,除气体外,大部分都会与水发生反应生成碱或酸或释放出氧,所以,在运输过程中必须注意防水。

(2)碱。金属氧化物遇水后生成相应的氢氧化物,如氢氧化钾(KOH)、氢氧化钠(NaOH)等,这些化合物称为碱。由于组成碱的金属不同,所以各种碱的碱性强弱不同。活泼金属铀碱性很强,能强烈地腐蚀人体、织物、纤维等物品;很多不太活泼的金属的氢氧化物,如氢氧化镁、氢氧化铜,则因其碱性较弱,也没有其他危险性,所以不属于危险物。有的碱毒性更为突出,则列入毒性物质类。

(3)酸。酸可分为含氧酸与不含氧酸。它们在水溶液中都能电离生成带正电的氢离子和带负电的酸根离子。因此,电离时所生成的阳离子全部是氢离子的化合物叫作酸。无氧酸常被称为氢"某"酸,如氢硫酸(H_2S)、氢氟酸(HF)。它们的气态分子常称为"某"化氢,如硫化氢(H_2S)、氟化氢(HF)等。含氧酸的命名一般为"某"酸,如硫酸(H_2SO_4)、硝酸(HNO_3)等。

大多数酸是液体,有些酸是气体物质的水溶液,如盐酸是氯化氢的水溶液。还有少数的是固体,如硼酸(H_3BO_3)、磷酸(H_3PO_4)等。酸类在水溶液中都能电离出氢离子,具有一些相似的化学性质:酸溶液能使石蕊试液变红,无色酚酞试液遇酸不变色;pH 值小于7,pH 值越小,酸性越强;酸能和多种活泼金属起反应,通常生成盐和氢气(但硝酸和浓硫酸除外);酸能与金属氧化物起反应,生成盐和水;酸能和碱起中和反应,生成盐和水;含氧酸受热分解,生成酸性氧化物和水,有些含氧酸很不稳定,在很低的温度下就能分解。

与碱一样,酸的腐蚀性也有强弱之分。几乎所有的酸都被列为危险货物,但要注意的是,酸并非都被列入腐蚀性物质类。除了腐蚀这一共同特性外,有的酸,氧化性极强;有的酸,其毒性的危险性远远大于腐蚀性;有的酸,会剧烈分解发生爆炸。

(4)盐。酸跟碱作用而生成盐和水的反应叫作中和反应,凡是电离时生成金属阳离子和酸根阴离子的化合物都叫作盐。盐具有一些共同的特性:能与金属发生置换反应;能与碱、酸、盐发生复分解反应。

盐的个性差异很大,危险货物中的盐常见于爆炸品、氧化性物质、毒性物质、腐蚀性物质等各类中。

2)有机化合物

含有碳、氢两种元素的化合物称为有机化合物,简称有机物,又称碳氢化合物。

(1)特征。有机物除分子中都含有碳元素外,一般都难溶于水,而易溶于有机溶剂;有机物分子结构复杂,分子中原子的数目有的多达成千上万个,少的也有近十个,而无机物分子中原子数目一般都较少;有机物种类繁多,达数百万种,而无机物仅几十万种;有机物对热不稳定,一般都能燃烧,第3类易燃液体几乎都是有机物。

(2)分类。有机物数量很大,目前已知的估计已超过500万种,主要根据碳架和官能团分类。

①按碳架分类。有机化合物就是碳的化合物。绝大多数的有机物分子中的碳原子是相互联结的,构成了有机物分子的"骨架"。根据"骨架"的特点,一般把有机物分为脂肪族化合物(开链化合物)、脂环族化合物、芳香族化合物和杂环化合物四类。

②按官能团分类。官能团是指分子中比较活泼而容易发生反应的原子或基,它常常决定着化合物的重要性质。有机物独特的危险性与官能团的性质有关。一般常把上两种分类方法结合起来应用,先按碳架分类,再按官能团分为若干系。

(3)危险性。

①大多数有机物为易燃品或可燃品。有机物的熔点和沸点都较低,在室温下易于挥发,并具有较低的比热和着火温度,因此,有机物易点燃。有机物的蒸气与空气的混合物达到一定浓度范围时,只要有微小的电火花即可点燃。有机物本身是极好的燃料,燃烧时放出的热量很大,过量的辐射热正是其火焰迅速蔓延的原因。大多数有机物对热的稳定性差,即使在没有空气的容器中受到射落其上的火焰热量时,也会炭化和分解。

②大多数有机物对健康有危害性。首先,由于其易于挥发,机体摄入这些有机物,极可能引起某些细胞功能的改变。不过有机物的毒性作用彼此有很大的差别,有的吸入时会产生麻醉作用;所有的有机物均有刺激性;还有不少有机物是有毒的。其次,由于绝大部分的有机物在燃烧时,即使有足量的空气,也不能完全燃烧,常生成大量的一氧化碳和其他有毒气体,对人的危害极大。

③有机物火灾扑灭的困难大。大多数有机物不溶于水,故用水来扑灭有机物燃烧的火焰通常无效,而应用二氧化碳、泡沫或卤剂来扑救。

❷ 溶液

凡是用来溶解其他物质的液体,称为溶剂;凡是被溶剂所溶解而成溶液的物质,称为溶质;溶质以单个分子(或离子)均匀地分散在溶剂分子间的液体叫作溶液。溶液的化学性质是由组成溶液的溶剂和溶质共同决定的,溶液兼有溶剂和溶质的化学性质。

危险货物中有大量的溶液,主要是以酒精为溶剂的各种化妆品,以苯为溶剂的各种农药、杀虫剂、胶黏剂,以香蕉水、溶剂油等为溶剂的各种油漆,还有以丙酮、乙醚为溶剂的各种制品等。这些以各种有机物为溶剂的商品,品种繁多,而且还在不断增加。它们的特性是由溶剂的特性决定的,溶剂属哪一类易燃液体,这些溶液就应按哪一类易燃液体的条件进行储运。所以在受理托运这一类货物时,不能仅写一个商品名称,还须注明其溶剂的名称。

溶质的性质有时也不容忽视。如乙醇无毒,为防止偷盗工业酒精作为食用酒,就在乙醇中掺入极少量的甲醇,整个溶液既有毒不能食用也不能用作医药,而其工业用途不受丝毫影响,这时的品名应是工业酒精。

准确地知道溶液中含有多少溶质是很重要的。以乙醇为例,乙醇可无限溶于水,随着水的含量不同,酒精水溶液的参数也会发生变化:纯乙醇的沸点79℃,相对密度0.79,闪点13℃,爆炸极限3.3%~19%;30%的酒精水溶液闪点35.5℃;白酒的酒精含量50%~60%,闪点在22.5~25.5℃;75%以下硫酸水溶液不能用铁质容器包装。

1)浓度

一定量的溶液里所含溶质的量叫作溶液的浓度。溶液浓度的表示方法有百分比浓度、ppm浓度、当量浓度等。

(1)百分比浓度。溶液的浓度用溶质质量占全部溶液质量的百分比表示,叫作百分比浓度。

(2)ppm浓度。当溶液的浓度极稀时,用百分比表示很不方便,可用百万分比表示。溶液的浓度用溶质质量占全部溶液质量的百万分比表示,称为ppm浓度(ppm是百万分数的符号)。

2)溶解度

物质的溶解能力又叫作溶解性。在相同的条件下,各种溶质在一定量的溶剂中所能溶解的能力是不同的,同样的溶质,在不同的溶剂中的溶解性也是不同的。因此,要说某溶质某溶剂里的溶解性,如果没有指明溶剂,则是指溶剂为水。一般认为,20℃时,在100g水中能溶解10g以上的物质是易溶物质,能溶解1g以上的是可溶物质,能溶解1g以下的是微溶物质,能溶解0.01g以下的是难溶物质(或不溶物质)。

物质的溶解性通常用溶解度来定量表示。在一定温度下,100g溶剂中最多可溶解的溶质克数,叫作这种溶质在某温度下某溶剂里的溶解度。通常所说的溶解度就是某物质在水里的溶解度。温度、压强都对溶解度有一定的影响,但影响程度因溶质而异。

在危险货物的储运工作中,了解各种危险货物尤其是液体危险货物对水的溶解性是很重要的。发生火灾或泄漏事故的液体危险货物,若溶于水,则可以用水扑救,不溶于水而密度又小于水,则会浮在水面上流淌,使火势蔓延;有毒气体泄漏时,如该气体溶于水,也可用水扑救,或将气瓶抛于水中以应急。

第二节 危险货物分类及品名编号

本节以《危险货物分类和品名编号》(GB 6944—2012)为依据,介绍危险货物的有关概念。《危险货物分类和品名编号》由中国国家标准化管理委员会于2012年5月11日修订发布,2012年12月1日实施,以代替原标准GB 6944—2005。新标准规定了危险货物分类、危险货物危险性的先后顺序和危险货物编号。

一、危险货物的定义

1 危险货物的定性表述

危险货物(也称危险物品或危险品)是指"具有爆炸、易燃、毒害、感染、腐蚀、放射性等危险特性,在运输、储存、生产、经营、使用和处置中,容易造成人身伤亡、财产损毁或环境污染而需要特别防护的物质和物品"。该定义是对危险货物的定性表述,强调了对危险货物的性质、危险后果及特别防护的要求。

(1)具有爆炸、易燃、毒害、感染、腐蚀、放射性等危险特性。非常具体地指明了危险货物本身所具有的特殊性质,是造成火灾、灼伤、中毒等事故的先决条件。

(2)容易造成人身伤亡、财产损毁或环境污染等危险后果。指出了危险货物在一定条件下,如受热、明火、摩擦、振动、撞击、撒漏或与性质相抵触物品接触等,发生化学变化所产生的危险效应,不仅会使货物本身遭到损失,而且危及人身安全、破坏周围环境。

(3)在运输、储存、生产、经营、使用和处置中需要特别防护。这里所说的特别防护,不仅是普通货物运输必须做到的轻拿轻放、谨防明火,还要针对各种危险货物本身的特性所采取"特别"的防护措施。如有的爆炸品需添加抑制剂,有的有机过氧化物需控制环境温度。大多数危险货物的包装和配载都有特定的要求。

以上三个要求,缺一则不成为危险货物。如贵重物品防丢失、精密仪器防振动、易碎器皿防破损都需要特别防护,但是这些物品不具特殊性质,一旦防护失措,不致造成人身伤亡或除货物本身以外的财物毁损,所以不属危险货物。

2 危险货物的定量表述

危险货物的定量表述即为如何确定货物属于危险货物。《道路危险货物运输管理规定》第三条规定"危险货物以列入国家标准《危险货物品名表》(GB 12268)的为准"。也就是说,凡是《危险货物品名表》(GB 12268—2012)中列出名称的货物,均为危险货物。

二、危险货物的分类、分项

物质的理化性质是决定其是否具有燃烧、爆炸或其他危害性的重要因素。如有些物质本身的原子比较活泼,能与空气中的氧在常温下进行反应,并放出热能;有些物质能与水进行反应,置换出氢气,在常温下反应也极为剧烈;有的物质有氧化性或还原性;有的在常温下是气态的物质,与空气混合能形成易燃易爆的混合蒸气;有的物质是液态或固态,但暴露在空气中,遇明火极易燃烧;还有的物质本身就不稳定,当受热、振动或摩擦时极易分解导致危害;有的物质具有毒性等。因此,危险货物是一个总称,且因其种类繁多,性质各异,有些还相互抵触。为了安全储运,方便运输,有必要根据各种危险货物的主要特性对其进行分类。

在《危险货物分类和品名编号》(GB 6944—2012)4.1.1"类别和项别"中,首先明确了按危险货物具有的危险性或最主要的危险性分为9个类别。其中,第1类、第2类、第4类、第5类和第6类再分为项别。危险货物类别、项别见表3-3。

危险货物分类及分项　　　　　　　　　表3-3

第1类　爆　炸　品	
1.1项	有整体爆炸危险的物质和物品
1.2项	有迸射危险,但无整体爆炸危险的物质和物品
1.3项	有燃烧危险并有局部爆炸危险或局部迸射危险或这两种危险都有,但无整体爆炸危险的物质和物品
1.4项	不呈现重大危险的物质和物品
1.5项	有整体爆炸危险的非常不敏感物质
1.6项	无整体爆炸危险的极端不敏感物品
第2类　气　体	
2.1项	易燃气体
2.2项	非易燃无毒气体
2.3项	毒性气体

续上表

第3类　易燃液体	
第4类　易燃固体、易于自燃的物质、遇水放出易燃气体的物质	
4.1项	易燃固体、自反应物质和固态退敏爆炸品
4.2项	易于自燃的物质
4.3项	遇水放出易燃气体的物质
第5类　氧化性物质和有机过氧化物	
5.1项	氧化性物质
5.2项	有机过氧化物
第6类　毒性物质和感染性物质	
6.1项	毒性物质
6.2项	感染性物质
第7类　放射性物质	
第8类　腐蚀性物质	
第9类　杂项危险物质和物品,包括危害环境物质	

在对危险货物命名时,有的是根据货物的物理性质,有的是根据货物的化学性质(如氧化性物质和腐蚀性物质),有的是结合货物的物理和化学性质(如易燃液体和易燃固体),还有的是根据货物对人身伤害的情况(如毒性物质)。总之,哪一种危险特性在运输中居主导地位,就把该货物归为哪一类危险货物。上述的分类标准,并不是相互排斥的,大多数危险货物都兼有两种及以上的性质。因此,在注意到某种货物的主要特性时,必须注意到该货物的其他性质。

三、危险货物的品名、编号

2012年5月11日修订的《危险货物品名表》(GB 12268—2012),规定了3000多种危险货物的品名,且采用了联合国编号(即UN号),取消了原有的中国编号(即CN号)。一般地讲,危险货物的每个品名都有对应的编号,但由于"品名"在《危险货物品名表》中对应的是"名称和说明",故准确地表述是"《危险货物品名表》中的每个条目都对应一个编号"。每个危险货物类别下设有众多条目,每个条目都有一个联合国编号用以识别,条目分为A、B、C、D四类,且B、C和D类的条目统称为类属条目,具体定义见表3-4。

《危险货物品名表》中四类条目内容　　表 3-4

条目类别	条目解释	举例
A类	单一条目,适用于意义明确的物质或物品,包括含有若干个异构体的物质条目	UN 1090 丙酮 UN 1104 乙酸戊酯 UN 1194 亚硝酸乙酯溶液
B类	通用("类属")条目,适用于意义明确的一组物质或物品,不含"未另作规定的"条目	UN 1133 胶黏剂 UN 1266 香料制品 UN 2757 氨基甲酸酯农药,固体的,有毒的 UN 3101 有机过氧化物,B型,液体的
C类	"未另作规定的"特定条目,适用于一组具有某一特定化学性质或特定技术性质的物质或物品,未另作规定的	UN 1477 硝酸盐,无机的,未另作规定的 UN 1987 醇类,未另作规定的
D类	"未另作规定的"通用条目,适用于一组符合一个或多个类别或项别标准的物质或物品,未另行规定	UN 1325 易燃固体,有机的,未另作规定的 UN 1993 易燃液体,未另作规定的

第三节　各类危险货物定义及特性

一、爆炸品

1 爆炸品的定义

依据《危险货物分类和品名编号》(GB 6944—2012),爆炸品是指在外界作用下(如受热、撞击等),能发生剧烈的化学反应,瞬时产生大量的气体和热量,使周围压力急骤上升,发生爆炸,对周围环境造成破坏的物品,也包括无整体爆炸危险,但具有燃烧、抛射及较小爆炸危险,或仅产生热、光、音响或烟雾等一种或几种作用的烟火物品。

根据爆炸时发生的变化性质,爆炸可分为物理爆炸、化学爆炸和核爆炸。该定义非常明确地指出"爆炸品"的爆炸是属于化学爆炸,即指物质因得到起爆的能量而迅速分解,释放出大量的气体和热量的过程。炸药、炮弹、爆竹以及爆炸性药品的爆炸都是化学爆炸。化学爆炸必须同时具备3个因素:①反应速度快;②释放出大量的热;③产生大量气体。

2 爆炸品的分项

由于各种爆炸物品具有特性差异,其危险程度也各不相同。《危险货物分类和品名编号》(GB 6944—2012)将第 1 类爆炸品按危险程度分为 6 项。

(1)第 1.1 项:有整体爆炸危险的物质和物品。

(2)第 1.2 项:有迸射危险,但无整体爆炸危险的物质和物品。

(3)第 1.3 项:有燃烧危险并有局部爆炸危险或局部迸射危险或这两种危险都有,但无整体爆炸危险的物质和物品。

本项包括满足下列条件之一的物质和物品:

①可产生大量热辐射的物质和物品;

②相继燃烧产生局部爆炸或迸射效应或两种效应兼而有之的物质和物品。

(4)第 1.4 项:不呈现重大危险的物质和物品。

本项包括运输中万一点燃或引发时仅造成较小危险的物质和物品;其影响主要限于包件本身,并预计射出的碎片不大、射程也不远,外部火烧不会引起包件几乎全部内装物的瞬间爆炸。

(5)第 1.5 项:有整体爆炸危险的非常不敏感物质。

本项包括有整体爆炸危险性,但非常不敏感,以致在正常运输条件下引发或由燃烧转为爆炸的可能性很小的物质。

(6)第 1.6 项:无整体爆炸危险的极端不敏感物品。

本项包括仅含有极不敏感爆炸物质,并且其意外引发爆炸或传播的概率可忽略不计的物品。本项物品的危险仅限于单个物品的爆炸。

3 爆炸品的特性

一般决定爆炸品爆炸性能强弱的指标主要有以下 3 个。

1)感度(也称敏感度)

感度是指爆炸品在外界作用下发生爆炸反应的难易程度。爆炸品需要外界提供一定量的能量才能触发爆炸反应,否则爆炸反应就不能进行。感度高低通常以引起爆炸所需要的最小外界能量(又称初始冲能或起爆能)来表示。显然,引起某爆炸品爆炸所需的起爆能越小,则其感度越高,危险性也越大。不同爆炸品所需起爆能的大小是不同的,其敏感度也不同。如:TNT 对火焰的敏感度较小,但如用雷管引爆则立即爆炸。即使同一种爆炸品,所需起爆能大小也不是固定不变的。如同样是 TNT,在缓慢加压的情况下,它可经受几万牛顿压力也不爆炸,但在瞬间撞击情况下,即使冲击力很小,也会引起爆炸。这就是爆炸品的运输装卸作业中不能摔碰、撞击的原因。

起爆能有多种能量形式,如机械能(冲击、摩擦、针刺)、热能(高温、明火、火花、火焰)、电能(电热、电火花)、光能(激光及其他光线)、爆炸能(雷管、起爆药)等。在运输装卸过程中,温度变化及机械作用的影响是不可避免的,所以在各种形式的感度中,主要是确定爆炸品的热感度和撞击感度。

(1)热感度。热感度指爆炸品在外界热能作用下发生爆炸变化的难易程度,一般用"爆发点"来表示。爆发点是指物质在一定延滞期内发生爆炸的最低温度。延滞期则指从开始对炸药加热到其发生爆炸所需要的时间。同一爆炸品,延滞期越短,爆发点越高;延滞期越长,爆发点越低。虽未受高热,但受低热时间足够长也会诱发爆炸。因此,在运输中一定要使爆炸品远离热源或采取严格隔离措施。

(2)撞击感度。撞击感度指爆炸品在机械冲击的外力作用下,对冲击能量的敏感程度。撞击感度高,说明其对外界冲击能量的敏感度高,易于引起爆炸。反之,撞击感度低,说明其对冲击能量的感度低,不易引起爆炸。如装卸时不慎,炸药由高空落下;车辆在行驶中发生剧烈的冲击、振动等均属于这一类。

炸药的纯净度对其撞击感度有很大的影响。当炸药内混入坚硬物质如玻璃、铁屑、砂石等时,则其撞击感度增加,危险性增大。当炸药中混入惰性物质如石蜡、硬脂酸、机油等时,则其撞击感度降低。因此,在运输装卸过程中,严禁混入坚硬杂物,车厢货舱应保持干净,炸药撒漏物绝不能再装入原包装内。有些较敏感的炸药(如黑索金、泰安等),在运输过程中为确保安全,可加入适量石蜡(这些附加物称为钝感剂)使其钝化,以增加安全系数。

2)威力和猛度

(1)威力。威力指炸药爆炸时的做功能力,即炸药爆炸时对周围介质的破坏能力。威力的大小主要取决于爆热的大小、爆炸后气体生成量的多少以及温度的高低。

(2)猛度。猛度又称猛性作用,指炸药爆炸后爆轰产物对周围物体(如混凝土、建筑物或矿石层等)破坏的猛烈程度。

爆炸品的威力和猛度越大则炸药的破坏作用越强。衡量威力和猛度的参数很多,运输中采用爆速,即爆炸品本身在进行爆炸反应时的传播速度(m/s),它是决定爆炸威力的重要因素。爆速越大,单位时间内进行爆炸反应的爆炸品越多,其爆炸威力也越大。通常将爆速是否大于3000m/s作为衡量爆炸品威力强弱的一个参考指标。从常见炸药的爆速等参数可看出黑索金、泰安、特曲儿、硝化甘油等都是爆炸威力很强的炸药。

3)安定性(也称稳定性)

爆炸品的安定性是指爆炸品在一定的储存期间内,不改变自身的物理性质和化学性质(即爆炸性能)的能力。爆炸品本身是一种不稳定的,即使在正常的保管条件下,也会产生某种程度的物理或化学变化,所以,长期储存不安定的爆炸品或在一定外界条件(如环境温湿度等)影响下,不仅会改变爆炸品的爆炸性能,而且还可能发生燃烧和爆炸事故。

根据我国汽车运输的特点,以保持在环境温度不超过45℃(可允许短期略超过45℃)的条件下,运输期间货物不发生分解,不改变其使用效能,即可认为该货物安定性符合安全运输要求。同时,为增加运输过程中的化学安定性,对某些炸药,在运输途中必须加入一定量的水、酒精,或其他钝感剂(如萘、二苯胺、柴油等)。

可以看出,爆炸性是运输过程中对安定性的最大威胁。其中感度和安定性是用来衡量货物起爆的难易程度,而威力和猛度则关系到一旦发生爆炸所产生的破坏效果。一般来讲,可选用爆发点低于350℃、爆速大于3000m/s、撞击感度在2%以上为爆炸性的3个主要参考数据。三者居其一,即可认为具有爆炸性。

❹ 常运的爆炸品

1)火药、炸药及起爆药

(1)火药。火药又叫发射药,是极易燃烧的固体物质,量大时或在密闭状态下易引发爆炸。火药按其结构又分为单基药、双基药、三基药和黑火药。

①单基药,主要成分是硝化纤维素(UN 0340、UN 0341);

②双基药,主要成分是硝化纤维素(UN 0340、UN 0341)、硝化甘油和硝化甘油乙(UN 0144);

③三基药,主要成分是硝化纤维素(UN 0340、UN 0341)、硝化甘油与硝基胍(UN 0282);

④黑火药,主要成分是硝酸钾、硫黄、木炭的机械混合物,各成分配比不同其性能也不同。

硝化纤维素(别名硝化棉),为纤维素与硝酸酯化反应的产物,是用精制棉与浓硝酸和浓硫酸酯化反应而得,广泛用于火工、造漆等行业,摄影胶片、赛璐珞、乒乓球都用其作原料。其外观像受过潮的棉花,色白而纤维长,因此,误认其为棉花而发生事故也时有所见。硝化棉中含氮量不超过12.5%时,只能引起自燃,不会爆炸。因此,含氮量大于12.5%且所含水分不得少于32%的硝化棉则属于1.1项(爆炸品);含氮量小于12.5%且所含水量不少于32%的硝化棉属于4.1项(易燃固体)。

硝酸棉不仅易燃且易分解。松散的硝化棉在空气中燃烧不留残渣,增大密度时,燃速下降。大量硝化棉在堆积或密闭容器中燃烧能转化为爆轰。干燥的硝化棉极不稳定易被点燃,易因摩擦而产生静电,在较低温度下能自行缓慢分解,放出大量的有毒气体并伴随放热,温度迅速上升而自燃。含水为25%时,较为安全。

火药是以燃烧反应为主要化学变化形式的爆炸性物质。常见火药的形式有：带状、棍状、片状、长管状、七孔状、短管状和环状等。

(2)炸药(也称猛炸药)。炸药是相对稳定的物质,在一般情况下比较安定,能经受生产、储存、运输、加工和使用过程中的一般外力作用。只有在相当大的外力作用下(如受热、撞击)才能引爆。炸药按其组成情况可分为单质炸药、混合炸药和工程炸药。

①单质炸药,如三硝基甲苯(梯恩梯)(UN 0209)、环三亚甲基三硝胺(旋风炸药、黑索金、RDX)(UN 0483)、季戊四醇四硝酸酯(季戊炸药、泰安)(UN 0150)等；

②混合炸药,如三硝基甲苯(梯恩梯)(UN 0209)与环三亚甲基三硝胺(旋风炸药、黑索金、RDX)(UN 0483)或其他两种以上单质炸药的混合物；

③工程炸药,如硝酸铵类的混合爆炸物(UN 0222)。

炸药爆炸时化学反应速度非常快,在瞬间形成高温高压气体并释放出大量热量,以极高的功率对外界做功,使周围介质(如建筑、交通设施等)受到强烈的冲击、压缩而变形或破碎。

(3)起爆药(也称初级炸药)。常见的起爆药有雷汞、叠氮化铅、三硝基间苯二酚铅、二硝基重氮酚等。起爆药用作工业雷管的正装药,以加强起爆能力。对起爆药的基本要求是有足够的敏感度,以保证在使用时能准时起爆,起爆力大,并易于由燃烧变为爆轰,用少量的起爆药即可起爆其他炸药。

2)火工品及引信

(1)火工品。为了引起炸药爆炸所采取的各种机构和装置装备(以引燃火药、引爆炸药或作机械功的一次性使用的元器件和装置)统称火工品。它是靠简单的激发冲量(如加热、火焰、冲击、针刺、摩擦)引起作用,产生火焰,点燃发射药或引信药剂(延期药、加强药和时间药)引爆雷管、炸药。

火工品都是小的炸药元件,具有比较高的感度。其大致可分为两种：一种按输入冲量形式分为机械、热、电、爆炸装置等；另一种按输出形式分为点火器(包括火帽、底火、延期药、点火索、点火具等)和起爆器材(包括雷管、导爆索、导爆管、传爆管等)。

(2)引信。引信是装配在弹药中,能够控制战斗部(如炮弹的弹丸,火箭的弹头,地雷的雷体和手榴弹的弹壳等),在相对目标最有利的地位或最有利的时间完全引起作用的装置。而引信中能够适时起激发作用的元件就是火工品。某些火工品不只装在引信中,它还装于发射装药或火箭发动机中,用来点燃发射药。所以火工品是引燃和引爆器材的总称。火工品、引信和战斗部三者是不可分割的一个整体。战斗部靠引信来控制,而引信的控制作用主要是由火工品来完成的。

引信的构造主要包括发火和保险两个部分。引信的机构可由多种零件组成,其引爆过程是:击针冲击火帽,火帽的火焰能量引爆雷管产生爆轰波,此波再引爆传爆管药粒后产生较大的爆轰波,使整个爆丸爆炸。

3)烟花爆竹

烟花爆竹大都是以氧化剂(如氯酸钾、硝酸钾、硝酸钡等)与可燃物质(如木炭、硫黄、赤磷、镁粉、铝粉等)再加以着色剂(如钠盐、锶盐、钡盐、铜盐等)、黏合剂(如酚醛树脂、虫胶、松香、糨糊等)为主体的物质,按不同用途,装填于泥、纸、绸质的壳体内。其组成成分不但与爆炸品相同,而且还有氧化剂成分,应该是很敏感、很危险的。但其大部分产品用药量甚少,最多占30%,其余70%为泥土、纸张等杂物,因此,其具有较好的安定性。如其包装不妥或对其爆炸危险性认识不足,同样也会造成爆炸事故。因此,不能降低对烟花爆竹的包装要求。

二、气体

1 气体的定义

本类气体指满足下列条件之一的物质:在50℃时,蒸气压力大于300kPa的物质;20℃时在101.3kPa标准压力下完全是气态的物质。

以上定义是以货物的物理特性为依据的,即在50℃时的蒸气压力大于300kPa,或温度在20℃时,在101.3kPa标准压力下完全是气态的物质,经压缩或降温加压后,储存于耐压容器或特制的高绝热耐压容器(俗称钢瓶)内或装有特殊溶剂的耐压容器中,均属压缩、液化或溶解气体货物。为便于理解,引入以下概念。

(1)危险货物第2类气体包括压缩气体、液化气体、溶解气体和冷冻液化气体、一种或多种气体与一种或多种其他类别物质的蒸气混合物、允有气体的物品和气雾剂。

①压缩气体,是指在-50℃下加压包装供运输时完全是气态的气体,包括临界温度小于或等于-50℃的所有气体,如压缩天然气(Compressed Natural Gas,简称CNG)。

②液化气体,是指在温度大于-50℃时加压包装供运输时部分是液态的气体,可分为:

a.高压液化气体,临界温度在-50~60℃之间的气体;

b. 低压液化气体,临界温度大于60℃的气体,如液化天然气(Liquefied Natural Gas,简称LNG)。

③溶解气体,是指加压包装供运输时溶解于液相溶剂中的气体。

④冷冻液化气体,是指包装供运输时由于其温度低而部分呈液态的气体。

(2)压力的单位。国际标准单位制中压力单位为Pa,也称为标准压力:$1Pa = 1N/m^2$,$1MPa(兆帕) = 10^3 kPa(千帕) = 10^6 Pa(帕)$。在实际工作中,人们常用标准大气压(atm),也简称大气压。

(3)常温常压是指货物储存和运输的自然条件。常压即是正常的1个标准大气压;在标准大气压下,环境温度高于沸点时,物质为气体;环境温度低于沸点时,物质则为液体。通常,增大压力、降低温度,可以使气体液化。要使临界温度低于50℃的气体液化,至少需要5MPa的压力。常温是指自然环境温度,它有一个比较宽的温度区间,如我国冬天北方室外的气温可达-40℃,夏天在阳光直射下可达50℃以上。

(4)蒸气压,指在液体(或固体)的表面存在着该物质的蒸气,这些蒸气对液体(或固体)表面产生的压强就是该液体(或固体)的蒸气压。在一定的温度下,与同种物质的液态(或固态)处于平衡状态的蒸气所产生的压强叫饱和蒸气压,它随温度升高而增加。如,水在20℃时,饱和蒸气压是2.3kPa,而在100℃时为0.1MPa。饱和蒸气压是物质的一个重要性质,它的大小取决于物质的本性和温度。饱和蒸气压越大,表示该物质越容易挥发。

在同一温度下,各种物质的饱和蒸气压不同。液态物质的温度升高到其沸点时,其饱和蒸气压与外界压力相等,此时的气化可在液体表面和内部同时剧烈进行,这就是沸腾。如果对某种达到饱和状态的蒸气施压,外部压力大于蒸气压时,蒸气就会液化。所以临界压力实质上是临界温度时的某物质的饱和蒸气压。由此可知,虽然50℃比某些液体的沸点要高,但如果此时外部压力大于这些液体在50℃时的蒸气压时,那么这些物质还能保持液体的状态。用于灌装液体货物的铁桶和玻璃瓶一般可以承受0.3MPa的内压。因此,如果某物质的50℃时的蒸气压大于0.3MPa,则这种物质必须灌装在区别于液体货物包装的耐压容器中。

2 气体的分项

第2类危险货物(气体)按其化学性质分为3项。

1)第2.1项:易燃气体

本项包括在20℃和101.3kPa条件下:

(1)爆炸下限小于或等于13%的气体;

(2)不论其爆炸下限如何,其爆炸极限(燃烧范围)大于或等于12%的气体。

这项气体泄漏时,遇明火、高温或光照,即会发生燃烧或爆炸。燃烧或爆炸后的生成物对人体具有一定的刺激或毒害作用。

"易燃"是这类气体的根本化学特性。气体"易燃"或"非易燃"一般是以爆炸极限或燃烧范围来衡量的。燃烧需要氧气,空气中含有 1/5 的氧气即可助燃。某种可燃气体散发在空间与空气混合后,若可燃气浓度太低,可供燃烧的物质太少,燃烧不能进行;反之,若可燃气浓度太高,则供氧不足,也不能使燃烧进行。可燃气体或可燃液体的蒸气与空气混合后遇火花引起燃烧爆炸的浓度范围,称为该物质的爆炸(燃烧)极限,用可燃物占全部混合物的百分比浓度来表示。混合气体能发生燃烧爆炸的最低浓度称爆炸下限,最高浓度称爆炸上限。在上、下限之间的混合气体叫作爆炸性混合气体。爆炸上限与爆炸下限之差为爆炸范围(燃烧范围)。气体爆炸下限越低或爆炸范围越大,则其燃烧的可能性越大,也就越易燃,越危险。

易燃气体中,爆炸下限小于 10% 的占 92%,其余的燃烧范围大于 12%。因此,可以用爆炸下限小于 10% 或爆炸范围大于 12% 作为衡量易燃气体的标准。只要参数满足上述两者之一,即可被认为是易燃气体。常见可燃气体的参数见表 3-5。

常见可燃气体的参数 表 3-5

可燃气体	自燃点(℃)	爆炸极限(体积%) 下限 X_1	爆炸极限(体积%) 上限 X_2	危险度 $H=(X_2-X_1)/X_1$
氢气	585	4.0	75	17.7
硫化氢	260	4.3	45	9.5
氰化氢	538	6.0	41	5.8
氨	651	15.0	28	0.9
氧化碳	651	12.5	74	4.9
乙炔	335	2.5	81	31.4
甲烷	537	5.3	14	1.7

2) 第 2.2 项:非易燃无毒气体

本项包括窒息性气体、氧化性气体以及不属于其他项别的气体,不包括在温度 20℃ 时的压力低于 200kPa,并且未经液化或冷冻液化的气体。这项气体泄漏时,遇明火不燃,直接吸入体内无毒、无刺激、无腐蚀性,但高浓度时有窒息作用。

燃与不燃是相对的,有些气体在高温条件下遇明火会燃烧。不燃气体主要是惰性气体和氟氯烷类的制冷剂和灭火剂。必须重视的是,有些气体,如氧气、压缩空气、一氧化二氮等本身不可燃,但它们有强烈的氧化作用,可以帮助燃烧,称之为氧化性气体(助燃气体)。氧化性气体实质上是气体状的氧化剂,它比液态或固态的氧化剂具有更强烈的氧化作用,所以,不能忽视氧化性气体的危险性。在储运危险货物时,必须把氧化性气体与非易燃气体区别开来。储运氧化性气体要遵守储运第5类(氧化性物质和有机过氧化物)的各项要求和规定。

3)第2.3项:毒性气体

本项包括满足下列条件之一的气体:

(1)其毒性或腐蚀性对人类健康造成危害的气体;

(2)急性半数致死浓度 LC_{50} 值小于或等于 5000mL/m^3 的毒性或腐蚀性气体。

值得注意的是,危险货物2.3项毒性气体不包括"剧毒化学品"。"剧毒化学品"应以《剧毒化学品目录(2015版)》为准。

这项气体泄漏时,对人畜有强烈的毒害、窒息、灼伤、刺激等作用。本项气体的毒性指标与危险货物第6类(毒性物质)的毒性指标相同。其储运的注意事项也必须遵守毒害品的有关规定。

特别强调,具有两个项别以上危险性的气体和气体混合物,其危险性先后顺序为:2.3项优先于所有其他项;2.1项优先于2.2项。

3 气体的特性

1)气体的液化

物质由气态转变为液态的过程叫作液化。液化是放热过程,有两种方式:降低温度和压缩体积。

任何气体都可以压缩,处于压缩状态的气体叫作压缩气体。如果在对气体进行压缩的同时进行降温,压缩气体就会转化为液体。经加压缩降温后成为液态的而在常温常压下是气态的物质叫作液化气体。为区别一种气体货物的两种不同状态,被液化的气体在气体名称之前应冠以"液化"或"液态",如液化氢气、液态氧(又可简称为液氢、液氧)和液化石油气等。

气体只有将温度降低到一定程度时施加压力才能被液化。若温度超过此值,则无论怎样增大压力都不能使之液化。这个加压使气体液化所允许的最高温度叫作临界温度。不同气体,临界温度不同。气体在临界温度时,还需施加压力才能被液化。在临界温度时,使气体液化所需要的最小压力叫作临界压力。不同气体,临界压力也各不相同。常见的几种气体的临界温度和临界压力见表3-6。

几种气体的临界温度和临界压力　　　　　表3-6

气体名称	临界温度(℃)	临界压力(MPa)	气体名称	临界温度(℃)	临界压力(MPa)
氦气	-267.9	0.23	乙烯	9.7	5.07
氢气	-239.9	1.28	二氧化碳	31.0	7.29
氖气	-228.7	2.59	乙烷	32.1	4.88
氮气	-147.1	3.35	氨气	132.4	11.13
氧气	-118.8	4.97	氯气	143.9	7.61
甲烷	-82.1	4.63	二氧化硫	157.2	7.61
一氧化碳	-138.7	3.46	三氧化硫	218.3	7.77

通常在常温下使用和储运气体,而且灌装气体的容器不绝热,即容器内外的温度是一样的。因此,临界温度低于常温的气体是压缩气体,临界温度高于常温的气体是液化气体。

无论是处于压缩状态,还是处于液化状态,气体的临界温度越低,危险性越大。

2) 气体的物理爆炸

物质因状态或压力发生突变而形成的爆炸现象称为物理爆炸,如气瓶的爆炸等。气体要储存和运输,必须灌装在耐压容器中。根据不同气体的临界温度和临界压力,气体耐压容器所承受的内压也不同,最低的为 1MPa,最高的达 15MPa。

按规定压力装灌合乎质量要求和安全标准容器内的气体,在正常情况下不会发生危险。但当受到剧烈撞击、振动、高温、受热时,会使容器内压力骤增,该压力超过容器的耐受力时就会发生气瓶爆炸。在实际运输中,气瓶发生爆炸的主要原因往往是超过规定而过量充装气体,或使用过期的应报废而未报废的气瓶。此时如再加上撞击、高热等因素,气瓶爆炸的危险性就更大。气瓶爆炸后,紧跟着的往往是易燃气体的化学爆炸或有毒气体的扩散,产生比物理爆炸更严重的后果。因此,防止气瓶的物理爆炸是保证气体储运安全的首要事项。可以看出,储运气瓶应轻拿轻放,远离火源,防止日晒,注意通风散热。

3) 气体的相对密度

当温度、压力相同时,两种气体密度之比称为气体的相对密度。气体的相对密度是以空气为标准的。如在标准大气压下,1L 空气的质量为 1.293g,1L 氢气的质量为 0.08987g;空气的平均分子量为 29,氢气的分子量是 2.016,则氢气对空气的相对密度 D 为:

$$D = 0.08987/1.293 \approx 0.0695 \quad 或 \quad D = 2.016/29 \approx 0.0695$$

比空气轻的气体会上浮在封闭空间的顶部,比空气重的气体都会沉积在低洼处。若任其蓄积,就会引起燃烧、爆炸、毒害、窒息等潜在危险。如,二氧化碳的相对密度是 1.5862,空气中二氧化碳含量只要达到 3%,就会使人窒息而死。所以储存危险货物的仓库必须有良好的通风排气设施。在装卸作业时,应先开仓通风,后进行作业。在拆卸货车车厢、集装箱和货舱时,尤其要注意这一点。

4)气体的溶解性

某些液体对某种气体有很大的溶解能力,如氨气、氯气可以大量溶解在水里,乙炔可以大量溶解在丙酮中。利用这个性质可以储运某些不易液化或压缩的气体,乙炔就是如此。乙炔气瓶内填充了多孔性物质,再注入丙酮,然后把乙炔加压灌入,使之溶解在丙酮中。这种溶解在溶剂中的气体称为溶解气体。

溶解有气体的溶剂受热后,气体会大量逸出,从而引起容器爆炸。特别是乙炔气瓶,从火灾中抢救出来后,瓶内的多孔材料可能熔结,溶剂可能挥发,气瓶就失效。此时如果再用来灌装乙炔,就可能造成大事故。所以,乙炔气瓶经火烤后就不能再使用。

一旦发现某些易溶于水的气体溢漏,应急时利用气体在水中的溶解性用水吸收扑救。

4 常见的气体

1)氧气(压缩氧 UN 1072、冷冻液态氧 UN 1073)

氧气是空气的重要组成部分。空气中氧气占 21%,其余主要为氮气(约占 78%)。由于氮气的性质不活泼,空气的许多化学性质,实际上是氧气性质的表现。当有压缩空气装在 15MPa 以上高压气瓶中运输时,应与氧气同样看待。

氧气无色、无味、微溶于水,氧气的临界温度 -118.8℃,沸点 -183℃,临界压力 4.97MPa,液氧为淡蓝色。氧气本身不能燃烧,但它是一种极为活泼的助燃气体,几乎能与所有的元素化合生成氧化物。气焊、气割正是利用可燃气体和氧燃烧所放出的热量作为热源的。

氧气浓度对它的化学性质有很大影响。空气中氧气含量不大,棉花、酒精等在空气中只能比较平缓地燃烧,超过正常比例的氧气能使燃烧迅猛。油脂在纯氧中的反应要比在空气中剧烈得多,当高压氧气(即高压空气)喷射在油脂上就会引起燃烧或爆炸,实质就是油脂与纯氧的反应,所以氧气瓶(包括空瓶)绝对禁油。在装卸过程中,应注意储氧气瓶不得与油脂配装,不得用油布覆盖;储运氧气瓶的仓间、车厢、集装箱等不得有残留的油脂,阀门、轴承都不得用油脂润滑;操作人员不能穿戴沾有油污的工作服和手套。

2) 氢气(压缩氢 UN 1049、冷冻液态氢 UN 1966)

氢气是最轻的气体,约为空气的1/14重。氢气无色、无臭,极难溶于水,临界温度-239.9℃,临界压力1.28MPa。氢气可燃,纯净的氢气在空气中燃烧平静,火焰为淡蓝色。燃烧温度可达2500~3000℃,可作焊接用。

氢气的爆炸范围极宽,为4.0%~75%,所以氢气是一种极危险的气体。在运输过程中,氢气瓶漏气后会与空气或氧气混合,一旦遇明火或高温即可发生强烈爆炸,这一点要求从业人员充分重视。

氢气有极强的还原性,能与许多非金属直接化合,如氢气能在氯气中燃烧生成氯化氢,能与硫反应生成硫化氢。氢气在氯气中的爆炸极限为5.5%~89%,氢和氯的混合气体在日光照射下就会发生剧烈的爆炸。所以,氢气不能与任何氧化剂尤其是氧气、氯气混合储运。

3) 氯气(UN 1017)

氯气的临界温度144℃,临界压力7.61MPa。常温下0.6MPa就会使氯气液化,故氯气总是在液化状态下储存运输,习惯称氯气为液氯。

氯气是一种黄绿色的剧毒气体,有强烈的刺激气味。空气中的最高允许浓度为$2mg/m^3$,如浓度达到一定量,人吸入后会发生咽喉、鼻、支气管痉挛,眼睛失明,甚至导致肺炎、肺气肿、肺出血而死亡;如超过$2.5g/m^3$,则会立即使人畜窒息死亡。

氯气的蒸气相对密度为2.5,所以氯气泄漏在空气中会沉在下部沿地面扩散,使地面人员受害。氯气溶于水,常温下1体积水可溶解2.5体积的氯气。依据此特性,当氯气瓶漏气时可大量浇水,或迅速将其推入水池,或用潮湿的毛巾捂住口鼻,以减轻危害。

氯气是很活泼的物质,有极强的氧化性,如:铜能在氯气中燃烧;氯气与易燃气体能直接化合,其混合气遇光照会发生爆炸;氯气与非金属如磷、砷等接触也会发生剧烈的反应甚至爆炸。氯气与有机物接触也会发生强烈反应。

在一般运输的气体中,氢气和氯气、氧气占了储运量中的极大部分。

4) 溶解乙炔(UN 1001)

溶解乙炔(C_2H_2)俗名电石气。电石受潮后放出的气体即为乙炔。

纯净的乙炔为无色无味的易燃、有毒气体,而工业电石制的乙炔因混有硫化氢(H_2S)、磷化氢(PH_3)等杂质而具有特殊的刺激性气味。一般规定,工业制乙炔中乙炔含量应在98%以上,磷化氢的含量不得超过0.2%,硫化氢的含量不得超过0.1%。

乙炔非常容易燃烧,也极易爆炸,其闪点-17.8℃,爆炸极限2.3%~72.3%。在液态和固态下或在气态和一定压力下有猛烈爆炸的危险,受热、振动、电火花等因素都可以引发爆炸,因此,不能在加压液化后储存或运输。

乙炔微溶于水,易溶于乙醇、苯、丙酮等有机溶剂。在15℃和1.5MPa时,乙炔在丙酮中的溶解度为237g/L,溶液是稳定的。因此,工业上是在装满石棉、活性炭或硅藻土等多孔物质的钢桶或钢罐中,使多孔物质吸收丙酮后将乙炔压入,以便储存和运输。国外曾有报道,因容器密封不良而漏气,操作人员在采取措施时,由于衣服摩擦产生静电,因火花放电引起爆炸事故。所以,相比于其他气体,防止乙炔的泄漏显得更为重要。

乙炔与铜、银、汞等重金属或其盐类接触能生成乙炔铜、乙炔银等易爆炸物质,故凡涉及乙炔用的器材都不能使用银和含铜量70%以上的铜合金。

乙炔能与氯气、次氯酸盐等化合成乙炔基氯,乙炔基氯极易爆炸。乙炔还能与氧气、氯化氢、硫酸等多种物质起反应。因而储运乙炔时,不能与其他化学物质放在一起。

5)天然气(压缩天然气 UN 1971、冷冻液态天然气 UN 1972)

天然气是广泛用于工业、农业、家用及商业的动力燃料,以及化学及石油化学工业原料。天然气是无色无臭的混合气体,主要成分为烷烃,其中甲烷占绝大多数,因此,其性质基本与纯甲烷相似,属"单纯窒息性"气体。另有少量的乙烷、丙烷和丁烷,此外一般还含有氮、水气、二氧化碳、硫化氢,以及微量的惰性气体(氦、氩)等。天然气极易燃,蒸气能与空气形成爆炸性混合物,在室温下的爆炸极限为5%~15%,在-162℃左右的爆炸极限为6%~13%。

液化后的天然气称为液化天然气(Liquefied Natural Gas,LNG),被公认是地球上最干净的能源。其组成与气态稍有不同,因为LNG在液化过程中,已将硫、二氧化碳、水分等除去。沸点-164~-160℃。当LNG由液体蒸发为冷的气体时,其密度与常温下的天然气不同,比空气重。泄漏后,其气体不会立即上升,而是沿着液面或地面扩散,吸收水与地面的热量以及大气与太阳的辐射热,形成白色云团。由雾可察觉冷气的扩散情况,但在可见雾的范围以外,仍有易燃混合物存在。如果易燃混合物扩散到火源,就会发生回燃。当冷气温度至-112℃左右,就变得比空气轻,开始向上升。LNG比水轻(相对密度约0.45),遇水生成白色冰块。冰块只能在低温下保存,温度升高即迅速蒸发,如急剧扰动能猛烈爆喷。液化天然气与皮肤接触会造成严重灼伤。

三、易燃液体

1 易燃液体的定义

此类货物包括易燃液体和液态退敏爆炸品。

1）易燃液体

易燃液体是指易燃的液体或液体混合物，或是在溶液或悬浮液中有固体的液体，其闭杯试验闪点不高于60℃，或开杯试验闪点不高于65.6℃。易燃液体还包括满足下列条件之一的液体：

（1）在温度等于或高于其闪点的条件下提交运输的液体；

（2）以液态在高温条件下运输或提交运输，并在温度等于或低于最高运输温度下放出易燃蒸气的物质。

2）液态退敏爆炸品

液态退敏爆炸品是指为抑制爆炸性物质的爆炸性能，将爆炸物质溶解或悬浮在水中或其他液态物质后，而形成的均匀液态混合物。

2 易燃液体的特性

1）易燃液体的物理特性

（1）高度挥发性。液体物质在任何温度下都会蒸发，并在加热到沸点时，迅速变为气体。静置的物体，表面看似静止不动，但实际上其分子是在不停地运动之中。一些能量较高的液体分子在运动中会克服液体分子间的吸引力成为气体，这个过程一般称为"气化"。如果气化只发生在液体的表面，又称为"蒸发"。蒸发是液体分子从液体表面不断进入气相变为气体的过程。蒸发可以在低于沸点的温度下进行。液体在低于沸点温度下的蒸发现象又称"挥发"。不同液体的蒸发速度是不同的。

一般来讲，沸点低的液体，挥发性也大。易燃液体大多是低沸点液体，在常温下就能不断地挥发，如乙醚、乙醇、丙酮和二硫化碳等的挥发性都较大，这类物质也称为挥发性液体。不少易燃液体的蒸气又较空气重，易积聚不散，特别在低洼处所、通风不良的仓库内及封闭式货厢内易积聚产生易燃易爆的混合蒸气，造成危险隐患。

（2）高度流动扩散性。易燃液体的黏度一般都较小，而且大多数易燃液体的相对密度比较小，且不溶于水，会随水的流动而扩散。易燃液体还具有渗透、毛细管引力、浸润等作用，即使容器只有细微裂纹，易燃液体也会渗出容器壁外，扩大其表面积，源源不断地挥发，使空气中的蒸气浓度增高，增加了燃烧爆炸的潜在危险。

(3) 蒸气压及受热膨胀性。敞开的液体物质总是或快或慢地蒸发着,直至全部变为蒸气为止,但装在密闭容器内的液体则不然。如果将某种液体在一定温度条件下,盛装在一个留有空间的容器中,即有少量液体蒸气进入液体表面的空间,直到液体与其蒸气达到平衡为止(达到蒸气压)。温度越高,液体蒸气压力越大,且由于其沸点低、易挥发特性必然使其蒸气压也较高,危险性也越大。蒸气压高的易燃液体,易于产生能引起燃烧所需要的最低限度的蒸气量,因此蒸气压越高,危险性也相对增加。运输途中很可能因为环境温度变化的影响,蒸气压高的易燃液体容易引起包装容器出现"鼓桶"现象,甚至爆炸。为此,盛装易燃液体的容器应有足够的安全系数,甚至在容器内还须加入某些性质相容的稳定剂以抑制其挥发。

热胀冷缩是物质的固有特性。液体物质的受热膨胀系数较大,加上易燃液体的易挥发性,受热后蒸气压也会增大,装满易燃液体的容器往往会造成容器胀裂而引起液体外溢。因此,易燃液体灌装时应充分注意,容器内应留有足够的膨胀余位。

(4) 易积聚静电。大部分易燃液体都是电解质,如醚类、酮类、醋类、芳香烃及石油产品等。这些物质在管道、储罐、槽车中,以及在装卸、灌注、摇晃、搅拌和高速流动过程中,由于振动、摩擦的作用极易积聚静电,特别是汽车罐车运输,在灌装时的灌装流速过快也极易积聚静电。当所带的静电荷聚积到一定程度时,就会发生静电放电,引起可燃性蒸气的燃烧爆炸,后果严重。因此,装运易燃液体的罐车必须配备导除静电的装置。

2) 易燃液体的化学特性

(1) 高度易燃性、易爆性。易燃液体几乎都是有机化合物,都含有碳原子和氢原子。在一定条件下(如加热、遇火等)与空气中的氧化合而引起燃烧。同时,由于这些液体的挥发性较大,极易挥发成蒸气并在液池表面与空气形成可燃性混合物,当混合物浓度达到一定范围(即爆炸极限)时,一旦遇明火或加热就会与空气中的氧化合而引起燃烧或爆炸。

注意:易燃液体爆炸极限范围越宽,燃烧、爆炸的可能性越大;温度升高,易燃液体挥发量增大,易燃易爆性增大;相同温度下,易燃液体闪点越低,越易挥发,易燃易爆性越高。

(2) 能与强酸、氧化剂剧烈反应。易燃液体遇氧化剂或具有氧化性的强酸如高锰酸钾、硫酸、硝酸会剧烈反应而自行燃烧。因此装运时,应注意易燃液体不得与强酸、氧化剂混装,或者采取有效措施隔离方可。

(3)易燃液体的有毒性。大多数易燃液体除具有易燃、易爆的危险特性外,还具有不同程度的毒性。易燃液体可通过皮肤、消化道或呼吸道被人体吸收而中毒。如长时间的吸入醚蒸气会使人麻醉,深度麻醉可致人死亡。特别是挥发性较大的易燃液体,其蒸气带来的毒性更不可忽视,即使是挥发性很小的易燃液体,直接与之接触也是有害的。易燃液体蒸气浓度越大,毒性也越大。

3 常见的易燃液体

1)苯(C_6H_6)(UN 1114)

苯是组成结构最简单的芳香烃,在常温下为一种无色透明液体,易挥发,具有芳香气味。苯比水密度低,相对密度0.879,易溶于有机溶剂,难溶于水,故不能用水扑救苯引起的火灾;沸点80.1℃,闪点-11℃,爆炸极限1.3%~7.10%,挥发性大,暴露在空气中很容易扩散。

苯是从炼焦以及石油加工的副产品中提取的,属于重要的工业原料,广泛用于乙烯、酚的制成,以及合成橡胶、乳酸漆、塑料、黏合剂、农药、树脂、香料等工业。苯有毒,人和动物吸入或皮肤接触大量苯,会对造血器官与神经系统造成损害,空气中最高允许浓度为10ppm。苯与氧化剂反应剧烈,易于产生和积聚静电。

2)二硫化碳(CS_2)(UN 1131)

纯的二硫化碳为无色液体,有类似氯仿的芳香甜味,但通常不纯的工业品因混有其他硫化物而变为微黄色,且具有令人不愉快的烂萝卜味。沸点46℃,相对密度1.26(比水重),其蒸气相对密度2.63(比空气重),能在较低处扩散到相当远的地方,遇火源会着火回燃。闪点-30℃,爆炸极限1%~60%。不溶于水,溶于乙醇、乙醚等多数有机溶剂。

本品极易燃,其蒸气能与空气形成范围广阔的爆炸性混合物。接触热、火星或氧化剂易燃烧爆炸并分解产生有毒的硫化物烟气。与铝、锌、钾、氟、氯、叠氮化合物等反应剧烈,有燃烧爆炸危险。高速冲击、流动、激荡后可因产生静电火花放电引起燃烧爆炸。有毒,空气中含量达到$15g/m^3$时,半小时即可致人死亡。

3)汽油(UN 1203)

汽油系轻质石油产品中的一大类,主要成分是碳原子数为7~12的烃类混合物,是一种无色至淡黄色的易流动的油状液体。沸点40~200℃,相对密度0.67~0.71,闪点-45℃~-50℃,自燃点415~530℃,爆炸极限1.3%~6.0%,挥发性极强(会使局部空间氧气浓度降低,使人窒息死亡),不溶于水。其蒸气与空气能形成爆炸性混合物,遇火种、高温氧化剂等有引发火灾的危险。用作溶剂的汽油没有添加其他物质,故毒性较小。而用作燃料的汽油因加入四乙基铅等作抗爆剂,而大大增加了毒性(致癌)。

四、易燃固体、易于自燃的物质、遇水放出易燃气体的物质

1 易燃固体、易于自燃的物质、遇水放出易燃气体的物质分项和定义

此类包括易燃固体、易于自燃的物质和遇水放出易燃气体的物质,分为3项。

1)易燃固体、自反应物质和固态退敏爆炸品

(1)易燃固体:易于燃烧的固体和摩擦可能起火的固体。

(2)自反应物质:即使没有氧气(空气)存在,也易发生激烈放热分解的热不稳定物质。

(3)固态退敏爆炸品:为抑制爆炸性物质的爆炸性能,用水或酒精润湿爆炸性物质,或用其他物质稀释爆炸性物质后,而形成的均匀固态混合物。

易燃固体的燃点都很低,遇空气(或氧或氧化剂)、遇火、受热、摩擦或与酸类接触等都能引起剧烈的燃烧甚至爆炸,并可能散发出有毒烟雾或有毒气体的固体物质。所以,易燃固体在储存、运输、装卸过程中,应当注意轻拿轻放,避免摩擦撞击等外力作用。其中,燃点是指物质开始燃烧时所需的最低温度,又叫燃烧点、着火点等。燃点越低,其发生燃烧的可能性和危险性越大。可见,易燃固体同时具备三个条件:燃点低、燃烧迅速、放出有毒烟雾或有毒气体。

通过对100种易燃固体进行分析研究,发现大多数易燃固体的燃点都低于400℃。因此,可以用燃点低于400℃作为易燃固体衡量的参考数据之一。

此外,熔点在一定程度上影响着固体的易燃性。一般来说,熔点低的固体具有较强的挥发性,它们在较低的温度下即能转变为液态或直接升华,其挥发出的蒸气与空气能形成爆炸性混合物并易于点燃,具有较低的闪点。因此,对低熔点的固体可以用闪点评价其易燃性的大小。

2)易于自燃的物质

本项包括发火物质和自热物质。

(1)发火物质:即使只有少量与空气接触,不到5min时间便燃烧的物质,包括混合物和溶液(液体或固体)。

(2)自热物质:发火物质以外的与空气接触便能自己发热的物质。

易于自燃的物质的主要特点是不需外界火源作用,自身在空气中能缓慢氧化放热并积热不散,达到其自燃点而自行燃烧。因此,对运输来讲,此项货物最主要的危险是自行发热、燃烧,有些甚至在无氧条件下也会自燃。

3）遇水放出易燃气体的物质

此项物质是指遇水放出易燃气体，且该气体与空气混合能够形成爆炸性混合物的物质。

此项物质必须具有三个条件：在常温或高温下受潮或与水剧烈反应，且反应速度快；反应产物为可燃气体；反应过程中放出大量热，可引起燃烧或爆炸。此项物质遇酸和氧化剂也能发生反应，而且比与水的反应更为剧烈，因此危险性也更大。

2 易燃固体、易于自燃的物质、遇水放出易燃气体的物质主要特性

1）易燃固体的主要特性

（1）需明火点燃。虽然本项物质燃点较低，但自燃点很高，在常温条件下不易达到，故不会自燃，需要明火点着以后，才能持续燃烧。

（2）高温条件下遇火星即燃。环境温度越高，此类物质越容易着火。当外界的温度高达此类物质的自燃点时，不需明火，就会自燃。

（3）粉尘有爆炸性。该项物质的粉尘因与空气接触表面积大，燃烧速度极快，遇火星即会爆炸。

（4）与氧化剂混合能形成爆炸品。许多易燃固体与强氧化剂放在一起，在一定的外界条件作用下，会发生剧烈的燃烧反应甚至爆炸，如红磷与氯酸钾（强氧化剂）接触，略加摩擦或冲击立即着火燃烧。有些易燃固体如萘、樟脑会从固态直接转化为气态，这种现象称为升华。升华后的易燃固体的蒸气与空气混合后，具有爆炸的危险。

（5）遇水分解。易燃固体中有不少物质遇水会发生化学反应而被分解。如硫磷化物遇水或潮湿空气分解，会放出有毒易燃的硫化氢；氨基化钠遇水放出有毒及腐蚀性的氨气等。有这种特性的易燃固体总数并不多，几种易燃固体的主要危险性见表3-7。

几种易燃固体的主要危险性　　　　　　　　　　　　　　表3-7

品　　名	燃烧点（℃）	自燃点（℃）	分解温度（℃）
硝化棉	180（爆发点）	—	40（开始分解）
赛璐珞	100	150~180	—
赤磷	160左右	200~250	—
发孔剂	—	—	198~200，遇酸分解
三硫化四磷	—	100	遇水分解

续上表

品　　名	燃烧点(℃)	自燃点(℃)	分解温度(℃)
五硫化磷	300	—	遇水分解

易燃固体虽然很容易发生燃烧,但是若没有火种、热源等外因作用,没有助燃物质(空气中的氧或氧化剂)的存在,是不易发生燃烧的。在储运过程中,易燃固体发生燃烧事故都是因其接触明火、火花、强氧化剂,以及受热或受摩擦、撞击等引起。因此,只要在储运中严格防止上述外因的作用,就可保证其运输安全。

2) 易于自燃的物质主要特性

(1) 不需受热和明火,会自行燃烧。此项物质暴露在空气中会与空气中的氧接触,发生氧化反应并放出大量热量。当热量积聚起来,使物质升到一定温度时,就会引起燃烧。隔绝这类物质与空气接触是储运安全的关键。

(2) 受潮后,会增加自燃的危险性。易于自燃的物质中的油纸、油布等含油脂的纤维制品,干燥时由于物质的间隙大,易于散热,只要注意通风,自行缓慢氧化产生的热量就不会聚积,一般不会自燃。但一旦受潮,产生的热量就会积聚不散而自燃。

(3) 大部分易于自燃的物质与水反应剧烈。易于自燃的物质会自动发热,其原因是与空气中的氧发生反应。对易于自燃的物质储运保管中关键的防护措施是阻隔其与空气的接触,如黄磷就存放在水中。但不少易于自燃的物质,如三异丁基锡、三氯化三甲基铝等,与水会发生剧烈反应并放出易燃气体和热量,引起燃烧。所以,采取何种措施阻隔易于自燃的物质与空气的接触要看具体品种而言。

(4) 接触氧化剂会立即发生爆炸。易于自燃的物质的还原性很强,一旦接触到氧化性物质或酸类物质会立即发生强烈的氧化还原反应,产生爆炸的效果,因此危险性也更大。

3) 遇水放出易燃气体的物质主要特性

(1) 遇水(受潮)燃烧性。此项物质化学特性极其活泼,遇湿(水)会发生剧烈化学反应,产生可燃性气体和热量。当这些可燃性气体和热量达到一定浓度或温度时,能立即引起自燃或在明火作用下引起燃烧。此外,此项物质会与酸类或氧化性物质发生剧烈反应,其反应比遇湿(水)更为剧烈,危险性也更大。如把金属钠撒入硫酸中,立即就会有大量气泡和热量溢出,反应非常剧烈。有些遇水放出易燃气体的物质本身易燃或放置在易燃的液体中(如金属钾、钠等均浸没在煤油中保存以隔绝空气),它们遇火种、热源也有很大的危险性。

(2)爆炸性。遇水放出易燃气体的物质中的碳化钙(电石)等,会与空气中的水分发生反应,生成易燃气体。放出的易燃气体与空气混合达到一定量时,遇明火即有引起爆炸的危险。

(3)毒害性。遇水放出易燃气体的物质均有较强的吸水性,与水反应后生成强碱和有毒气体,接触人体后,能使皮肤干裂、腐蚀并引起中毒。

(4)自燃性。硼氢类物质和化学性质极活泼的金属及其氢化物(在空气中暴露时)均能发生自燃。

综上所述,虽然按燃烧的不同条件把第4类危险货物分为3项,每项货物都有其具体的特征,但它们的共同危险特征是具有易燃性、腐蚀性、毒害性和爆炸性。

3 常见的易燃固体、易于自燃的物质和遇水放出易燃气体的物质

1)常见的易燃固体

(1)赤磷(又名红磷)及磷的硫化物(非晶形磷,UN 1338)。赤磷与黄磷是磷的同素异形体,但两者性质相差极大。赤磷为紫红色立方结晶或无定形粉末,无毒、无臭;相对密度2.2,熔点590℃(4.3MPa时),416℃时升华;不溶于水、二硫化碳和有机溶剂,略溶于无水酒精;着火点比黄磷高得多,易燃但不易自燃,燃点200℃,自燃点240℃。赤磷与氧化剂接触会爆炸。

磷与硫能生成多种化合物(如P_4S_3、P_2S_5),都是易燃固体。所有这些磷化物都不太稳定,在遇水或受热时易分解,甚至发生燃烧。

(2)硫(UN 1350)。硫又称硫黄,是硫元素构成的单质,黄色晶体,性脆,易研成粉末。相对密度2.06,熔点114.5℃,自燃点约250℃。在113~114.5℃时熔化为明亮的液体。继续加热到160~170℃时变稠变黑,形成新的无定型变体,继续加热到250℃时,又变成液体。444.5℃时,硫开始沸腾,而产生橙黄色蒸气。硫在空气中燃烧生成SO_2。

硫黄往往是散装运输。由于性脆、颗粒小、易粉碎成粉末散在空气中,有发生粉尘爆炸的危险。每升空气中含硫的粉尘达7mg以上遇到火源就会爆炸。这里,硫是作为还原剂被氧化,所以硫是易燃固体。但是,硫对金属如铁、锌、铜等又有较强的氧化性。几乎所有金属都能与硫起氧化反应。反应开始需要加热,但一旦开始反应便产生氧化热,此时不需要外部热源,也能使反应加速进行,有起火和爆炸的危险。

硫与氧化剂(如硝酸钾、氯酸钠)混合,就形成爆炸性物质,敏感度很强。我国民间生产的爆竹、烟花等,以硫黄、氯酸钾以及炭粉等为主要原料。

2)常运易于自燃的物质

(1)黄磷(又名白磷)(UN 1381)。黄磷是白色或淡黄色的半透明的蜡状固

体,相对密度1.828,自燃点30℃,熔点44.1℃,沸点280℃,其蒸气相对密度4.42,蒸气压133.3kPa(76.6℃)。黄磷性质极活泼,暴露在空气中即被氧化,加之自燃点低,因此只需1~2min即自燃。所以,黄磷必须浸没在水中,若包装破损使水渗漏,导致黄磷露出水面,就会自燃。

黄磷有剧毒。黄磷自燃的生成物氧化磷也有毒。在救火过程中应防止中毒。黄磷对皮肤有刺激性,可引起烧伤。

(2)油浸的麻、棉、纸及其制品等。纸、布、油脂都是可燃物,但通常情况下不作为易燃品,更不会自燃。虽然,它们在空气中会氧化(如纸发黄,油结成一层硬膜等),但过程缓慢,不聚热,不会自燃。然而,当把它们经浸油处理后,油脂与空气的接触面积增加了无数倍,氧化反应放出的热量就增大,再加上纸、布又有很好的保温作用,使生成的热量难于逸散。时间一长,热量积聚,温度不断升高,达到自燃点就会自燃。特别是在空气潮湿的情况下,温度逐渐升高而发生自燃。所以这些物质要充分干燥,才能装箱储运,且要用花格透笼箱包装,并保持良好的通风散热条件。在装运储存过程中,要慎防这些物质淋雨受潮,只要注意通风,一般不会自燃。

3)常运的遇水放出易燃气体的物质

(1)钠(UN 1428)、钾(UN 2257)等碱金属。钠、钾都是银白色柔软轻金属。钠相对密度0.971,常温时为蜡状,熔点97.5℃。钾是化学性质最活泼的金属元素。暴露在空气中会与氧作用生成金属氧化物,也会吸收空气中的水分,发生反应而置换出氢气。若放在水中,反应进行得迅速而剧烈,反应热会使放出的氢气爆炸,引起金属飞溅。

二氧化碳不能作为碱金属火灾的灭火剂。因为二氧化碳能与钠、钾等碱金属起反应。

干砂(SiO_2)也不能用于扑救碱金属的火灾。

由于这些金属与煤油、石蜡不反应,所以把钠、钾等浸没在这些矿物油中储存,使其能与空气中的氧和水蒸气隔离。应当注意,用于存放活泼金属的矿物油必须经过除水处理。这些物质的包装如损漏,则非常危险。

(2)碳化钙(CaC_2)(UN 1402)。碳化钙又称电石。纯品为无色晶体,工业品为灰黑色块状物,相对密度2.22。电石有强烈的吸湿性,能从空气中吸收水分而发生反应(与水相遇反应更剧烈),放出乙炔(电石气)和大量热量。热量能很快达到乙炔的自燃点而起火燃烧,甚至爆炸。

需要注意的是,由于工业品常含有砷化钙(Ca_3As_2)、磷化钙(Ca_3P_2)等杂质,与水作用时会放出砷化氢(AsH_3)、磷化氢(PH_3)等有毒气体,因此使用由电石产生的乙炔有毒（需通过浓硫酸和重铬酸钾洗液除去）。

五、氧化性物质和有机过氧化物

1 氧化性物质和有机过氧化物的分项和定义

此类危险货物包括氧化性物质和有机过氧化物，分为2项。

1）氧化性物质

氧化性物质，是指本身未必燃烧，但通常因放出氧气可能引起或促使其他物质燃烧的物质。

此项货物系指处于高氧化态，具有强氧化性，易分解并放出氧和热量的物质，包括含过氧基的无机物，其本身不一定可燃，但能导致可燃物的燃烧。其与松软的粉末状可燃物能组成爆炸性混合物，对热、振动或摩擦比较敏感。

2）有机过氧化物

有机过氧化物，是指分子组成中含有过氧基（—O—O—）结构的有机物。有机过氧化物易燃易爆，极易分解，对热、振动或摩擦极为敏感。有机过氧化物按其危险程度分为7种类型，具体是：A型有机过氧化物、B型有机过氧化物、C型有机过氧化物、D型有机过氧化物、E型有机过氧化物、F型有机过氧化物、G型有机过氧化物。有机过氧化物是"类属"条目，其适用于意义明确的一组物质或物品，如UN 3109是"液态F型有机过氧化物"。

2 氧化性物质和有机过氧化物的特性

氧化性物质有很多，它们的氧化能力有强也有弱，有的性质很活泼，有不同的危险性；有的性质比较稳定，不属于危险货物。因此，不能笼统地认为氧化性物质都是危险货物。被列入危险货物的氧化性物质是一种化学性质比较活泼的物质，既可用作化学试剂及化工原料，也可用作化肥。氧化性物质本身不一定可燃，但可放出氧而引起其他物质的燃烧。

1）氧化性物质的特性

此项货物在遇酸、受热、受潮或接触有机物、还原剂后即有分解放出原子氧和热量，引起燃烧或形成爆炸性混合物的危险。

（1）氧化性。

（2）不稳定性，受热易分解。

（3）化学敏感性。氧化性物质与还原剂、有机物、易燃物质或酸等接触时，有的能立即发生不同程度的化学反应。如氯酸钾或氯酸钠与蔗糖或淀粉接触，高锰酸钾与甘油或松节油接触，三氧化铬与乙醇等混合，能引起燃烧或爆炸。用扫帚清扫撒在地上的硝酸银即能引起局部燃烧爆炸。同属氧化性物质,由于氧化性的强弱不同,相互混合后也能引起燃烧爆炸,如硝酸铵和亚硝酸钠,硝酸铵和氯酸盐等。有机过氧化物中的过氧化苯甲酰电子分解温度只有130℃,甚至在拧瓶盖时如操作不当也可能引起爆炸。

(4)吸水性。大多数盐类都具有不同程度的吸水性,如硝酸盐中的钠、钙、镁、铵、锌、铁、铜和亚硝酸钠等,在潮湿环境里很容易从空气中吸收水分,甚至溶化、流失。有的还容易吸水变质,如:过氧化钠、过氧化钾遇水则猛烈分解放氧,若遇有机物、易燃物即引起燃烧;三氧化铬迅速吸水变成铬酸;高锰酸锌吸水后的液体接触有机物(如纸、棉布等),能立即燃烧;漂粉精遇水后,不仅能放出氧,同时还产生大量剧毒和腐蚀性的氯气等。

(5)毒性和腐蚀性。氧化性物质一般都具有不同程度的毒性,有的还具有腐蚀性,人吸入或接触可能发生中毒、灼伤现象,如硝酸盐、氯酸盐都有不同程度的毒性,三氧化铬(铬酸酐)、过氧化钠都有腐蚀性等,从业人员操作时应做好个人防护。

2)有机过氧化物的特性

有机过氧化物很不稳定,容易分解,有很强的氧化性,对热、振动或摩擦极为敏感。当其受到振动、冲击、摩擦或遇热时即分解生成易燃气体并放出热量,加之其本身就是可燃物,就会因高温引起自身燃烧,而燃烧又产生更高的热量,最后导致反应体系的爆炸。

有机过氧化物具有前述氧化性物质的特点,而且比无机氧化物有更大的危险性,其危险主要表现在以下方面:

(1)有机过氧化物比无机氧化物更容易分解。其分解温度一般在150℃以下,有的甚至在常温或低温时即可分解,故需保持低温运输。由于分解温度低,有机过氧化物对摩擦、撞击等因素也比无机氧化物敏感。同时,有机过氧化物对杂质很敏感,少量的酸类、金属氧化物或胺类即会引起剧烈分解。

(2)有机过氧化物绝大多数是可燃物质,有的甚至是易燃物质。有机过氧化物分解产生的氧往往能引起自燃;燃烧时放出的热量又加速分解,循环往复极难扑救。

(3)有机过氧化物分解后的产物,几乎都是气体或易挥发的物质,再加上易燃性和自身氧化性,分解时易发生爆炸。

3 常见的氧化性物质和有机过氧化物

1)硝酸钾(KNO_3)(UN 1486)

硝酸钾又称钾硝石、火硝,无色透明晶体或粉末,相对密度2.109,溶于水,且在水中的溶解度随水温上升而剧烈增大。该物质为强氧化剂,与有机物接触能燃烧爆炸,遇热则分解放出氧气。当硝酸钾与易燃物质混合后,受热甚至轻微的摩擦冲击都会迅速地燃烧或爆炸。黑火药就是根据这个原理配制的。

硝酸钾遇硫酸会发生反应生成硝酸,所以硝酸盐类不能与硫酸配载。

2)氯酸钾($KClO_3$)(UN 1485)

氯酸钾为白色晶体或粉末,味咸、有毒,相对密度2.32。常温下稳定,在400℃时能分解生成氯化钾(KCl)和氧气(O_2)。与还原剂、有机物(如糖、面粉)、易燃物(如硫、碳、磷)或金属粉末等混合可形成爆炸性混合物,经摩擦、撞击或加热时即爆炸。因包装破损,氯酸钾撒漏在地上后被践踏发生火灾的事故时有发生。

氯酸钾的热敏感和撞击感度都比黑火药灵敏得多。氯酸钾遇浓硫酸则生成高氯酸($HClO_3$)和二氧化氯(ClO_2)。高氯酸是一种极强的酸,也有极强的氧化性,而二氧化氯是极不稳定易爆炸的物质,所以氯酸盐不可与浓硫酸配载。

六、毒性物质和感染性物质

1 毒性物质和感染性物质的分项和定义

此类包括毒性物质和感染性物质,分为2项。

1)毒性物质

毒性物质,是指经吞食、吸入或皮肤接触后可能造成死亡或严重受伤或损害人类健康的物质。

本项包括满足下列条件之一的毒性物质(固体或液体):

(1)急性口服毒性:$LD_{50} \leqslant 300 mg/kg$。

(注:成年大白鼠口服后,最可能引起受实验动物在14天内死亡一半的物质剂量,实验结果以 mg/kg 体重表示。)

(2)急性皮肤接触毒性:$LD_{50} \leqslant 1000 mg/kg$。

(注:使白兔的裸露皮肤持续接触24h后,最可能引起受实验动物在14天内死亡一半的物质剂量,实验结果以 mg/kg 体重表示。)

(3)急性吸入粉尘和烟雾毒性:$LC_{50} \leqslant 4 mg/L$。

(4)急性吸入蒸气毒性:$LC_{50} \leqslant 5000 mL/m^3$,且在20℃和标准大气压力下的饱和蒸气浓度大于或等于$1/5 LC_{50}$。

2)感染性物质

感染性物质,是指已知或有理由认为有病原体的物质。感染性物质分为 A 类和 B 类。

A 类:以某种形式运输的感染性物质,在与之发生接触(发生接触,是在感染性物质泄漏到保护性包装之外,造成与人或动物的实际接触)时,可造成健康的人或动物永久性失残、生命危险或致命疾病。

B 类:A 类以外的感染性物质。

❷ 毒性物质基础知识

按毒性物质的定义,属于毒性物质的危险货物繁多复杂。按其化学组成,可划分为有机毒性物质和无机毒性物质两大部分。根据运输中毒害危险程度,就包装目的而言,毒性物质的包装被划分为三个类别(包装类)。

Ⅰ类包装:具有非常剧烈毒性危险的物质及制剂;
Ⅱ类包装:具有严重毒性危险的物质及制剂;
Ⅲ类包装:具有较低毒性危险的物质及制剂。

有关第 6 类危险货物包装类别的划分情况,见《危险货物分类和品名编号》(GB 6944—2012)。

以口服、皮肤接触以及吸入粉尘和烟雾的方式确定分类的标准见表 3-8。

口服、皮肤接触和吸入粉尘和烟雾确定分类的标准　　　　表 3-8

口服毒性 LD_{50} (mg/kg)	皮肤接触毒性 LD_{50} (mg/kg)	吸入粉尘和烟雾毒性 LD_{50} (mg/L)	包装类别
≤5.0	≤50	≤0.2	Ⅰ
>5.0 和≤50	>50 和≤200	>0.2 和≤2.0	Ⅱ
>50 和≤300	>200 和≤1000	>2.0 和≤4.0	Ⅲ

毒性物质有固体、液体、粉末、气体、蒸气、雾、烟等各种形态,尤以气体、蒸气、雾、烟、粉尘等形态活跃于生产环境的毒性物质会污染空气,且易经呼吸道进入人体,还可能污染皮肤,经皮肤进入人体。

1) 人畜中毒的途径

毒性物质对人畜发生作用的先决条件是侵入体内。人畜中毒的途径是呼吸道、皮肤和消化道。在运输中,毒性物质主要经呼吸道和皮肤进入人体内,经消化道进入的较少。

(1) 呼吸道。整个呼吸道都能吸收毒性物质,尤以肺泡的吸收能力最大。肺泡面积很大,肺泡壁很薄,有丰富的微血管,所以肺泡对毒性物质的吸收极其迅速。有毒气体和蒸气,5μm 以下的尘埃能直接到达肺泡,进入血液循环而分布全身,可在未经肝脏转化之前就起作用。呼吸道吸收毒性物质的速度,取决于空气中毒性物质的浓度、毒性物质的理化性质、毒性物质在水中的溶解度和肺通气量、心血输出量等因素。而肺通气量和心血输出量又与劳动强度、气温等有关。

(2)皮肤。许多毒性物质能通过皮肤吸收,吸收后不经过肝脏则直接进入血液循环。毒性物质经皮肤吸收的途径大致有三条:通过表皮屏障;通过毛囊;极少数可通过汗腺。由于表皮角质层下的表皮细胞膜富有固醇和磷脂,故对非脂溶性物质具有屏障作用。表皮与真皮连接处的基膜也有类似作用。脂溶性物质虽能透过此屏障,但除非该物质同时又有一定的水溶性,否则不易被血液吸收。但当皮肤损伤或患有皮肤病时,其屏障作用被破坏,此时原来不会经过皮肤被吸收的毒性物质能大量被吸收。毒性物质经皮肤吸收的数量和速度,除与毒性物质本身的脂溶性、水溶性和浓度等有关外,还与皮肤的温度升高、出汗增多、创伤部位等有关。

(3)消化道。毒性物质经消化道进入体内,一般都是在运输装卸作业后,被毒性物质污染的手未彻底清洗就进食、吸烟或将食物、饮料带到作业场所被污染而误食。另外,一些进入呼吸道的粉尘状毒性物质也可随唾液咽下而进入消化道。毒性物质经消化道吸收主要是在小肠。但某些无机盐(如氰化物)及脂溶性毒性物质,可经口腔黏膜吸收。经消化道吸收的毒性物质一般先经过肝脏,在肝脏转化后,才进入血液循环,故其毒性较小。

2)毒性大小的影响因素

就毒性物质本身而言,其化学组成和结构是毒性大小的决定因素,但毒性物质的物理特性也可影响毒性作用的大小。

(1)毒性物质的化学特性是毒性大小的决定因素。无机毒性物质中,含有汞(Hg)、铅(Pb)、钡(Ba)、氰根(CN)等的物质一般均属于毒性物质。

凡带有氰根(CN)的化合物,能在人体内释放出游离氰根,即可抑制细胞色素氧化酶,毒性较大,如氰化钠溶于水后即释出游离氰根,属剧毒品。氰化银不溶于水,在水中几乎不释出游离氰根,因此,其毒性比氰化钠小。硫氰酸钠在水中不释出游离氰根,而以硫氰酸根存在,毒性又小得多。

有机毒性物质中,含有磷(P)、氯(Cl)、汞(Hg)、氰基(—CN)、铅(Pb)、硝基(—NO$_3$)、氨基(—NH$_2$)多数属于毒性物质。如苯胺、硝基苯等进入人体后,形成高铁血红蛋白,使血液失去运输氧气的功能,最后造成人体组织缺氧。卤化烃随着卤原子增多,其毒性依次增强。如一氯甲烷、二氯甲烷、三氯甲烷、四氯甲烷,随着氯元素的增加,毒性依次增强。绝大多数有机磷农药和磷酸酯类及硫化磷酸酯类进入人体后对人体有害,如磷酸三甲苯酯和二硫代焦磷酸四乙酯等。

(2)毒性物质的物理特性对毒性大小的影响。

①毒性物质在水中的溶解度越大,其毒性也越大。如:氯化钡能溶于水,毒性较大;硫酸钡不溶于水,人吞服基本无毒。三氧化二砷的溶解度比三硫化二砷

大3万倍,故前者的毒性大。

②毒性物质的颗粒越小,越易引起中毒。因为颗粒越小,越易进入呼吸道而被吸收。将氰化钠制成颗粒状进行运输或储存,就是为降低其毒性。

③脂溶性毒性物质易透过皮肤溶于脂肪进入血液引起中毒。如苯胺、硝基苯一类毒性物质很容易通过皮肤引起中毒。

④毒性物质沸点越低,越易引起中毒。毒性物质沸点越低,就越易挥发成蒸气,增加毒性物质在空气中的浓度,而引起吸入中毒。同理,气温越高,毒性物质的挥发性越大,同时还会增加毒性物质的溶解度和加剧人体呼吸的次数,从而增加毒性物质进入人体的可能性。

3) 毒性的量度

毒性物质虽对人有毒害作用,但如果进入体内的毒性物质剂量不足,则不会中毒。表示毒性物质的摄入量与效应的关系称为毒性。通常认为:动物致死所需某毒性物质的摄入量(或浓度)越小,则表示该毒性物质的毒性越大。对某毒性物质的毒性测定,是用动物进行的。毒性的计量单位是 mg/kg,即把某毒性物质使某动物死亡的最小量与该动物的体重相比,得到每千克的动物摄入某毒性物质的毫克数。

常用的毒性指标有以下8个:

(1) 口服毒性半数致死量,用符号 LD_{50} 表示。LD_{50} 是经过统计学方法得出的一种物质的单一计量,可使成年白鼠口服后,在14天内死亡50%的物质剂量。

(2) 皮肤接触毒性半数致死量,也用符号 LD_{50} 表示,是指使白兔的裸露皮肤持续接触24h,最可能引起这些实验动物在14天内死亡50%的物质剂量。

必须说明的是,虽然口服毒性半数致死量与皮肤接触毒性半数致死量的符号相同,但同一种毒性物质的这两个指标值是不同的,须经实验而定。

(3) 吸入毒性半数致死浓度,用符号 LD_{50} 表示。经呼吸途径中毒,就不能用致死中量来量度,而用半数致死浓度来表示。LD_{50} 是指使雌雄成年白鼠连续吸入1h,最可能引起这些实验动物在14天内死亡50%的蒸气、烟雾或粉尘的浓度。粉尘和烟雾毒性物质用每立方米空气中含有某毒性物质的毫克数(mg/m^3)表示。气体毒性物质则通常用 ppm 表示,1ppm 表示该毒性物质在空气中的浓度为百万分之一(10^{-6})。

(4) 最高容许浓度,又称极限阈值,用符号 TLV 表示。TLV 是指在该浓度下健康成人长期经受也不致引起急性或慢性危害的浓度。所谓最高,是指生产场所空气中含有该毒性物质浓度的极限,在多处多次的采样测定时,每次测定都不得超过此上限,而不是平均值不超过此限值。其度量单位同 LD_{50}。

(5)绝对致死量,用符号 LD_{100} 表示,指使实验动物全部死亡的毒性物质的最小用量。

(6)最低致死量,用符号 LDL_0 表示,指在已发生的中毒死亡的病历报告中的最小摄入量。在 LD_{50} 时,死亡率已达50%,那么死亡率是1%、0.1%、0.01%的毒性物质用量,即可能致死的用量,这是根据有死亡纪录的最小量而定的,而不是根据实验。单位不用毫克/千克(mg/kg),而直接用重量(mg)单位。

(7)最小中毒量,用符号 TDL_0 表示,指能引起染毒动物出现中毒症状的最小用量。

(8)最小中毒浓度,用符号 TCL_0 表示,指能引起染毒动物出现中毒症状的最小浓度。

4)毒性物质的其他危险性

毒性是毒性物质的主要性质。若用闪点、燃点、燃速、腐蚀性等指标衡量,毒性物质中又有不少是易燃品和腐蚀性物质。也就是说,各种毒性物质还有很多其他化学特性。其中与运输装卸作业有关的如下:

(1)有机毒性物质具有可燃性。毒性物质中的有机物都是可燃的,其中有不少液体的闪点低于61℃,够得上易燃液体标准。这些物质一旦遇明火、高热或与氧化剂接触会燃烧爆炸,燃烧时会放出有毒气体,加剧毒性物质的危险性。如:戊腈,闪点40℃;异戊腈,闪点25℃;甲基苯胺,闪点29.4℃;氯甲苯,闪点52℃;氯甲酸丁酯,闪点36~38℃;溴丙酮,闪点45℃等。

(2)遇酸或水反应放出有毒气体。如氰化钾能与盐酸发生反应,生成毒性更强的氰化氢气体,气体更容易通过呼吸道中毒。因此,氰化物不得与酸性腐蚀性物质配装。

氰化物还能与水发生反应生成有毒的气体。如氰化钾与水反应放出氨气(NH_3)。氨气虽然也是一种毒气,但其毒性要比氰化钾弱得多。两害取其微,故氰化钾泄漏污染时,可用水来分解,不过要小心不得使氰化钾的水溶液溅在人身上,否则会加速中毒。

必须指出,并不是所有遇水反应放出有毒气体的毒性物质,都像氰化钾(氰化物)一样,反应生成有毒气体的毒性比反应前的毒性物质的弱。如氟化砷遇水发生反应放出的有毒气体是氟化氢,其危害性就比液体状的氟化砷要大得多。

(3)腐蚀性。有不少毒性物质对人体和金属有较强的腐蚀性,强烈刺激皮肤和黏膜,甚至会发生溃疡加速毒物经皮肤的入侵。

3 感染性物质的危险特性

感染性物质的危险特性在于其使人或动物感染疾病或其毒素能引起病态,

甚至死亡。

"生物制剂"和"医学标本"只要其不含有或有足够的理由相信不含有感染性物质或其他危险货物,可认为不是危险货物。生物制剂包括按照国家卫生当局的要求制成的,在卫生当局认可或特许下的,用于人类或兽类的各种生物制剂成品;或在国家卫生当局特许之前,运输用来研制用于人或动物的生物制剂;或用于动物实验符合国家卫生当局要求的生物制剂。这些制剂还包括按照国家专业机关程序制成的半成品。活的动物和人的疫苗可认为是生物制剂,但不认为是感染性物质。

医学标本是指任何人或动物的成分,包括但不局限于排泄物、分泌物、血液及其成分、组织或组织液。储运这些物质是用于医学诊断目的,但不包括活的感染性动物。

1) 感染性物质的生物安全分级

1980年世界卫生组织按对个人和公众的危害性,将各种感染性物质的生物安全分为四级,见表3-9。各国可以按照自己的实际情况进行分级。

感染性物质的生物安全分级　　　　　　　　　　　表3-9

分级 类别	1级	2级	3级	4级
按对个人危害	无或极低	中	高	高
按对公众危害	无或极低	低	低	高

2) 感染性物质的运输

感染性物质无法给出衡量参数,也无法用化学实验确定,而由卫生防疫部门认定。感染性物质单纯的存在状态多为菌种或毒种,其在实验室环境下发生感染的机会较多,感染的危害性更大,感染性物质的运输过程也存在感染性。

感染性分为实验室感染可能性、感染后发病的可能性、症状轻重及愈后情况、有无生命危险及有效防止实验室感染方法、用一般的微生物操作方法能防止实验室感染、我国有无此种菌(毒)种及曾经是否引起流行、人群免疫力等情况。

这类物质的运输需经当地省(自治区、直辖市)卫生行政部门批准。

运输中传染病菌(毒)种的容器若发生破损,应遵循以下原则:

(1) 迅速查明容器被损坏的原因和菌(毒)种名称;

(2) 及时划定被污染的范围,并实施严格消毒;

(3) 及时登记接触者名单,必要时进行医学观察或留验、化学预防、应急免疫接种及丙种球蛋白保护;

(4) 事故发生时,提请运输部门向当地交通、卫生行政部门(或卫生防疫站)

报告事故情况,必要时请求协助处理;

(5)如鼠疫杆菌、霍乱弧菌和艾滋病病毒的容器破损时,应在立即处理的同时,向当地政府卫生行政部门和国家卫生和计划生育委员会报告。

4 常见的毒性物质

1)氢氰酸(UN 1613)及氰化钡(UN 1565)、氰化钾(UN 1680)、氰化钠(UN 1689)等氰化物

氢氰酸即氰化氢(HCN),具有苦杏仁味,极易扩散,易溶于水(即称为氢氰酸)。含氰基的化合物叫氰化物。大多数氰化物属剧毒物质,在体内能迅速离解出氰根而起毒性作用,50~100mg 就可使人致死。如氰化钠,人仅服 1~3mg 便会即刻死亡。

氰化物虽有较大毒性,但易被分解为低毒或无毒的物质。如氰化钾与水作用会逐渐被分解成甲酸钾和氨。遇 H_2O_2 分解很快,故小量的含氰毒物可用 H_2O_2 作解毒剂。

氰化物遇酸或酸性腐蚀物质时会放出 HCN。

2)砷(UN 1558)、砷粉(UN 1562)及其化合物

砷的俗名为砒,为元素砷(As)的单质,通常为灰色的金属状的晶体,还有黄及黑的两种同素异形体。灰色的金属特性较突出,但性脆;相对密度5.7,不溶于水;在空气中表面会很快被氧化而失去光泽。纯的未被氧化的砷是无毒的,口服后几乎不被吸收就排出体外。但因为砷易氧化,表面几乎都生成了剧毒砷的氧化物,所以砷也列为剧毒品。砷在自然界主要是以化合物存在,如硫化砷(雄黄,化学式 AsS),三硫化二砷(雌黄,化学式 As_2S_3)等。

不纯的砷俗称砒霜或白砒,有剧毒。砷为非金属,故其氧化物为酸性氧化物。有两种氧化物:三氧化二砷(As_2O_3)(UN 1561)和五氧化二砷(As_2O_5)(UN 1559)。其对应酸为亚砷酸(H_3AsO_3)和偏亚砷酸($HAsO_2$)及砷酸(H_3AsO_4),皆为弱酸。其对应盐则为亚砷酸盐和偏亚砷酸盐及砷酸盐。亚砷酸钠($NaAsO_2$)及砷酸钾(K_3AsO_4)等皆为剧毒品。其他砷化物也人都具有毒性。

砷与氢的化合物叫砷化氢,是气体,极毒,当砷化氢分子中的氢原子被有机化合物中的烃基取代后得到的有机化合物则叫作胂。砷类化合物也大都具有毒性。

一般地,砷的可溶性化合物都具有毒性。砷及其化合物可用作药物和杀虫剂等。

3)发动机燃料抗爆剂混合物(四乙基铅)(UN 1649)

四乙基铅[$Pb(C_2H_5)_4$]又名四乙铅,为无色油状液体。相对密度1.66,有臭

味;不溶于水,易溶于有机溶剂和脂肪,易挥发;主要用作汽油抗爆剂;因高度挥发,易进入呼吸道;因溶于脂肪,易为皮肤接触吸收;毒性较大,主要侵害中枢神经系统。

七、放射性物质

1 放射性物质的定义

自然界是由各种物质组成的。其中有一类物质,它们不受外界温度、压力的影响,原子核也不稳定,能自发地向周围放出人眼看不见的射线,这种能不断地放出射线的物质,叫作放射性物质。

在自然界中存在的放射性物质称为天然放射性物质,如镭、铀、钍等。这些放射性物质的寿命很长。

有些元素本来不是放射性物质,经过原子反应堆或加速器作用,变成放射性物质,称为人工放射性物质,如放射性磷、碳等。人造放射性物质,数目已超1000种。

凡具有放射性的物品,就是放射性物质。如放射性同位素制剂,辐射源,检查校正源,标准源,中子源,放射性化工制品,放射性矿石和矿砂及其浓缩物,带有放射性物质的仪器仪表等,都是放射性物质。

放射性物质放出的射线主要有 α 射线(甲种射线)、β 射线(乙种射线)、γ 射线(丙种射线)和中子流。

α 射线,是一种带正电的粒子流,在物质中的电离作用很强,故射程很短。如铀^{238}放出来的 α 射线,在空气中能走 2.7cm,在生物体中能走 0.035mm,在金属银中则只能走 0.017mm。α 射线的穿透能力很弱,用一张纸、衣服、金属片、木板等,即可将 α 射线挡住。但是,由于它的电离本领很强,一旦侵入体内,能引起很大伤害。

β 射线是一种带负电的电子流,电离作用比 α 射线弱得多,约为 1/100。由于 β 射线电荷少,质量小和运动速度快,所以它比 α 射线更具有穿透力。如磷^{32}放射出来的 β 射线,在空气中能走 7m,在生物体中能走 8mm,在金属铝中能走 3.5mm。不过,用 9mm 厚的铝片、塑料板、木板或多层纸等,可将它挡住。

γ 射线是一种波长很短的电磁波,即光子流,不带电,并以 30 万 km/s 的速度运动。由于 γ 射线不带电,速度高和能量大,所以在物质中的穿透本领很强,比 β 射线强 50~100 倍,比 α 射线强 10000 倍。当光子通过物质时,能量的损失只是光子数目的减少,而剩余光子的速度不变。因此,要使任何物质完全吸收 γ 射线是很困难的。

中子流,只有在原子核发生裂变时,才能从中释放出中子。运输中,由中子源放出的这种不带电的粒子流,不能直接产生电离,所以它的穿透能力是很强的。中子最容易被氢原子或含有氢原子的碳氢化合物吸收,所以,有机纤维类物质、水、石蜡、水泥等都是很好的中子吸收剂或遮挡材料。

对于同一种放射性物质,可能只放出一种射线,也可能放出两种或几种射线。

❷ 放射性物质的特性

1）放射性活度

放射性活度是度量放射性物质放射性大小的一个物理量,它是以每秒钟内发生的核衰变数来表示的。放射性物质在每秒钟内发生的核衰变数目越少,这种放射性物质的放射性强度就越大,反之则越小。

放射性活度的常见单位是居里（Ci）。1 居里放射性物质在 1s 内有 370 亿（3.7×10^{10}）个原子核发生衰变。

2）放射性总活度

放射性总活度是指单位质量或单位体积放射性物质所具有的放射性强度,常用单位有：$\mu Ci/kg$,Ci/g,Ci/L,Ci/cm^3（γ射线可用克镭当量表示）。

3）剂量

剂量是专指受射线照射的量,用来衡量物质或生物体受射线照射的程度。剂量是单位质量或单位体积的物质或生物体,在射线照射下所吸收能量的多少,单位是伦琴。

4）剂量率

剂量率是指单位时间内的剂量。

5）半衰期

放射性物质或放射性同位素的原子核是不稳定的,能不断地、自发地放出射线。经一定时间放射后,便成为另一种新的稳定性物质或放射性物质,这种自然而又有规律的核变化,称为衰变。如下列放射性物质的衰变：

$$磷^{32} \rightarrow 硫^{32} + \beta$$
$$镭^{226} \rightarrow 氡^{22} + \alpha + \gamma$$

在衰变过程中,放射性物质的放射性强度不断减弱,当其因衰变而减少到原来放射性强度的一半时,所需要的这段时间就叫半衰期。

放射性物质（或放射性同位素）的半衰期各不相同,有长有短。如碘^{131}为8天,铯^{137}为33年,汞^{203}为45天,镭^{226}为1622年,锝^{99}为2.1×10^5年等。其中,碘^{131}、汞^{203}的半衰期短,称为短寿命放射性物质；铯^{137}、镭^{226}、锝^{99}的半衰期长,称为长寿命放射性物质。

短寿命放射性物质,在运输时,应做到快装快运,其允许运送期限不得大于规定的运输期限。

6)放射性同位素

同位素是指原子序数相同而质量数不同的原子。凡是同位素都在周期表中占有同格位置,只是它们的质量数不同。

❸ 常见的放射性物质

(1)放射性同位素制剂及放射性化工制品。含有放射性同位素的化学制品,称为"放射性同位素制剂(或放射性化学试剂)及放射性化工制品",如含有有机放射性同位素的酸、碱、盐类和有机化合物类。

(2)辐射源。放射性强度较大的固体或液体的放射性同位素,通常称为"辐射源"。常见的辐射源有钴^{60}、锶^{90}、铯^{137}、铊^{204}等。

(3)中子源。由两种元素(其中一种为放射性元素)混合,而能不断放射出中子的源,称为"中子源"。

八、腐蚀性物质

❶ 腐蚀性物质的定义

腐蚀性物质是指通过化学作用使生物组织接触造成严重损伤或在渗漏时会严重损害甚至毁坏其他货物或运载工具的物质。其包括满足下列条件之一的物质:

(1)使完好皮肤组织在暴露超过60min,但不超过4h之后开始的最多14天观察期内全厚度毁损的物质。

(2)被判定不引起完好皮肤组织全厚度毁损,但在55℃试验温度下,对钢或铝的表面腐蚀率超过6.25mm/年的物质。

上述表述,一方面是针对人体的伤害,如灼伤人体组织、完好皮肤坏死等;另一方面从运输角度考虑,腐蚀对材料(金属等物品)造成的损坏、破坏,如长期、缓慢的腐蚀对车辆、罐体的影响等。

各种腐蚀性物质接触不同物质发生腐蚀反应的效应及速度是不同的,说明各种腐蚀性物质腐蚀性强弱不一。各物质的耐腐蚀性也参差不齐。

❷ 腐蚀性物质的特性

腐蚀性物质是化学性质非常活泼的物质,能与很多金属、非金属及动、植物机体等发生化学反应。腐蚀性物质不仅具有腐蚀性,很多同时还具有毒性、易燃性或氧化性等性质中的一种或数种。

1）腐蚀性

腐蚀是物质表面与腐蚀性物质接触后，发生化学反应而受到破坏的现象。

（1）对人体的腐蚀（化学烧伤或化学灼伤）。具有腐蚀性的固体、液体、气体或蒸气都会对皮肤表面或器官的表面（如眼睛、食道等）产生化学烧伤。固体腐蚀性物质如氢氧化钠等，能烧伤与之直接接触的表皮。液体腐蚀性物质则能很快侵害人体的大部分表面积，并能透过衣物发生作用。气体腐蚀性物质虽然不多，但许多液体腐蚀性物质的蒸气和粉末状固体腐蚀性物质的粉尘，同样具有严重的腐蚀性，不仅能伤害人体的外部皮肤，尤其会侵害呼吸道和眼睛。

腐蚀性物质接触人的皮肤、眼睛或进入呼吸道、消化道，就立即与表皮细胞发生反应，使细胞组织受到破坏，而造成烧伤。呼吸道、消化道的表面膜比人体表皮更娇嫩更容易受腐蚀。内部器官被烧伤时，会引起炎症（如肺炎），严重的会死亡。有些腐蚀性物质对皮肤的伤害能力很小，但对某些器官却有强烈的刺激。如稀氨水对皮肤的作用很轻微，但如溅入眼睛，则可能引起失明。

必须注意的是化学烧伤（灼伤）与物理烧伤（烫伤）有很大的不同。物理烧伤会使人立即感到强烈的刺痛，人的肌体会本能地立即避开。而化学烧伤有一个化学反应的过程，开始并不太剧烈疼痛，要经数分钟、数小时，甚至数日后才表现出其严重伤害来，所以常常被人们忽视，其危害性也就更大。如皮肤接触氢氟酸后，表皮腐蚀似乎不严重，但氢氟酸会侵蚀骨骼中的钙而造成严重后果。另外，物理烧伤脱离接触后，伤害不继续加深，而腐蚀性物质与皮肤接触后，灼伤逐步加剧，要清除掉沾在皮肤上的腐蚀性物质颇费周折，同时腐蚀性物质对皮肤等组织细胞的吸附作用很强，还会通过皮肤被吸收，引起全身中毒，加之化学烧伤的周围组织因坏死及中毒等原因，较难痊愈。故化学烧伤比物理烧伤更应该引起重视。

（2）对物质的腐蚀。腐蚀性物质中的酸、碱甚至盐都能不同程度地对金属进行腐蚀。它们会腐蚀金器、车厢、货舱及设备等。即使这些金属物质不直接与腐蚀性物质接触，也会因腐蚀性物质蒸气的作用而锈蚀。如化工物质运输车辆的损耗程度要比普通运输车辆的损耗大得多。

有机物质如木材、布匹、纸张和皮革等也会被碱、酸腐蚀。腐蚀性物质甚至能腐蚀水泥建筑物，撒漏于水泥地上的盐酸，能把光滑的地面腐蚀成为麻面。撒漏的硫酸不加水稀释流入下水道，会使水泥制的下水道毁坏。氢氟酸甚至能腐蚀玻璃。

2）毒性

腐蚀性物质中有很多物质还具有不同程度的毒性，如五溴化磷、偏磷酸、氢氟硼酸等。特别是具有挥发性的腐蚀性物质，如发烟硫酸、发烟硝酸、浓盐酸、氢氟酸等，能挥发出有毒的气体和蒸气，在腐蚀肌体的同时，还能引起中毒。

3）易燃性和可燃性

有机腐蚀性物质具有可燃性。这是所有有机物的通性，是它们本身的化学构成所决定的。其中有很多有机腐蚀性物质闪点很低，如冰醋酸，闪点40℃；醋酸酐，闪点54℃，遇明火会引起燃烧。

有些强酸强碱的腐蚀性物质，在腐蚀金属的过程中能放出可燃的氢气。当氢气在空气中占一定的比例时，遇高热、明火即燃烧，甚至引起爆炸。

4）氧化性

腐蚀性物质中的含氧酸大多是强氧化剂。它们本身会分解释放出氧，如硝酸暴露在空气中就会分解产生氧气，或在与其他物质作用时，夺得其电子将其氧化。

一方面，强氧化剂与可燃物接触时，即可引起燃烧，如硝酸、硫酸、高氯酸等；与松节油、食糖、纸张、炭粉、有机酸等接触后，即可引起燃烧甚至爆炸。另一方面，氧化性有时也可被利用。如浓硫酸和浓硝酸的强氧化性能使铁、铝金属在冷的浓酸中被氧化，在金属表面生成一层致密的氧化物薄膜，保护了金属。这种现象称为"钝化"。根据这一特点，对运输浓硫酸可采用铁制容器或铁罐车装运，用铝制容器盛放浓硝酸。

5）遇水反应性

腐蚀性物质中很多物质能与水发生反应，并放出大量的热量。这些反应大致分为以下两种：第一种是遇水分解，这类反应主要以氯化物为典型，如三氯化磷能被水分解成盐酸和磷酸；第二种是遇水化合，这类反应以各种酸酐为典型，如三氧化硫遇水生成硫酸、五氧化二磷遇水生成磷酸等。会发生这类反应的物质受潮后腐蚀性增强。

遇水反应的腐蚀性物质都能与空气中的水气反应而发烟（实质是雾，习惯上称烟），其对眼睛、咽喉和肺均有强烈刺激作用，且有毒。由于反应剧烈，并同时放出大量热量，当满载这些物质的容器遇水后，则可能因漏进水滴而猛烈反应，使容器炸裂。所以，尽管没有给这些物质贴上"遇潮时危险"的副标志，其防水要求应和4.3项危险货物（遇水放出易燃气体的物质）相同。

3 常见的腐蚀性物质

1）硫酸（含硫高于51%）（UN 1830）

一般认为，硫酸的消费量可以从某个角度衡量一个国家的经济状况和发展水平。硫酸是重要的工业原料,硫酸铝、盐酸、氢氟酸、磷酸钠和硫酸钙等,在制造时都要用硫酸。硫酸的运输量和储存量在整个酸性腐蚀性物质中占首位。

纯硫酸是无色的油状液体,常见不纯的硫酸为淡棕色。硫酸是一种高沸点难挥发的强酸,易溶于水,能以任意比与水混溶。98%的硫酸水溶液的相对密度1.84,沸点338℃,凝固点10℃。SO_3于硫酸中所得产物俗称发烟硫酸,其化学式为称为焦硫酸。焦硫酸比硫酸还要危险。

稀硫酸具有酸的一切通性,能腐蚀金属,能中和碱,并能与金属氧化物和碳酸盐作用。

浓硫酸有以下特性:

(1)脱水性。脱水性是浓硫酸的性质,而非稀硫酸的性质。可被浓硫酸脱水的物质一般为含氢、氧元素的有机物,其中蔗糖、木屑、纸屑和棉花等物质中的有机物,被脱水后生成了黑色的炭(碳化),并会产生二氧化硫。如脱水后的皮肤组织从成分到外观都与木炭无异。浓硫酸甚至能使高氯酸脱水,生成七氧化二氯,七氧化二氯很不稳定,几乎在生成的同时就爆炸性地分解成氯和氧。所以浓硫酸与高氯酸不能配载混储。

(2)吸水性。浓硫酸对水有极强的亲和性。当其暴露在空气中时,能吸收空气中的水蒸气。因此常用作干燥剂。浓硫酸溶于水时,能释放出热量。稀释浓硫酸必须十分小心,应将浓硫酸缓缓加入水中。若把水倒入浓硫酸中,开始时因水较轻浮在酸的表面,当水扩散至酸中时,即放出溶解热,可发生局部沸腾,会剧烈溅散而伤人。

(3)强氧化性。常温下,浓硫酸能将铁、铝等金属钝化。加热时浓硫酸可以与除金、铂之外的所有金属反应,生成高价金属硫酸盐。此外,热的浓硫酸还可将碳、硫、磷等非金属单质氧化到其高价态的氧化物或含氧酸,本身被还原为SO_2。

浓硫酸也能分解由沸点较低的酸生成盐。把盐与硫酸混合加热,即可分馏出更易挥发的产物。浓硫酸与硝酸盐、盐酸盐也会发生类似的反应,故浓硫酸不宜与盐类混储和配载。事实上浓硫酸不宜与任何其他物质进行配载。

2)硝酸(发红烟的除外,含硝酸不超过70%)(UN 2031)以及硝酸(发红烟的)(UN 2032)

硝酸(HNO_3)是一种重要的强酸。纯硝酸为无色液体,但通常因溶有二氧化氮(NO_2)而呈红棕色,即硝酸,发红烟的(UN 2032),是一种非常强的氧化剂。68%~70%的硝酸水溶液相对密度1.4,沸点86℃,凝固点-42℃,与水无限混溶。

硝酸的水溶液无论浓稀均具有强氧化性及腐蚀性,溶液越浓其氧化性越强。在常温下硝酸能溶解除了金、铂、钛、铌、钽、钌、铑、锇、铱以外的所有金属,而粉末状金属则能与硝酸起爆炸性反应。浓稀硝酸在常温下都能与铜发生反应,这是盐酸与硫酸无法达到的。但浓硝酸在常温下会与铁、铝发生钝化反应,使金属表面生成一层致密的氧化物薄膜,阻止硝酸继续氧化金属。另外,浓硝酸还能溶解诸如 C、S 等非金属。不管具体的反应如何,硝酸在发生腐蚀反应的同时一般总会生成有毒气体 NO 和 NO_2 中的一种。

浓硝酸和浓盐酸物质的量按 1:3 混合,即为王水,能溶解金等稳定金属。

硝酸在光照条件下分解成水、一氧化氮和氧气,因此硝酸一定要盛放在棕色瓶中,并置于阴凉处保存。

浓硝酸与松节油、乙醇、醋酸等有机物、木屑和纤维产品等相混能引起燃烧甚至爆炸,硝酸的腐蚀性很强,能灼伤皮肤,也能损害黏膜和呼吸道。硝酸还能氧化毛发和皮肤的组成部分——蛋白质,使蛋白质转化为一种称为黄朊酸的黄色复杂物质。所以硝酸溅到皮肤上,愈合很慢,并会留下很难看的疤痕。

炸药和硝酸有密切的关系。最早出现的炸药是黑火药,它的成分中含有硝酸钠(或硝酸钾)。由棉花与浓硝酸和浓硫酸发生反应,生成的硝酸纤维素是比黑火药强得多的炸药。

3)盐酸(UN 1789)

氯化氢(HCl)是无色有刺激性气味的气体,在空气中能冒烟,蒸气密度 1.27。有毒,空气中浓度超过 1500ppm 时,数分钟内可致人死亡。氯化氢极易溶于水,在 0℃时,1 体积的水大约能溶解 500 体积的氯化氢,所得水溶液即为氢氯酸,习惯称盐酸。氯化氢和盐酸的化学式均为 HCl。工业等级的盐酸浓度一般为 36% 左右,通常因含铁离子而呈黄色,相对密度为 12。

工业中,盐酸的重要性仅次于硫酸和硝酸。工业上俗称的三酸二碱是最重要的化工原料,三酸即硫酸、硝酸和盐酸。就产量和运输量来说,盐酸超过硝酸占第二位。

浓盐酸和稀盐酸均为强酸,具有一切酸的特性。如:能与碱中和生成盐和水;能溶解碱性氧化物;能溶解碳酸盐,释放出二氧化碳气体。故盐酸起火时,可用碱性物质如碳酸氢钠、碳酸钠、消石灰等中和,也可用大量水扑救。盐酸能溶解比较活泼的金属(如锌、镁、铁)。浓盐酸还可以溶解较不活泼的金属铜,具有较强的腐蚀性。所以,在装运过程中,盐酸严禁与碱类、胺类、碱金属、易燃物或可燃物等混装混运。

浓盐酸易挥发,其酸蒸气具有毒性。吸入危险数量的氯化氢,可使呼吸道中的细胞完全变态,并能破坏气管内层。对于成人来说,氯化氢在空气中的浓度为 5ppm 时开始有气味;5～10ppm 时对黏膜有轻度刺激;35ppm 时短暂接触会强烈刺激咽喉;50～100ppm 时达忍耐的限度;1000ppm 时短暂接触就有肺水肿的危险。

此外,盐酸受热时,氯化氢会从水中逸出,此时盐酸容器内会产生相当大的压力,导致耐压能力不大的耐盐酸腐蚀的容器破裂。因此,运输途中应防曝晒、雨淋、防高温。

4)固态氢氧化钠(UN 1823)和氢氧化钠溶液(UN 1824)

氢氧化钠又被称为烧碱、苛性钠、火碱等,是最常见的强碱,在整个工业部门有许多用途。纯的无水氢氧化钠为白色半透明的块状或片状固体,极易溶于水,溶解度随温度的升高而增大。固体氢氧化钠有吸水性,除极易吸收空气中的水汽外,还会吸收二氧化碳生成碳酸钠而变质,这是因为氢氧化钠能与非金属氧化物反应生成盐和水。因此在储存和运输固体氢氧化钠时,必须防止其与空气接触。

氢氧化钠水溶液有涩味和滑腻感,溶液呈强碱性,具备碱的一切通性。市场出售和运输的氢氧化钠大多是 30% 和 45% 的水溶液,运输量很大。

由于氢氧化钠对蛋白质有溶解作用,所以,其浓溶液能与活体组织作用,能溶解丝、毛和动物组织,会严重灼伤皮肤。摄入液碱,如不立即用 1% 的醋酸溶液中和就可致命。氢氧化钠浓溶液是带微红色(45% 氢氧化钠水溶液)或微蓝色(30% 氢氧化钠水溶液)的透明液体,将之误认为红白葡萄酒、烧酒或饮料而误食丧命时有所闻。

氢氧化钠和无机酸发生中和反应产生大量热,并生成相应的盐类;与金属铝、锌、非金属硼和硅等反应放出氢气;能与玻璃的主要成分二氧化硅反应,生成易溶于水的硅酸钠,而使玻璃腐蚀,但其反应速度缓慢。所以,长期存放氢氧化钠溶液(又称液碱)时,不宜使用玻璃或陶瓷器皿。

九、杂项危险物质和物品

1 杂项危险货物和物品的定义

本类是指存在危险但不能满足其他类别定义的物质和物品。

(1)以微细粉尘吸入可危害健康的物质,如 UN 2212、UN 2590。

(2)会放出易燃气体的物质,如 UN 2211、UN 3314。

(3)锂电池组,如 UN 3090、UN 3091、UN 3480、UN 3481。

(4)救生设备,如 UN 2990、UN 3072、UN 3268。

(5)一旦发生火灾可形成二噁英的物质和物品,如 UN 2315、UN 3432、UN 3151、UN 3152。

(6)在高温下运输或提交运输的物质,即指在液态温度达到或超过100℃,或固态温度达到或超过240℃条件下运输的物质,如 UN 3257、UN 3258。

(7)危害环境物质,包括污染水生环境的液体或固体物质,以及这类物质的混合物(如制剂和废物),如 UN 3077、UN 3082。

(8)不符合6.1项毒性物质或6.2项感染性物质定义的经基因修改的微生物和生物体,如 UN 3245。

(9)其他,如 UN 1841、UN 1845、UN 1931、UN 1941、UN 1900、UN 2071、UN 2216、UN 2807、UN 2969、UN 3166、UN 3334、UN 3335、UN 3359、UN 3363。

❷ 常见的杂项危险物质和物品

1)磁化材料(UN 2807)

永久磁铁以及含有磁性零部件的设备仪表、光学仪器、移动电话、家电产品等货物,距包装件表面任何一点2.1m处的磁场强度 $H \geqslant 0.159 A/m$ 的,在航空运输时要作为"磁化材料"运输。

2)干冰(UN 1845)

干冰为白色升华性结晶,无臭。临界温度31.0℃,临界压力$7.4 \times 10^6 Pa$,相对密度1.56,常用于食品工业作制冷剂,也可用作人工催雨的化学药剂以及消防灭火剂。干冰气化时吸收的热量是同质量的冰溶解气化吸收热量的2倍,且这个过程比冰快得多,故人体接触瞬间即能严重冻伤。因其外形与普通的冰雪很相像,常被误认而用手去抓,但因温度在-78.5℃,故造成冻伤。因此,在每次接触干冰的时候,一定要小心并且用厚棉手套或其他遮蔽物才能触碰干冰。

由于干冰升华的二氧化碳具有窒息性,能引起呼吸急促甚至窒息死亡,故使用干冰须在通风良好处,切忌与干冰同处于密闭空间内。

第四章 《危险货物品名表》及其使用

第一节 《危险货物品名表》的结构和作用

一、《危险货物品名表》的结构

《危险货物品名表》由联合国编号、名称和说明、英文名、类别或项别、次要危险性、包装类别、特殊规定共计7栏组成。其具体格式见表4-1。

《危险货物品名表》的格式　　　　表4-1

联合国编号	名称和说明	英　文　名	类别或项别	次要危险性	包装类别	特殊规定
0004	苦味酸铵,干的,或湿的,按质量含水低于10%	AMMONIUMPICRATE dry or wetted with less than 10% water, by mass	1.1D			
0005	武器弹药筒,带有爆炸装药	CARTRIDGES FOR WEAPONS with bursting charge	1.1F			
0006	武器弹药筒,带有爆炸装药	CARTRIDGES FOR WEAPONS with bursting charge	1.1E			
0007	武器弹药筒,带有爆炸装药	CARTRIDGES FOR WEAPONS with bursting charge	1.2F			
0009	燃烧弹药,带有或不带有起爆装置、发射剂或推进剂	AMMUNITION, INCENDIARY with or without burster, expelling charge or propelling charge	1.2G			

续上表

联合国编号	名称和说明	英文名	类别或项别	次要危险性	包装类别	特殊规定
0010	**燃烧弹药**,带有或不带起爆装置、发射剂或推进剂	AMMUNITION, INCENDIARY with or without burster, expelling charge or propelling charge	1.3G			
0012	**武器弹药筒**,带惰性射弹或轻武器弹药筒	CARTRIDGES FOR WEAPONS, INERT-PROJECTILE or CARTRIDGES, SMALL ARMS	1.4S			
0014	**武器弹药筒**,无弹头或轻武器弹药筒,无弹头	CARTRIDGES FOR WEAPONS, BLANK or CARTRIDGES, SMALLARMS, BLANK	1.4S			
0015	**发烟弹药**,带有或不带起爆装置、发射剂或推进剂	AMMUNITION, SMOKE with or without burster, expelling charge or propelling charge	1.2G			204

《危险货物品名表》分为7栏:

第1栏"联合国编号"——即危险货物编号,是根据联合国危险分类制度给危险货物划分的编号。每一常用的危险货物的编号,都由4位阿拉伯数字组成。

第2栏"名称和说明"——危险货物的中文正式名称,用黑体字(加上名称一部分的数字、希腊字母、"特""另""间""正""邻""对"等)表示;也可以附加中文说明,用宋体字表示。其中"%"符号代表:

(1) 如果是固体或液体混合物以及溶液和用液体湿润的固体,为根据混合物、溶液或湿润固体的总质量计算的质量分数,单位为 10^{-2};

(2) 如果压缩气体混合物,按压力装载时,用占气体混合物总体积的体积分数表示,单位为 10^{-2};或按质量装载时,用占混合物总质量的质量分数表示,单位为 10^{-2};

(3) 如果是液化气体混合物和加压溶解的气体,用占混合物总质量的质量分数表示,单位为 10^{-2}。

第3栏"英文名称"——危险货物的英文正式名称,用大写字母表示;附加说明用小写字母表示。

第4栏"类别或项别"——危险货物的主要危险特性,其中第1类危险货物还包括其所属的配装组,危险货物的类别或项别以及爆炸品配装组划分按GB 6944确定。

第 5 栏"次要危险性"——除危险货物主要危险特性以外的其他危险性的类别或项别,按 GB 6944 确定。

第 6 栏"包装类别"——按照联合国包装类别给危险货物划分的包装号码(即,Ⅰ、Ⅱ或Ⅲ),按 GB 6944 确定。

除了第 1 类、第 2 类、第 7 类、5.2 项和 6.2 项物质以及 4.1 项自反应物质以外的物质,按照它们具有的危险程度划分为三个包装类别:

Ⅰ类包装——显示高度危险性的物质;

Ⅱ类包装——显示中等危险性的物质;

Ⅲ类包装——显示轻度危险性的物质。

第 7 栏"特殊规定"——与物品或物质有关的任何特殊规定,其适用于特定物质或物品的所有包装类别。特殊规定,即包含的号码是指《关于危险货物运输建议书 规章范本》的第 3.3.1 章中所载的与物品或物质有关的任何特殊规定。

二、《危险货物品名表》的作用

《危险货物品名表》(GB 12268—2012)是从事危险货物运输作业的重要依据,危险货物运输各方人员从中可以获取各种有用的信息,用以确保危险货物运输、装卸作业的安全。另外,由于国家有关法规引用了《危险货物品名表》(GB 12268),故其具有法律效力,危险货物运输各方人员都必须严格遵守其各项规定。

❶ 确定了危险货物的范围

根据《危险货物品名表》列出名称的物质,可以首先确定货物是否属于危险货物,即危险货物以列入国家标准《危险货物品名表》(GB 12268—2012)的为准。《危险货物品名表》中列出名称的危险货物均为根据分类、试验和标准确定的危险货物,必须按该表中适用的要求进行运输。没有列出名称的货物有两种情况:一种是已知的排除在危险货物以外的普通货物;另一种是化工新产品,不能确定是否为危险货物或是属于哪一类的危险货物。根据《道路危险货物运输管理规定》,托运人应该对化工新产品等不能确定的货物作出鉴定,出具《危险货物鉴定表》,从而确定该货物的品名、分类或分项特性、运输规定,根据其规定进行运输。

❷ 规定了危险货物运输的正式名称

化学物品的命名是一个非常复杂和混乱的问题。同一个物品有工业名称、商业名称、习惯名称、民俗名称、译名和学名等;同是译名,从英语、日语、俄语译过来又各不相同;同是学名又有习惯命名法和系统命名原则之别。如氯苯,又称为氯化苯、一氯化苯、苯基氯;硫氰酸甲醋,又称为甲基芥子油、甲基硫代碳酰胺。

危险货物名称不统一,将会给运输带来很大的隐患,可能会导致对危险货物性质认定上的错误,进而造成一系列如货物包装、适用运输规定、注意事项、应急措施等错误,甚至会导致灾难性事故。因此,为规范统一危险货物运输的正式名称,国家制定颁布了《危险货物命名原则》(GB 7694—2008),该标准规定,对无国家标准确定名称的危险货物,其正式名称原则上应按中国化学会在1980年修订的《无机化学命名原则》和《有机化学命名原则》所确定的系统命名原则命名;对于按上述系统命名原则确定的名称过于复杂时,可采用通用的商业名称和习惯名称作为正式名称;当危险货物的有效成分含量、溶液的浓度、是否含水、含水量、稳定剂量、状态及运输限定条件等,对其所在类、项或级有影响时,应在品名之后的括号内注明附加条件,该附加条件作为名称的组成部分。

所以,为了避免名称不统一所造成的麻烦,以防运输过程中发生错误,必须按《危险货物品名表》(GB 12268—2012)上的正式名称来制作各种运输单据和凭证。在国际运输中,遵照国际"危险货物运输"的要求,也必须按危险货物一览表中列出的正确运输名称来制作各运输单据与凭证。

第二节　危险货物运输的限制与相关免除

一、危险货物运输的限制

由于危险货物的特性,其必须在一些特定的条件下运输。为了确保运输安全,现实中对危险货物的本身状态及危险货物的包装、包装件限量、运输量、运输和装卸操作、车辆等作了一系列的限制。根据限定的种类,可分为:限制运输、限量运输和限量包装。

1 限制运输

从危险货物本身来看,其自身就具有不稳定性,会产生各种不同的危险性,如爆炸性、聚合性、遇热分解出易燃、有毒、腐蚀或窒息性气体等。对于大多数危险物质,其自身的不稳定性可以通过适合的包装、稀释、添加稳定剂、添加抑制剂、控制温度或采取其他特殊措施来控制,使用这些技术处理后达到运输要求。

从运输管理方面来说,主要是从承运人资质、车辆、设备、从业人员资格、运输、装卸等方面对运输危险货物进行限制的。

1) 资质限制

《危险化学品安全管理条例》《中华人民共和国道路运输条例》等要求危险货物承运人必须经过行政许可,符合《道路危险货物运输管理规定》规定的资质条件,方可从事运输。

2) 车辆、设备限制

车辆安全技术状况应符合《机动车运行安全技术条件》(GB 7258—2017)、《道路运输爆炸品和剧毒化学品车辆安全技术条件》(GB 20300—2018)、《危险货物运输车辆结构要求》(GB 21668—2008)等标准的要求;车辆技术状况应达到一级车况标准;标志应符合《道路运输危险货物车辆标志》(GB 13392—2005);车辆应配置带有行车记录功能的卫星定位装置;运输易燃易爆危险货物车辆的排气管应安装隔热和熄灭火星装置,并配备导静电橡胶拖地带装置;车辆应有切断总电源和隔离电火花的装置,切断总电源装置应安装在驾驶室内;装卸易燃易爆危险货物的机械,工、属具应有消除产生火花的措施等。运输车辆和设备必须满足上述条件时,方可从事运输危险货物作业。

此外,《道路危险货物运输管理规定》还明确规定,除铰接列车、具有特定装置的大型物件运输专用车辆外,严禁使用货车列车(经特许,具有特殊装置的大型物件运输专用车辆除外)装运危险货物;倾卸式车辆只准装运散装硫黄、萘饼、粗蒽、煤焦沥青等危险货物。

3) 从业人员限制

从业人员的素质、技术水平,是决定运输安全的重要因素,所以国家对从业人员实行从业许可。从业人员必须通过交通运输行业的考试,取得从业资格证书。在《道路危险货物运输管理规定》中,为了体现分类管理的理念,加强对剧毒化学品、爆炸品的运输管理,要求相应的从业人员也必须取得剧毒化学品、爆炸品运输从业资格证书。

4) 运输、装卸限制

《危险货物道路运输规则 第 6 部分:装卸条件及作业要求》(JT/T 617.6 2018)对危险货物的运输、装卸分类、分包装进行了限制。

例如,运输途中不得进入运输危险货物车辆禁止通行的区域;驾驶员连续行车时间不得超过 4h,一天驾驶总时间不得超过 8h;装卸操作时,轻拿轻放,谨慎操作,严防跌落、摔碰、溢漏,禁止撞击、翻滚、投掷等。道路危险货物运输从业人员必须严格按照该标准的规定进行作业。

❷ 限量运输

限量运输是用车辆或罐体等运输容器一次装载危险货物的最大允许载运

量。目前，在道路危险货物运输中，对单车一次装载量没有明确的限制，最高限量为汽车核定载质量。

对于危险程度较高的剧毒化学品、爆炸品以及强腐蚀性危险货物，《道路危险货物运输管理规定》明确限制了其运输容积，要求：运输爆炸品、强腐蚀性危险货物的罐式专用车辆的罐体容积不得超过 $20m^3$，但符合国家有关标准的罐式集装箱除外；运输剧毒化学品的罐式专用车辆的罐体容积不得超过 $10m^3$，但符合国家有关标准的罐式集装箱除外；运输剧毒化学品、爆炸品、强腐蚀性危险货物的非罐式专用车辆，核定载质量不得超过 10t，但符合国家有关标准的集装箱运输专用车辆除外。此外，爆炸品和过氧化物中可堆码的物品，其高度不可超过 1.5m，最高件超过车厢栏板部分必须小于该包件的 1/3 等。

❸ 限量包装

限量包装是指一单件包装的最大允许装载量。单件包装既可以是内包装，也可以是组合包装。在这种情况下一般是规定两个，即每小件内包装限装多少，每件外包装限装多少。限量包装主要的决定因素是危险货物的性质。一般而言，危险性越大的货物，其使用的包装量就应越小。例如，钢桶装载液体危险货物，对于采用Ⅰ类包装的，其最大容积为 250L；对于采用Ⅱ类包装的，其最大容积为 450L。其次是包装的形式、材质和强度。金属容器的包装限量要比木质材料的包装限量大。密封型木箱，直接装固体货物，包装限量可达 50kg，而如果作组合包装的外包装则其包装的净重不得超过 20kg。使用可伸缩带覆盖的货盘作为装运货物的外包装时，其每一包件的总质量不得超过 20kg。

二、危险货物运输的相关免除

有些危险货物被列入《危险货物品名表》中，但其危险程度较低或者运输量非常有限且符合相应的包装，使其危险性降低到相当的程度或控制在很小范围内，而在运输过程中不致造成人身伤亡和严重的财产损毁，从降低承托双方的运输成本角度，可以将其当作普通货物运输，称为危险货物运输的免除，也叫危险货物豁免运输。

目前，交通运输部针对部分危险程度较低的危险货物颁布了《关于同意将潮湿棉花等危险货物豁免按普通货物道路运输的通知》（交运发〔2011〕141号），对潮湿棉花、活性炭、硫等相关危险货物在符合一定的包装要求和浓度要求或者运输量要求的情况下，进行了全部豁免运输，见表 4-2。

道路危险货物运输豁免品名表 表4-2

序号	UN编号	名称和说明	包装类别	CN编号	豁免及其豁免条件
1	UN 1365	潮湿棉花	Ⅲ	CN 42505	全部豁免
2	UN 1362	活性炭	Ⅲ	CN 42521	全部豁免
3	UN 1350	硫	Ⅲ	CN 41501	其中,做成某种形状(如小球、颗粒、丸状、锭状或薄片)的硫黄全部豁免
4	UN 3166	内燃发动机或易燃气体发动的车辆或易燃液体发动的车辆	—	—	全部豁免
5	UN 1327	干草,禾秆或碎稻草和稻壳	—	—	全部豁免
6	UN 3065	乙醇饮料,按体积含乙醇高于24%,但不超过70%	Ⅲ	CN 33551	其中,5L以下的全部豁免
7	UN 1373	动物或植物或合成的纤维或纤维织品,未另列明的,含油	Ⅲ	CN 42509	全部豁免
8	UN 3360	植物纤维,干的	—	—	全部豁免
9	UN 1263	涂料	Ⅲ	CN 32198	其中,20L以下的水性涂料全部豁免
9	UN 3065	涂料	Ⅲ	—	其中,20L以下的水性涂料全部豁免
10	UN 1210	印刷油墨,易燃,或印刷油墨相关材料,易燃	Ⅲ	CN 32119	其中,20L以下胶印油墨、润版液全部豁免

此外,交通运输部还联合其他相关行业管理部门共同颁布了《关于农药运输的通知》(交水发〔2009〕162号),主要规定如下:

(1)凡危险性低于国家标准《危险货物品名表》(GB 12268)农药条目包装Ⅲ类标准的农药产品(含农药登记为低毒、微毒产品),按普通货物管理。

(2)对列入标准的农药条目包装类别Ⅲ的农药产品(含农药登记为中等毒产品),其内容器所盛装农药质量或容量在5kg或5L以内且每包件质量不超过30kg的,同时具有符合国家标准《农药包装通则》(GB 3796)规定要求的包装容器和内容器,按普通货物管理,但需要在有关运输文件货物说明中注明"有限数量"或"限量"一词;同时,在包件外表的一个菱形框内表明内装物的联合国编号(前加 UN)和Ⅲ(即包装类别Ⅲ),Ⅲ标在联合国编号下侧。另外,在按限量要求对农药进行包装时,应确保同一外容器的内装物不会因为渗漏而发生危险反应。

(3)对包装类别为Ⅰ、Ⅱ的农药产品(含农药登记为剧毒、高毒产品)以及不符合限量标准及包装要求的包装类别Ⅲ的农药产品,仍然需要按照危险货物运输。

第五章

危险货物运输包装常识

第一节 危险货物运输包装基本要求

根据危险货物性质和运输特点以及运输包装应起的作用,危险货物的运输包装必须具备以下基本要求:

(1)运输包装应结构合理,并具有足够强度,防护性能好。材质、形式、规格、方法和内装货物质量应与所装危险货物的性质和用途相适应,便于装卸、运输和储存。如危险货物具有腐蚀特性,则其运输包装材质必须防腐蚀。

(2)运输包装应质量良好,其构造和封闭形式应能承受正常运输条件下的各种风险,不应因温度、湿度或压力的变化而发生任何渗(撒)漏,表面应清洁,不允许有有害危险物质。

(3)运输包装与内装物直接接触部分,必要时应有内涂层或进行防护处理,运输包装材质不应与内装物发生化学反应而形成危险产物或导致削弱包装强度。

(4)内容器应予固定。如内容器易碎且盛装易撒漏货物,应使用与内装物性质相适应的衬垫材料或吸附材料衬垫妥实。通常,危险货物的特性对衬垫材料有以下特殊要求:

①衬垫材料应具备一定的缓冲作用:衬垫能防止冲撞、振动、摩擦等情况发生而对包装产生机械等方面的损害。

②衬垫材料应具有吸附作用:当机械损害力量过强,以致突破缓冲作用使内包装产生损坏隐患时,如果内装的是液体物质,衬垫材料应能将此液体物质充分吸收,确保其渗漏不会影响外包装;如果内装的是粉末状货物,衬垫材料应将其充分吸附,不使其撒漏。

③衬垫材料应具有缓解作用:正因为要求衬垫材料有吸附所装货物的作用,

衬垫材料有可能直接接触危险货物,因此,应对所装货物的危险特性有一定的缓解作用。如具有氧化性的货物,不能使用有机材料作衬垫等,不给危险货物以肆虐的机会,或将其破坏作用降到最低限度以至于零。

实际中,通常采用的衬垫材料有瓦楞纸、细刨花、草套、草垫、纸屑等有机物以及气泡塑料、发泡塑料、硅藻土、蛭石、陶土、黄沙等惰性材料。

(5)盛装液体的容器应能经受在正常运输条件下产生的内部压力。灌装时应留有足够的膨胀余量(预留容积),除另有规定外,并应保证在温度55℃时内装液体不致完全充满容器。

(6)运输包装封口应根据内装物性质采用严密封口、液密封口或气密封口,盛装有浸湿或加有稳定剂的物质时,其容器封闭形式应能有效地保证内装液体(水、溶剂和稳定剂)的百分比,在储运期间保持在规定的范围以内。

一般来说危险货物包装的封口应严密不漏。特别是挥发性强或腐蚀性强的危险货物,封口应更加严密,但对有些危险货物不要求封口严密,甚至还要求设有排气孔。如:盛装需浸湿或加有稳定剂的物质时,其容器封闭形式应能有效地保证内装液体(水、溶剂和稳定剂)的百分比,在储运期间保持在规定的范围以内;而对有降压装置的包装,其排气孔设计和安装应能防止内装物泄漏和外界杂质进入,排出的气体量不得造成危险和污染环境。

如何对待某种危险货物包装封口,要根据所装危险货物的性质决定。一般来说,大部分危险货物的包装要求严密封口。对于必须采取非严密包装的货物大致有以下几种:

①油浸的纸、棉、绸、麻等及其制品。该类危险货物要用透笼箱包装,以保持良好的通风。

②碳化钙(电石)(UN 1402)。碳化钙吸收空气中的水分后发生化学反应产生乙炔气体。如果桶内乙炔气体不能及时排出而积聚起来,运输时遇到滚动、碰撞等,桶内坚硬的碳化钙就会与桶壁碰撞产生火星,点燃桶内的乙炔气而发生爆炸。所以,装碳化钙的铁桶应严密到不漏水、不漏气,在桶内充氮抑制乙炔的产生,或者应有排放桶内乙炔气的通气孔,同时注意通气孔应能防止桶外的水进入桶内,否则将是十分危险的。

③过氧化氢(双氧水 H_2O_2)(UN 2014、UN 2015)。双氧水经受热或经振动即分解释放出氧原子,有爆炸危险,因此双氧水的包装应有出气小孔,以随时排出分解出的氧气,释放出容器内的压力。

④冷冻液态氮(UN 1977)。装液态氮的安瓿瓶不耐高压,也不能保持瓶内的 -147.1℃以下的低温,所以不时会有液态氮气化,若不让其排出会有爆炸危

险。考虑到氮气无毒、不燃的性质(空气中本来就有78%的氮),故液氮要求必须用不封口的安瓿瓶包装。气密封口必须经过检验部门的气密试验,气密封口一般适用于装有下列物质的包装上:

a. 产生易燃气体或蒸气的物质;

b. 如使其干燥,会成为爆炸性物质的物质;

c. 产生毒性气体或蒸气的物质;

d. 产生腐蚀性气体或蒸气的物质;

e. 可能与空气发生危险反应的物质。

(7) 对于爆炸品而言,其运输包装必须进行专用包装,甚至在爆炸品包装之间都不能有相互替用。一般来说,为了保证爆炸品在储运过程中的安全,爆炸品的生产设计者在设计、生产爆炸品时,往往根据本爆炸品所必须满足的防火、防振、防磁等要求,同时也设计了该爆炸品的包装物,且其包装设计需要与爆炸品的设计同时被批准,否则不得进行爆炸品的生产。爆炸品包装的基本要求应当满足《危险货物运输包装通用技术条件》(GB 12463—2009)和《公路运输危险货物包装检验安全规范》(GB 19269—2009)的规定。

第二节 危险货物运输包装分类

一、危险货物运输包装的类别

《危险货物运输包装通用技术条件》(GB 12463—2009)中,根据盛装内装物的危险程度,将运输包装分为三个类别。

(1) Ⅰ级包装:适用内装危险性较大的货物。

(2) Ⅱ级包装:适用内装危险性中等的货物。

(3) Ⅲ级包装:适用内装危险性较小的货物。

《危险货物分类和品名编号》(GB 6944—2012)将除第1类、第2类、第7类、5.2和6.2项物质,以及4.1项自反应物质,根据其危险程度,划分为三个包装类别(Ⅰ类包装:具有高度危险性的物质;Ⅱ类包装:具有中等危险性的物质;Ⅲ类包装:具有轻度危险性的物质),并在《危险货物品名表》(GB 12268—2012)的第6列"包装类别"中列出了该危险货物应使用的包装等级。在国际危险货物运输中,确定采用哪个等级包装的依据是货物的危险程度。除第2类气体和第7类放射性物质的包装另有规定外,《国际海上危险货物运输规则》《国际公路运输危险货物协定》等的危险货物品名表中对各自所列危险货物都具体指明应采用包装的等级。这既表明了该货物的危险等级,又强调了等级的重要性,基本形式与我国的《危险货物品名表》(GB 12268—2012)中的包装类别相似。

二、危险货物运输包装的作用

对于一般商品来说,其包装的作用主要表现为:一是保护商品,便于运输,这是包装最基本的功能;二是扩大销量增加利润,这是商品市场竞争的必然要求;三是商品包装在一定程度上反映出一个国家生产力和科学技术的水平,这是一个国家综合国力和科技水平的外在表现。

危险货物的危险主要取决于其自身的理化性质,同时也会受到外界条件的影响,如湿度、雨雪水、机械作用及不同物质之间的影响。对于危险货物运输包装来说,除了一般的经济学、市场营销学上的意义外还具有如下重要作用:

(1)能够防止被包装的危险货物因接触雨雪、阳光、潮湿空气和杂质而使货物变质,或发生剧烈化学反应所造成的事故。

(2)可以减少货物在运输过程中所受到的碰撞、振动、摩擦和挤压,使危险货物在包装的保护下保持相对稳定状态,从而保证运输过程的安全。

(3)可以防止因货物撒漏、挥发以及与性质相悖的货物直接接触而发生事故或污染运输设备及其他货物的事件发生。

(4)便于储运过程中的堆垛、搬动、保管,提高车辆生产率、运送速度和工作效率。

(5)可以防止放射性物质放出的射线对人体的内照射和外照射所造成的危害。

三、危险货物运输包装的基本分类

1 按危险货物的包装材料分类

按危险货物的包装材料分类,一般分为木制包装、金属制包装、纸制包装、玻璃和陶瓷制包装、棉麻织品及塑料编织纤维制包装、塑料制包装和编织材料包装等。

1)木制包装

(1)木桶:主要有木琵琶桶、胶合板桶、纤维板桶等。用于盛装危险货物的木桶,一般规定容积不得超过250L,净质量不得超过400kg。

(2)木箱:主要有满板木箱、满底板花格木箱、半花格木箱、花格木箱等,一般规定盛装危险货物的木箱净质量不得超过400kg。

2）金属制包装

金属制包装的主要形式有桶（罐）和箱（盒、听）包装两大类。其基本性能表现为牢固、耐压、耐破、密封、防潮；其强度是所有通用包装中最高的，是运输危险货物中使用最多、最广的包装之一。使用的主要金属材料是各种薄钢板、铝板和塑料复合钢板等。

（1）热轧薄钢板。其属于普通碳素钢板，亦称黑铁皮，厚度0.25～2.0mm不等。单件包装容积大或所装货物的净重大，所用板材相应就厚一些，其强度标准以符合包装性能试验的要求为准。

（2）镀锌钢板。由于锌是保护性镀层，能保护钢板在使用过程中免受腐蚀。锌在干燥空气中不起变化，在潮湿空气中与氧或二氧化碳生成氧化锌或碳酸锌薄膜，可以防止锌继续氧化，镀锌层经铬酸或铬酸盐钝化后形成钝化膜，其防腐能力大为加强，但锌易溶于酸或碱且易与硫化物反应。相对于黑铁皮而言，镀锌钢板也称白铁皮。

（3）镀锡钢板。其俗称马口铁，具有良好的耐腐蚀性、冲压成型性、可焊性和弹性。锡遇稀无机酸不溶解，与浓硝酸不起反应，只是遇浓硫酸、浓盐酸及苛性碱溶液在加热时溶解。

（4）塑料复合钢板。其基件是普碳钢薄板，复合塑料采用软质或半软质聚氯乙烯塑料薄膜或聚苯乙烯塑料薄膜。塑料复合钢板，具有钢板的断切、弯曲、深冲、钻孔、铆接、咬合、卷边等加工性能，又有很好的耐腐蚀性，可耐浓酸、浓碱以及醇类的侵蚀，但对醇以外的有机溶剂的耐腐蚀性差。

（5）铝薄板。包装使用的铝薄板的铝纯度应在99%以上，铝板厚2mm以上，其特点是耐硝酸和冰醋酸，可焊而咬合性差。一般不用卷边咬合而用焊接。同时铝薄板的质地较软，往往在铝桶外套上可箍钢质笼筋，以增加其强度。

3）纸制包装

纸质包装主要有纸盒、纸桶、纸袋等。纸制包装的特点是防振性能很好，经特殊工艺加工强度可与木材相比。如果纸塑复合，可使纸质包装的防水性和密封性大大提高。

4）玻璃、陶瓷制包装

各种玻璃瓶、陶坛、瓷瓶等包装，其特点是耐腐蚀性强但很脆、易碎，所以又称易碎品。

5）棉麻织品及塑料编织纤维包装

用棉麻织品及塑料编织纤维做成的包装，一般统称袋。在危险货物运输包装中也具有较多的用途。

6）塑料制包装

塑料制包装的形状比较多。桶、袋、箱、瓶、盒、罐等都可用塑料制造。其所用的材料种类也很多，主要有聚氯乙烯、聚苯乙烯、聚乙烯、钙塑、发泡塑料等。塑料还能与金属或纸制成各种复合材料。塑料包装的特点是轻质、不易碎、耐腐蚀。与金属、玻璃容器比较，其耐热、密封、耐蠕变性能相对要差一些。

7）编织材料包装

编织材料包装主要是指由竹、柳、草三种材料编织而成的容器，常见的有竹箩、竹箱、竹笼、柳条筐、薄草席包、草袋等。编织包装容器的荆、柳、藤、竹、草等物必须具备不霉、不烂、无虫蛀，而且编织紧密结实的基本要求。

❷ 按危险货物的包装类型分类

按危险货物包装容器类型一般可分为桶（罐）类、箱类、袋类、坛类、筐篓类以及复合包装等多种。

1）桶（罐）类

(1) 钢桶。钢桶按其封口盖形式可分为闭口钢桶、中开口钢桶和全开口钢桶3种。闭口钢桶适用于液体货物，灌装腐蚀性物质的钢桶内壁应涂镀防腐层；中开口钢桶适用于固体、粉末及晶体状货物或稠黏状、胶状货物；全开口钢桶则适用于固体、粉状及晶体状货物。

(2) 铝桶。制桶材料应选用纯度至少为99％的铝，或具有抗腐蚀和合适机械强度的铝合金。桶的全部接缝应采用焊接而不能采用卷边机械咬合，如有凸边接缝应采用与桶不相连的加强箍予以加强。容积大于60L的桶，至少有两个与桶身不相连的金属滚箍套在桶身上，使其不得移动。滚箍采用焊接固定时，不允许点焊，滚箍焊缝与桶身焊缝不允许重叠。最大容积为250L，最大净质量为400kg。一般适用于装腐蚀性液体。

(3) 钢罐。钢罐两端的接缝应焊接或双重机械卷边。40L以上的罐身接缝应采用焊接。40L以下（含40L）的罐身接缝可采用焊接或双重机械卷边。最大容积为60L，最大净质量为120kg。

(4) 木琵琶桶。所用木材应质量良好，无节子、裂缝、腐朽、边材或其他可能降低木桶预定用途效能的缺陷。桶身应用若干道加强箍加强。加强箍应选用质量良好的材料制造，桶端应紧密地镶在桶身端槽内。最大容积为250L，最大净质量为400kg。桶内涂涂料并衬有塑料袋或多层牛皮纸袋。木琵琶板桶适用于装黏稠状的液体。

(5) 胶合板桶。胶合板所用材料应质量良好，板层之间应用抗水黏合剂并按交叉纹理粘接，经干燥处理，不应有降低其预定效能的缺陷。桶身至少用三合板制造,若使用胶合板以外的材料制造桶端,其质量应与胶合板等效。桶身内缘应有衬肩。桶盖的衬层应牢固地固定在桶盖上,并能有效地防止内装物撒漏。桶身两端应用钢带加强,必要时桶端应用十字形木撑予以加固。最大容积为250L,最大净质量为400kg。胶合板桶适用于装粉末状货物。货物应先装入塑料袋或多层牛皮纸袋后,再装入胶合板桶内。

(6)硬质纤维板桶。所用材料应选用具有良好抗水能力的优质硬质纤维板,桶端可使用其他等效材料。桶身接缝应加钉结合牢固,并具有与桶身相同的强度,桶身两端应用钢带加强。桶口内缘应有衬肩,桶底、桶盖应用十字形木撑予以加固,并与桶身结合紧密。最大容积为250L,最大净质量为400kg。

(7)纸板桶。桶身应用多层牛皮纸黏合压制成的硬纸板制成。桶身外表面应涂有抗水能力良好的防护层。桶端若采用与桶身相同材料制造,则桶身接缝应加钉结合牢固,并具有与桶身相同的强度,桶身两端应用钢带加强;同时,桶口内缘应有衬肩,桶底、桶盖应用十字形木撑予以加固,并与桶身结合紧密,也可用其他等效材料制造。桶端与桶身的结合处应用钢带卷边压制接合。最大容积为250L,最大净质量为400kg。

(8)塑料桶、塑料罐。按其开口形式分为闭口和全开口塑料桶两种。闭口塑料桶适用于装腐蚀性液体货物,每桶净质量不超过35kg;全开口塑料桶适用于装固体、粉状及晶体状货物,通常内衬塑料袋或多层牛皮纸袋,袋口密封。所用材料能承受正常运输条件下的磨损、撞击、温度、光照及老化作用的影响。材料内可加入合适的紫外线防护剂,但应与桶(罐)内装物性质相容,并在使用期内保持其性能。用于其他用途的添加剂,不能对包装材料的化学和物理性质产生有害作用。桶(罐)身任何一点的厚度均应与桶(罐)的容积、用途和每一点可能受到的压力相适应。最大容积:塑料桶为250L,塑料罐为60L;最大净质量:塑料桶为250kg,塑料罐为120kg。

2)箱类

(1)金属箱。箱体一般应采用焊接或铆接。化格型箱如采用双重卷边接合,应防止内装物进入接缝的凹槽处。封闭装置应采用合适的类型,在正常运输条件下保持紧固。最大净重为400kg。金属箱一般用于装块状固体或作销售包装的外包装。爆炸物品的专用包装中,有很多是金属箱,如子弹箱、炮弹箱等。

(2)木箱。箱体应有与容积和用途相适应的加强条和加强带。箱顶和箱底可由抗水的再生木板、塑料板或其他合适的材料制成。最大净重为400kg。固体、粉末及晶体状货物应先装入塑料袋或多层牛皮袋,牢固封口后再封木箱,木箱应密封不漏。液体危险货物应先装入玻璃瓶、塑料瓶或塑料袋内,严密封口后再装入木箱,箱内需用合适材料衬垫。强酸性腐蚀货物先装入耐酸陶坛、瓷瓶中,用耐酸材料严密封口后再装入木箱中,箱内用不燃松软材料衬垫。坛装货物净质量不得超过50kg,瓶装货物净质量不得超过30kg。

(3)胶合板箱。这种箱又称人造板箱,具有自重轻、节约木材、便于运输等特点,但其用于包装危险货物时则受到较大限制。一般来说,人造板箱只能用于包装固体货物和以铁听、铁罐作内包装的货物,包装方法与件重限制同木箱。只有5层或7层胶合板制成的板箱,经试验有足够的强度,才可代替木箱成为有广泛适用性的外包装。胶合板所用材料应质量良好,板层之间应用抗水黏合剂并按交叉纹理粘接,经干燥处理,不应有降低其预定效能的缺陷。胶合板箱的角柱件和顶端应用有效的方法装配牢固。最大净质量为400kg。

(4)硬纸板箱、瓦楞纸箱、钙塑板箱。硬纸板箱或钙塑板箱应有一定抗水能力。硬纸板箱、瓦楞纸箱、钙塑板箱应具有一定的弯曲性能,切割、折缝时应无裂缝,装配时无破裂或表皮断裂或过度弯曲,板层之间应粘合牢固。箱体结合处,应用胶带粘贴,搭接胶合,或者搭接并用钢钉或U形钉钉合,搭接处应有适当的重叠。如封口采用胶合或胶带粘贴,应使用抗水黏合剂。钙塑板箱外部表层应具有防滑性能。最大净质量为60kg。

(5)再生木板箱。箱体应用抗水的再生木板、硬质纤维板或其他合适类型的板材制成。箱体应用木质框架加强,箱体与框架应装配牢固,接缝严密。最大净质量为400kg。

3)袋类

(1)塑料编织袋。该袋应缝制、编织或用其他等效强度的方法制作。防撒漏型袋应用纸或塑料薄膜粘在袋的内表面上。防水型袋应用塑料薄膜或其他等效材料粘附在袋的内表面上。适用于粉状、块状货物。最大净质量为50kg。

(2)纸袋。袋的材料应用质量良好的多层牛皮纸或与牛皮纸等效的纸制成,并具有足够强度和韧性。袋的接缝封口应牢固、密闭性能好,并在正常运输条件下保持其效能。防撒漏型袋有一层防潮层。最大净质量为50kg。纸袋的层数根据货物的性质、装货质量以及运输条件的优劣和倒运的次数等因素而定。为防潮和增加强度,可在牛皮纸上涂塑。牛皮纸袋可作其他包装的内包装或里衬,也可作外包装,作外包装适用于粉状固体货物,最常见的是用于杀虫粉剂的包装。

4)坛类

坛类包装容器应有足够厚度,容器壁厚均匀,无气泡或砂眼。陶、瓷容器外部表面不得有明显的剥落和影响其效能的缺陷。最大容积为32L,最大净质量为50kg。

5) 筐、篓类

筐、篓类包装容器应采用优质材料编织而成,形状周正,有防护盖,并具有一定刚度,最大净质量为50kg。

第三节　危险货物运输包装标志

一、运输包装标志的意义

货物运输包装标志的基本含义,是指用图形或文字(文字说明、字母标记或阿拉伯数字)在货物运输包装上制作的特定记号和说明事项。运输包装标志有三方面的内涵:一是运输包装标志是在收货、装卸、搬运、储存保管、送达直至交付的运输全过程中区别与辨认货物的重要基础;二是运输包装标志是一般贸易合同、发货单据和运输保险文件中记载有关事项的基本组成部分;三是运输包装标志还是包装货物正确交接、安全运输、完整交付的基本保证。

货物的品类繁杂、包装各异、到达地点不一、货主众多,要做到准确无误、安全迅速地将货物运到指定地点,与收货人完成交接任务,从而使运输任务顺利完成,货物运输包装标志对每个环节都起着决定性作用,主要表现在以下3个方面:

(1)正确使用运输包装标志,可以保护货物运输与各个环节的作业安全,防止发生货损、货差以及危险性事故。究其原因,是因为货物运输包装标志直接表明了货物的主要特性和发货人的要求与意图。

(2)在流通过程中,运输包装标志一般要在单证、货物上同时表现出来。它是核对单证、货物并使单货相符,以便正确、快速地辨认货物,高效率地进行装卸搬运作业,安全顺利完成流通全过程,准确无误地交付货物等环节的关键。

(3)运输包装标志还可以节省制作大量单据的手续与时间,而且易于称呼,使运输人员一见标志即对有关事项一目了然,避免造成误解,浪费人力和时间。

二、运输包装标志的分类和内容

目前,运输包装标志可以分为识别标志、包装储运图示标志和危险货物包装标志3类。

❶ 识别标志

识别标志是识别不同运输批次之间的标志。

(1)主要标志。在贸易合同和文件上一般简称为"嘿(唛)头",是以简明的几何图形(如四边形、六边形、圆形等图形)配以代用简缩字或字母,作为发货人向收货人表明该批货物的特定记号标志。所用的特定记号,以公司或商号的代号表示。有的则直接写明托运人和收货人的单位、姓名与地址的全称。

(2)目的地标志,亦称到达地或卸货地标志。目的地标志用来表示货物运往到达地的地名。国内即为到达站站名,国外为到达国国名和地名。

(3)批数、件数号码标志。该标志表示同一批货物的总件数及本件的顺序编号,其主要用途是便于清点货物。

(4)输出地标志,亦称为生产地或发货地标志。它是用来表示货物生产地或发货地的地名。国内即为始发站站名,国外为原产国国名、产地地名或发货站的国名、地名以及站名。

值得注意的是:目的地和输出地标志不能使用简称、代号或缩写文字,必须以文字直接写出全名称。如果是国际货物运输,还必须用中、外两种文字同时对照标明。

(5)货物的品名、质量和体积标志。它表明货物包装内的实际货物,每一单件包装的实际尺寸(长×宽×高)和质量(总重、净重、自重)。体积与质量标志是供承运部门计算运费、选择装卸运输方式和货物在运输工具内的堆码方法时参考。危险货物品名应包括该货物的含量以及所处的抑制条件,如含水百分比、加钝感剂×××等。

(6)运输号码标志,即货物运单号码。它是该批货物进站、核对、清点、装运及到站卸取货物的依据。

(7)附加标志,亦称为副标志。它是在主要标志上附加某种记号,用以区分同一批货物中若干小批或不同的品质等级的辅助标志。

❷ 包装储运图示标志

包装储运图示标志是根据货物对易碎、易残损、易变质、怕热、怕冻等有特殊要求所提出的搬运、储存、保管以及运输安全等的注意事项。我国国家标准《包装储运图示标志》(GB/T 191—2008)将标志分为以下几种:

(1)易碎物品:表示运输包装件内装易碎物品,搬运时应小心轻放。
(2)禁用手钩:表示搬运运输包装件时禁用手钩。
(3)向上:表明该运输包装件在运输时应竖直向上。
(4)怕晒:表明该运输包装件不能直接照晒。
(5)怕辐射:表明该物品一旦受辐射会变质或损坏。
(6)怕雨:表明该运输包装件怕雨淋。
(7)重心:表明该包装件的重心位置,便于起吊。

(8)禁止翻滚：表明搬运时不能翻滚该运输包装件。

(9)此面禁用手推车：表明搬运货物时此面禁止放在手推车上。

(10)禁用叉车：表明不能用升降叉车搬运的包装件。

(11)由此夹起：表明搬运货物时可用夹持的面。

(12)此处不能卡夹：表明搬运货物时不能用夹持的面。

(13)堆码质量极限：表明该运输包装件所能承受的最大质量极限。

(14)堆码层数极限：表明可堆码相同运输包装件的最大层数。

(15)禁止堆码：表明该包装件只能单层放置。

(16)由此吊起：表明起吊货物时挂绳索的位置。

(17)温度极限：表明该运输包装件应该保持的温度范围。

包装储运图示标志如图 5-1 所示。

图 5-1　包装储运图示标志

3 危险货物包装标志

为了明确和显著地识别危险货物的性质，保证装卸、搬运、储存、保管、送达过程的安全，应根据各种危险货物的特性，在危险货物包装表面加上特别的图示标志,必要时再加以文字说明,以便于有关人员采取相应的防护措施,防止事故的发生。

危险货物包装标志的制定,是以危险货物的分类为基础,以便于根据货物或包件所贴的标志的一般形式(标志图案、颜色、形状等),识别出危险货物及其特性,并为装卸、搬运、储存提供基本指南。一般来说,标志的颜色或图案不同时,贴有这些标志的货物不能堆放在一起,在某些特殊情况下,即使是贴有同种标志的货物也应慎重复核,不能将其随意堆放在一起。

《危险货物包装标志》(GB 190—2009)规定危险货物包装标志分为标记和标签两类,其中标记4个,标签26个,其图形分别标示了9类危险货物的主要特性。标签的图案有:炸弹开花(表示爆炸)、火焰(表示易燃)、骷髅和交叉的大腿骨(表示毒害)、三圈形(表示传染)、三叶形(表示放射性)、从两个玻璃器皿中溢出的酸碱腐蚀着一只手和一块金属(表示腐蚀)、一个圆圈上面有一团火焰(表示氧化性)和一个气瓶(表示不燃气体)等,如图5-2所示。

图5-2　危险货物包装标志

三、运输包装标志使用要求

(1)每件货物包装的表面都必须有识别标志、相应的储运图示标志和包装标志。

(2)标志的文字书写应与底边平行。带棱角的包装,其棱角不得将标志图形或文字说明分开。书写、粘贴标志都应标在显著的位置,以利识别。如箱形包装,箱的相对两侧都必须有各种标志;袋形包装袋的两大面,桶形包装的桶盖和桶身的对应侧面都必须有必备的标志。总之,每一包装必须有两组以上相同的标志,其位置应在相对的两侧。"由此吊起"和"重心"两种标志,使用时应根据要求粘贴、喷涂或钉附在货物外包装的实际准确位置。

(3)如一个集合货物包件内有两种以上不同性质的危险货物,从包件外不能一目了然地看清包件内各包装标志的话,集合包件外除识别标志外,还必须具有包装件内各种货物的包装标签。包件内的各包装必须有齐备的各种标志或标识。

(4)如一种危险货物除主要危险性外,还具有比较重要的次要危险性,应分别贴有相应的主要危险性和次要危险性标签。

(5)货物的运输包装上,禁止有广告性、宣传性的文字或图案,以免与包装标志影响标志的正常使用。包装在重复使用时,应把原有的(废弃的)包装标志痕迹清除干净,以免与新标志混淆不清而造成事故。同时,不准在包装外表乱写乱涂任何与标志无关的文字或图案。

第四节　危险货物运输包装英文标识

随着我国市场经济的发展,尤其是加入WTO以后,进出口贸易逐年扩大,其中危险货物运输量也大幅度增加。面对未来国际贸易运输量的不断增加,许多危险货物也将被"请"进或"请"出国门,所以,在危险货物的外包装上,仅能识别危险货物的分类及危害性显然不能满足危险货物运输业务的需要,还要求我们能识别货票、包装以及装箱单上的简单英文标识,这也是从事运输危险货物业务人员应知应会的重要内容之一。

运输危险货物的主要用语有说明性标记词语和警戒性标记词语。说明性标记词语和警戒性标记词语详见表5-1、表5-2。

说明性标记词语　　　　表5-1

英　　文	中　　文	英　　文	中　　文
BOILING POINT	沸点	MADE IN SHANGHAI CHINA	中国上海制造
BOTTOM	下部(或底部)	MADE IN UNITED STATES OF AMERICA	美国制造

续上表

英　文	中　文	英　文	中　文
CENTRE OF BALANCE	重心	MAIN COMPOSITIONS	主要成分
CODE NUMBER	危规编号	MELTING POINT	熔点
COLOR	色	METHOD FOR LEAKAGE	散漏处理方法
COMBUSTION POINT	燃点	NET WEIGHT(简写 N)	净重
COMPRESSED GAS	压缩气体	OBSERVATIONS	运输注意事项
CORROSIVES	腐蚀性物品	OPEN HERE	此处打开
CRYSTAL	晶体	OPEN IN DARK ROOM	暗室开启
DEPTH	厚(或深度)	OXIDANT MATERIAL	氧化性物质
DIMENSION	尺寸	PACKAGING GROUP	运输包装等级
ENFLAMMABLE	易燃物品	PACKING METHOD	包装方法
EXPLOSIVE LIMIT	爆炸极限	PERISHABLE	易腐物品
EXPLOSIVES	爆炸物品	POINT OF STRENGTH	着力点
FIRE FIGHTING	消防方法	POISON	毒害性物品
FIRST AID	急救措施	POWDER	粉末
FLASH POINT	闪点	PROPERTY	性质
FORMULA	分子式	RADIOACTIVES	放射性物质
FRAGILE	易碎的	REMOVE TOP FIRST CUT STRAPS	先开顶部
GAS	气体	SERIAL NUMBER	编号
GLASS	玻璃货物	SIZE	尺寸
GROSS WEIGHT(简写 G)	毛重	SLING HERE	挂绳位置
HAVANA VLA PANAMS	哈瓦那经由巴拿马	SMELL	味
HAZARDOUS ARTICLE	危险物品	SPECIFIC GRAVITY	相对密度
HAZARDOUS CHEMICALS	化学危险物品	STATE	状态
HEIGHT	高	TARE WEIGHT(简写 T)	皮重

续上表

英 文	中 文	英 文	中 文
KEEP DR	怕潮湿货物	THIS DANGEROUS GOODS SHOULD BE IN GLASS	属于第___类危险货物
KG	千克	THIS SIDE UP	此端向上
LBS	磅	TO BE PROTECTED FROM COLD	怕冷货物
LIFT HERE	由此吊起	TO BE PROTECTED FROM HEAT	怕热货物
LIQUID	液体货物	TOP	上部(或向上)
LUMP	固体	UPPER LIMIT OF POISONING	最大中毒浓度
MADE IN THE PEOPLE'S REPUBLIC OF CHINA	中华人民共和国制造	USE ROLLERS	用圆物滚动移位
MADE IN TOKYO JAPAN	日本东京制造	WIDTH	宽

警示性标记词语　　　　　　　　　　　　　　表5-2

英 文	中 文	英 文	中 文
AVOIDE COMPACT	防止冲击碰撞	NO FLAME	禁止明火
AVOIDE FRICTION	防止摩擦	NO FULLING	不准拖拉
BE WARE OF FUME	严防漏气	NO INCOMPATIBLE GOODS SHOULD BE STOWED IN THE SAME COMPARTMENT	不得与性质相抵触货物混装
DO NOT CRUSH	切勿挤压	NO ROLLING	不准滚翻
DO NOT DROP	切勿坠落	NO SHOOT	严禁抛掷
DO NOT STAKE ON TOP	勿放顶上	NO SMOKING	禁止吸烟

续上表

英　　文	中　　文	英　　文	中　　文
DO NOT STOW IN DAMP PLACE	勿放湿处	NO TURNING OVER	切勿倾倒
DO NOT UNSCREW ENTIRELY UNTIL ALL INTERIOR PRESSURE HAS ESCAPED THROUGH THE LOOSENED THREADS	内部气体压力没有经过螺纹隙缝全部消失前,勿将桶盖完全旋开	NOT TO BE LOADED FLAT	切勿平放
HAND WITH CARE	轻拿轻放	REMOVE BUNG IN OPEN AIR	在通风处打开盖子
IF LEAKING, DO NOT BREATHE FUME, TOUCH CONTENTS	如包装破漏,勿吸入其气体,勿接触内容物	REMOVE LEAKING PACKAGES, WASH ACID OFF WITH WATER	移开破漏包装并用水冲洗酸性物
KEEP AWAY FROM FIRE, HEAT AND OPEN FLAME LIGHTS	离开火、热和有火焰的灯	SAFE DISTANCE NOT LESS THAN——METRE IF OUTER PACKAGE DAMAGED	外包装破损时,安全距离不少于____m(用于放射性货物对人体辐射)
KEEP AWAY FROM FOOD PRODUCTS	切勿接近食品	STOW COOL	放于凉处
KEEP IN DARK PLACE	放在暗处	STOW LEVEL	必须平放
KEEP IN DRY PLACE	干处保管	UNSCREW THIS BUNG SLOWLY	缓慢地旋开盖子
KEEP UPRIGHT	切勿倒置	USE EXPLOSIVE PROOF LAMP	使用防爆灯具
LEAKING PACKAGES MUST BE REMOVED A SAFE PLACE	破漏包装必须移至安全地点	USE NO HOOKS	禁用手钩
NO DROPPING	切勿坠落	WEAR MASK, RUBBER GLOVES, PROTECTIVE CLOTHS AND RUBBER BOOTS	戴口罩、橡胶手套、防护服和橡胶套鞋

第六章

道路危险货物运输安全及事故应急措施

第一节　爆炸品运输安全及应急措施

一、运输前的准备工作

(1)运输爆炸品的专用车辆应符合国家法律、法规及技术标准的要求。

(2)装车前应检查运输爆炸品车辆,车厢或集装箱底板应平坦完好,铺设阻燃导静电胶板。将货厢或集装箱清扫干净,罐体清洗干净,排除异物,车厢、集装箱或罐体内不得有酸、碱、氧化剂、盐类等与所装爆炸品性质相抵触的残留物,或以前运输残留货物。确保车辆结构耐用,内部底板和壁面没有凸出物。

(3)检查运输爆炸品车辆配备的消防器材,发现问题应及时更换或修理。

(4)根据所装爆炸品及包装情况,备好防散失用具等应急处置器材。

(5)检查随身携带相关证件、运输文件是否齐全有效,特别是查验"爆炸物品准运证"是否携带及有效性。

(6)应根据所装爆炸品的性质,配备防护用品(如工作服、手套、防毒口罩、护目镜、防毒面具等)。

(7)进入装卸作业区,应禁止随身携带火种,关闭随身携带的手机等通信工具和电子设备,严禁吸烟,穿着不产生静电的工作服和不带铁钉的工作鞋。

(8)在装卸作业时应按照指定位置停车,熄灭发动机,实施驻车制动,装置好导静电拖地带。

(9)爆炸品运输若需与其他货物混装,应符合有关规定。

二、运输爆炸品的安全要求

(1)按规定装载,装载量不得超过额定负荷。密封式车厢装货总高度不得超过1.5m;没有外包装的金属桶(一般装的是硝化棉或发射药)只能单层摆放,以免压力过大或撞击摩擦引起爆炸;在任何情况下雷管和爆炸药都不得同车装运或两车同时在同一场地进行装卸。

(2)装卸完毕应将车厢门锁好后,方可运行车辆,不准敞开车门行驶。

(3)要按照公安机关指定的时间、路线、速度行驶,不得擅自改变行驶路线。车上无押运人员不得单独行驶,车上严禁搭乘无关人员和危及安全的其他物资。

(4)行车中驾驶员必须集中精力,严格遵守交通法规和操作规程,同时注意观察,保持行车平稳。多部车辆列队行驶时,应保证安全的跟车距离,一般情况下不得超车和强行会车。

(5)行车途中应严控车速,尽量避免紧急制动,车辆转弯前应减速,保持平稳运行,以防止因紧急制动、急转弯等,造成货物摩擦、振动、坍塌、坠落、撞击、摩擦易引发爆炸事故。

(6)运输途中不得随意停车,更不得在人口聚集地、交叉路口、火源附近停车。运输过程中需要停车住宿或遇有无法正常运输的情况时,应向当地公安部门报告并将车辆停放在有利于安全防护的地方,停车时要始终有人看守。

(7)夏季高温季节,应按照作业地规定的时间运输,做好车内货物温度监控;当车内货物温度非正常升高时应停车检查,采取必要的降温措施。

(8)中途确需临时停车时,停车点应远离热源、火种场所和人口密集区。

(9)途中应每隔一定时间停车检查车上货物情况,发现包装破漏要及时处理,防止漏出物损坏其他包装,酿成重大事故。

(10)车辆重载若发生故障,在维修时应严格控制明火作业,驾驶员不得离开车辆,要随时注意周围环境是否安全,发现问题应及时采取措施。

(11)运输途中发生燃烧、爆炸、污染、中毒或者被盗、丢失、流散、泄漏等事故,驾驶员应会同押运人员立即向事故发生地公安部门、交通运输主管部门和本运输企业或者单位报告,并根据应急预案和《道路运输危险货物安全卡》的要求采取应急处置措施。

(12)对于不具备有效的避雷电、防潮湿条件时,雷雨天气应停止对爆炸品的运输作业。

三、爆炸品的灭火方法与撒漏处理

1 灭火方法

爆炸品的火灾危险性主要表现为极易发生局部或整体爆炸,尤其是存在整体爆炸危险的1.1项和1.5项危险货物,其发生整体爆炸的时间往往仅需几分钟甚至几秒钟,而且燃烧可能会产生刺激性、腐蚀性和(或)毒性气体。

爆炸物品发生火灾时,通常有效的灭火方法是用水冷却达到灭火的目的,但不能采取窒息法或隔离法。禁止使用砂土覆盖燃烧的爆炸品,否则,会导致由燃烧转化为爆炸。对有毒性的爆炸品,灭火人员应戴防毒面具。一般应采取的对策有以下几点:

(1)迅速判断并查明再次发生爆炸的可能性和危险性,紧紧抓住爆炸后和再次发生爆炸之前的有利时机,采取一切可能的措施,全力制止再次爆炸的发生。

(2)禁止用砂土盖压,以免增强爆炸物品爆炸时的威力。对于爆炸品无论是切断空气还是用窒息材料隔绝都是无效的,在最短时间内尽可能用大量的水灭火,以防止温度上升是唯一途径,因为温度的上升会影响爆炸品的化学稳定性。

(3)在确保人身安全的前提下,应迅速组织力量及时疏散着火区域周围的爆炸物品,在着火区周围形成一个隔离带。

(4)扑救爆炸物品堆垛时,水流应采用吊射方式,避免强力水流直接冲击堆垛,造成堆垛倒塌引起再次爆炸。

(5)为安全起见,最好采用消防移动炮、带架水枪等装备进行远距离射水。消防车辆严禁停靠在爆炸物品爆炸波及范围之内。

2 撒漏处理

对爆炸物品撒漏物,应及时用水湿润,再撒以锯末或棉絮等松软物品,收集后并保持相当湿度,报请公安部门或消防人员处理,绝对不允许将收集的撒漏物重新装入原包装内。

第二节　气体运输安全及应急措施

一、运输前的准备工作

(1)驾驶员应根据所装气体的性质穿戴防护用品,必要时需要戴好防毒面具;运输大型气瓶或罐式集装箱,在起重机下操作时必须戴好安全帽。

(2)一般瓶装气体应尽可能直立运输,直立运输应符合《气瓶直立道路运输技术要求》(GB/T 30685—2014)的要求。气瓶装气体采用集束装置、集装篮运输,可使用厢式车辆、栏板式车辆、平板车辆或专用车辆等运输;使用平板车辆运输时,应在地板上设置带锁止的固定装置。散装气瓶应使用厢式车辆、栏板式车辆或专用车辆运输。

(3)运输大型气瓶(如液氯、制冷剂等),车上必须配备防止气瓶滚动的紧固装置,如插桩、垫木、紧绳器等。

(4)运输氧气、液氯等氧化性较强的气体,应认真检查货厢是否清洁,必须保证货厢内无油脂以及含油脂的残留物,如油棉纱团等。

(5)罐车装卸作业时应按照指定位置停车,熄灭发动机,实施驻车制动。

(6)运输各种易燃气体(如液化石油气等)的受压罐车,应确保管道接头、仪表、泄压阀等安全装置的情况良好,并接通导除静电装置。

二、运输气体的安全要求

(1)夏季运输除另有限运规定外,当罐内温度达到40℃时,还必须配有罐体遮阳或用冷水喷淋降温等设施,防止罐体暴晒。

(2)运输易燃、易爆气体应远离热源、火源,如锅炉房或明火场所。

(3)运输大型气瓶,行车途中应尽量避免紧急制动,防止气瓶因惯性力作用冲出车厢平台造成事故;车辆转弯前应减速,以防止急转弯或车速过快时所载的气瓶因离心力作用而被抛出车厢外。

三、气体的灭火方法与撒漏处理

1 灭火方法

气体发生火灾时,一般应采取的对策有以下几点:

(1)除非切断泄漏点,否则不要对正在燃烧的泄漏气体进行灭火。在没有采取堵漏措施的情况下,应使其处于稳定燃烧的状态,否则,泄漏出来的大量可燃气体与空气混合,遇火源就会发生爆炸,后果不堪设想。

(2)应首先扑灭外围被引燃的可燃物火势,切断火势蔓延途径,控制燃烧范围。

(3)如果火灾中有压力容器或有受到火焰辐射而产生热威胁的压力容器,能疏散的应尽量在水枪的掩护下疏散到安全地带,不能疏散的应部署足够的水枪进行冷却保护(进行冷却的人员应尽量采用低姿射水或利用现场坚实的掩蔽体防护),防止容器爆裂伤人。严禁将水枪阵地设在储罐的两端。

(4)如果是输气管道泄漏着火,应首先找到气源阀门。阀门完好时,只要关闭气体阀门,火势就会自动熄灭。

(5)储罐或管道泄漏关阀无效时,应根据火势大小判断气体压力和泄漏口的大小及其形状,准备好相应的堵漏器材。

(6)堵漏工作准备就绪后,即可用干粉、二氧化碳等灭火,但仍需用水冷却烧烫的储罐和管壁。火扑灭后,应立即用堵漏材料堵漏,同时用雾状水稀释和驱散泄漏出来的气体。不要在泄漏点或安全设备上用水直接喷洒,否则可能会导致结冰。

(7)一旦出现罐柜的通风安全阀发出危险的声音、罐柜变色、晃动、火焰变亮等爆裂征兆,应迅速撤离。

2 撒漏处理

运输中发现气瓶漏气时,特别是有毒气体,应迅速将气瓶移至安全处,并根据气体性质做好相应的人身防护,人站在上风处,将阀门旋紧。大部分有毒气体能溶解于水,紧急情况时,可用浸过清水的毛巾捂住口鼻进行操作,若不能制止时,可将气瓶推入水中,并及时通知相关部门处理。

第三节　易燃液体运输安全及应急措施

一、运输前的准备工作

(1)大多数易燃液体的蒸气对人体健康具有危害性,因此,驾驶员在作业前或作业中,应加强集装箱、封闭式车厢的排气通风,以使易燃蒸气能有效地扩散,特别是在夏季,高温诱发空气中有害蒸气浓度加大,更应加强通风。

(2)易燃液体蒸气与空气能形成爆炸性混合气体,遇明火会发生燃烧爆炸,因此,在运输作业现场必须严禁烟火,作业现场应划定警戒区,一般半径30m内不得有热源或明火,车辆应停靠稳妥,熄灭发动机,实施驻车制动,接好导除静电装置。

(3)驾驶员不得随身携带火种(如火柴、打火机),应穿着不产生静电的工作服和不带铁钉的工作鞋。

(4)根据所装货物的包装情况(如化学试剂、油漆等小包装物品),备好防散失用具。

二、运输易燃液体的安全要求

(1)运输易燃液体,车上人员不准吸烟,车辆不得接近明火或高温场所。装运易燃液体的罐车行驶时,导除静电装置应保持接地良好。

(2)装运易燃液体车辆,严禁搭乘无关人员,途中应经常检查车上货物的装载情况,如捆扎是否松动,包装件是否渗漏。发现异常情况时,应及时采取有效措施。

（3）夏季高温季节，当天气预报在30℃以上时，应按照规定的作业时间运输。若在其他时间必须运输时，车上应有有效的遮阳设施，封闭式货厢应保持车厢通风良好。

（4）应将车厢后门、侧门锁牢后车辆方可运行，不准敞开车门行驶，严禁超载运输。

三、易燃液体的灭火方法与撒漏处理

1 灭火方法

易燃液体除具有易燃性外，还具有受热膨胀性、流动性蒸气爆炸性和带电性；部分易燃液体还具有毒性或腐蚀性等其他健康危害，其在发生火灾时，危险性较一般易燃液体更高，灭火难度也更高。

易燃液体不论是否着火，一旦发生泄漏或溢出，都会顺着地面流淌或水面漂散；易燃液体燃烧时极易发生沸溢和喷溅现象。因此，扑救易燃液体往往非常困难。易燃液体发生火灾时，一般应采取的对策有以下几点：

（1）首先切断火势蔓延的途径，控制燃烧范围，并积极抢救受伤和被困人员。如有易燃液体流淌时，应筑堤（或用围油栏）拦截漂散流淌的易燃液体或挖沟导流。

（2）及时了解和掌握易燃液体的特性（如品名、比重、水溶性、有无毒害、腐蚀、沸溢、喷溅等），以便采取相应的灭火和防护措施。

（3）准确判断着火面积。小面积（一般在$50m^2$以内）液体火灾，一般用泡沫、干粉、二氧化碳灭火；大面积液体火灾则必须根据其特性，选择正确的灭火剂扑救。

（4）比水轻又不溶于水的液体（如汽油、苯等）起火时，用直流水、雾状水灭火往往无效，可用普通蛋白泡沫或清水泡沫灭火；用干粉扑救时要视燃烧面积大小和燃烧条件而定，同时对罐壁和管道进行不间断的冷却，以降低燃烧强度。

（5）比水重又不溶于水的液体（如二硫化碳）起火时可用水扑救，水能覆盖在液面上灭火，用泡沫也有效；用干粉扑救，灭火效果要视燃烧面积大小和燃烧条件而定，同时对罐壁和管道进行不间断的冷却，以降低燃烧强度。

（6）具有水溶性的液体（如乙醇、丙酮等），虽然从理论上讲能用水稀释扑救，但此种办法中水必须在液体中占很大比例，这不仅需要大量的水，也容易使液体溢出流淌，而普通泡沫又会受到水溶性液体的破坏（如果普通泡沫强度加大，可以减弱火势）。因此，最好用抗溶性泡沫扑救；用干粉扑救时，灭火效果要视燃烧面积大小和燃烧条件而定,也需要用水不间断地冷却罐壁,以降低燃烧强度。

(7)当易燃液体具有毒性或腐蚀性等危害特性时,灭火人员务必做好个人防护工作。

(8)当扑救原油或重油等具有沸溢和喷溅危险的液体火灾时,必须时刻观察其是否有沸溢和喷溅的征兆,发现异常须立即撤退。

(9)当易燃液体管道或储罐泄漏着火时,在切断蔓延方向、把火势限制在一定范围内的同时,应及时找到输送管道的进、出阀门并及时关闭。如管道阀门已损坏或是储罐泄漏,应迅速准备好堵漏器材,先用泡沫、干粉、二氧化碳或雾状水等扑灭地上的流淌火焰,为堵漏扫清障碍,之后再扑灭泄漏口的火焰,并迅速采取堵漏措施。

❷ 撒漏处理

易燃液体一旦发生撒漏时,应及时以砂土或松软材料覆盖吸附后,集中至空旷安全地方处理。覆盖时,特别要注意防止液体流入下水道、河道等地方,以防污染环境。更主要的是,如果易燃液体浮在下水道或河流的水面上,其火灾隐情也很严重。

在销毁收集物时,应充分注意燃烧时所产生的有毒气体对人体的危害,必要时应戴好防毒面具。

第四节　易燃固体、易于自燃的物质、遇水放出易燃气体的物质运输安全及应急措施

一、运输前的准备工作

(1)运输作业现场要远离明火、高温场所,运输遇湿易燃物品的车厢必须干燥、无积水。

(2)驾驶员不得随身携带火种(如火柴、打火机),不得穿着易产生静电的工作服和工作鞋。

(3)对易升华(如精萘、樟脑等)或者挥发出易燃、有害及刺激性气体的货物,作业现场应保持良好通风,防止中毒和燃烧爆炸。

(4)雨雪天运输遇湿易燃物品时,车辆必须具备有效的防水设备,不具备条件的车辆不得运输。

二、运输易燃固体、易于自燃的物质、遇水放出易燃气体的物质的安全要求

（1）行车时，要注意防止外来明火飞到货物中，要避开明火高温场所。

（2）行车中应定时停车检查所装货物的堆码、捆扎和包装情况，尤其要注意防止包装渗漏等隐患。

三、易燃固体、易于自燃的物质、遇水放出易燃气体的物质的灭火方法与撒漏处理

1 灭火方法

1）易燃固体、易于自燃的物质

固体的着火点比较低，一般在300℃以下。有些易燃性较高的固体受到摩擦、撞击等外力作用时即可引发燃烧。除了易燃性外，易燃固体还具有遇酸和氧化剂易燃易爆、本身或燃烧产物有毒、遇湿易燃性和自燃危险性等火灾危险特性。

易于自燃的物质相较于易燃固体更加活泼，尤其是接触氧化剂和其他氧化性物质会发生剧烈反应，甚至爆炸。以黄磷为例，直接接触空气即可自燃起火并生成有毒的五氧化二磷，因此，黄磷需在水中存放。易于自燃的物质的火灾危险特性主要有遇空气自燃性、遇湿易燃性和积热自燃性。

对于大部分的易燃固体以及易于自燃的物质，一般都可以用水和泡沫灭火，相较于爆炸品、易燃液体等其他类别危险货物而言，灭火难度要小一些，只要控制住燃烧范围，逐步扑灭即可。但是也有少数易燃固体、易于自燃的物质的性质比较特殊，如二硝基萘、黄磷、活泼金属等。针对相对特殊的易燃固体及易于自燃的物质，一般应采取的基本对策有以下几点：

（1）对于部分易发生升华的易燃固体（如二硝基苯甲醚、二硝基萘、萘等），受热会放出易燃蒸气，发生火灾时可用雾状水、泡沫扑救并切断火势蔓延途径，但不能以为明火焰被扑灭即已完成灭火工作，因为受热后升华的蒸气在上层会与空气形成爆炸性混合物，易发生爆炸。因此，针对此类物质灭火时应不时向燃烧区域上空及周围喷射雾状水，并浇灭一切火源。

（2）对于燃点很低的易于自燃的物质，首先应切断火势蔓延途径，控制燃烧范围。以黄磷为例，应用低压水或雾状水扑救，高压直流水冲击能引起黄磷飞溅，导致灾害扩大。黄磷熔融液体流淌时应用泥土、沙袋等筑堤拦截并用雾状水冷却，对磷块和冷却后已固化的黄磷，应用钳子钳入储水容器中。

(3)对于金属火灾,与水接触会发生剧烈或爆炸性的反应,且火势被扑灭后有再次被点燃的风险。不要使用水、泡沫或二氧化碳灭火,而应用干砂、石墨粉、干燥的氯化钠或专用干粉灭火器。对于此类火灾,窒息法优于洒水法,如果无法扑灭,在保护周围环境的前提下,让其自行燃尽。

(4)对于需要控制温度的自反应物质,其温度必须始终保持在控制温度以下。不要让该物质温度上升,一般用液氮、干冰或冰块来冷却。一旦罐柜的通风安全阀发出危险的声音或罐柜变色,应迅速撤离;且除非有专家指导,否则不允许清理或处理此类泄漏物。

2)遇水放出易燃气体的物质

遇水放出易燃气体的物质在与水接触的情况下,会与水相互反应而造成危险,其危险性主要源于反应过程(如放热)以及反应产物(生成具有腐蚀性或毒性或易燃性等危害的产物)。

由于遇水放出易燃气体的物质特殊的化学性质,导致此类货物在发生火灾时,也需特殊对待。遇水放出易燃气体的物质发生火灾时,一般应采取的对策有以下几点:

(1)对于碱金属(锂、钠、钾等),遇水会发生剧烈放热反应并放出氢气,同时此类物质与二氧化碳、卤代烃甚至干砂都会发生反应,针对此类火灾一般需要使用专用干粉进行灭火,如苏打灰、氯化钠、石墨等。

(2)对于金属有机化合物,如硼、锌、锑的烷基化合物类、烷基铝氢化合物类、烷基铝卤化合物类等,具有极强的还原性,遇水或受潮会分解自燃和爆炸,针对这些类型物质的火灾,应该用干砂、石墨、石灰、硅藻土和其他吸收剂(专用干粉)来扑灭。

(3)对于氢化物(分子型氢化物或盐型氢化物),二氧化碳以及氮可以对此类火灾暂时有效,然而想要扑灭火焰,须中止其流动,并在流动停止后,让余火燃尽,也可用干砂、石棉布等扑救。

(4)在处置过程中经常会产生有毒或腐蚀性气体或蒸气,应使用隔绝式呼吸器。除非明确其没有产生有害气体或蒸气,否则不应只配用过滤式防护器具。

(5)在灭火过程中,由于此类物质的特殊危害性,还需要对五官及全身进行气密性保护,必要时需做防冻保护、防腐蚀保护等。

2 撒漏处理

本类货物撒漏时,可以收集起来另行包装。收集的残留物不能任意排放、抛弃。对与水反应的撒漏处理时不能用水,但清扫后的现场可以用大量水冲刷清洗。还应注意,对注有稳定剂的物品,残留物收集后重新包装,也应注入相应的稳定剂。

第五节　氧化性物质和有机过氧化物运输安全及应急措施

一、运输前的准备工作

（1）运输前应认真检查车厢，不得有任何酸类及煤屑、木屑、硫黄、磷等可燃物的残留，车辆必须干净。

（2）运输需控温的有机过氧化物，应检查车辆控温和制冷系统的运行状态，保持运转正常。

二、运输氧化性物质和有机过氧化物的安全要求

（1）根据所装载货物的特性和道路状况，严格控制车速，防止货物剧烈振动和摩擦。

（2）需控温的有机过氧化物在运输途中应定时检查制冷设备的运转情况，发现故障及时排除。

（3）车辆在中途停车时，应远离热源和火种场所，临时停靠或途中住宿过夜，应有专人看管。

（4）如果车辆重载时发生故障，在维修过程中应严格控制明火作业，驾驶员不得离开车辆，要随时注意周围环境是否安全，发现问题应及时采取措施。

三、氧化性物质和有机过氧化物的灭火方法与撒漏处理

1　灭火方法

氧化性物质和有机过氧化物都属于活性很强的危害性物质，它们的火灾危险特征主要有氧化性、分解性、反应性和伤害性。

氧化性物质和有机过氧化物发生火灾时，一般应采取的对策有以下几点：

（1）迅速查明着火或反应的氧化性物质和有机过氧化物以及其他燃烧物的品名、数量、主要危险特性、燃烧范围、火势蔓延途径，以便采取相应的灭火和防范措施。

（2）能用水或泡沫扑救时，应尽一切可能切断火势蔓延途径，使着火区域孤立，限制燃烧范围，同时应积极抢救受伤和被困人员。

（3）不能用水、泡沫、二氧化碳扑救时，应用干粉或用水泥、干砂等覆盖。用

水泥、干砂覆盖时,应先从着火区域四周尤其是下风等火势主要蔓延方向开始,形成孤立火势的隔离带然后逐步向着火点进逼。

(4)对于此类物质(不与水反应)的小火火灾时,优先考虑用水或水雾喷洒。如果没有水,使用干式化学灭火剂、二氧化碳或普通泡沫灭火剂。

(5)对于此类物质的大火火灾时,应在一定距离用水喷火灾区,不要使用直流水。

(6)在此类物质发生泄漏或溢漏时,用干净的防爆工具将惰性的、潮湿的、非易燃的物质覆盖其上,并将其放入未密封的塑料容器中以供后期处理(小泄漏);除非在专家指导下,否则不允许清理或处理泄漏物(大泄漏)。

❷ 撒漏处理

在装卸过程中,由于包装不良或操作不当,造成氧化剂撒漏时,应轻轻扫起,另行包装。这些从地上扫起重新包装的氧化剂,因接触过空气或混有可燃物等杂质,为防止发生化学变化,不得同车发运,须留在撒漏地适当地方,对撒漏的少量氧化剂或残留物均应清扫干净,另行处理。

第六节　毒性物质和感染性物质运输安全及应急措施

一、运输前的准备工作

(1)运输剧毒化学品的专用车辆应选用符合国家要求的罐式或厢式车辆。

(2)装车前应检查车辆的车厢或集装箱,厢式车辆的车厢或集装箱底板应平坦完好,铺设阻燃导静电胶板,清扫干净;罐式车辆的罐体清洗干净,排除异物。运输液氯等氧化性较强的剧毒化学品,应认真检查货厢是否清洁,必须保证货厢内无油脂及含油脂的残留物。

(3)检查车辆配备的消防器材,发现问题应立即更换或修理。驾驶室内应配备一个干粉灭火器,在车辆两边应配备与所装载介质性能相适应的灭火器各一个。

(4)根据所装剧毒化学品及包装情况,备好防散失用具等应急处置器材。

(5)检查随车携带相关证件、文件是否齐全有效,特别是查验《剧毒化学品公路运输通行证》是否携带及有效性。

(6)应根据所装运剧毒化学品的毒性、状态、包装情况,检查配备防护用品,如工作服、手套、防毒口罩、护目镜或者轻型防护服、防毒面具等,以及防散失、防雨等工具。运输大型气瓶,车上必须配备防止气瓶滚动的紧固装置,如插桩、垫木、紧绳器等。

(7)进入装卸作业区禁止随身携带火种,关闭随身携带的手机等通信工具和电子设备,严禁吸烟,穿着不产生静电的工作服和不带铁钉的工作鞋,应根据不同剧毒化学品的危险特性,穿戴好相应的防护服装、手套、防毒口罩、防毒面具和护目镜等。

(8)在装卸作业时按照指定位置停车,熄灭发动机,实施驻车制动,装置好导静电拖地带。

(9)进入作业现场对刚开启的仓库、集装箱、封闭式车厢要先通风排气,驱除积聚的有毒气体。

(10)在运输作业现场,工作人员尽量站立在上风处,不能在低洼处久留,不能在货物上坐卧、休息,作业过程中不能进食、吸烟、饮水。在工作前和工作后严禁饮酒。

二、运输毒性物质和感染性物质的安全要求

(1)应将车厢门锁好后方可移动车辆,不准敞开车门行驶。

(2)运输剧毒化学品应事先报请当地公安部门批准,按公安部门指定的时间、路线限速行驶,不得擅自改变行驶路线,且车上严禁搭乘无关人员和危及安全的其他物资。

(3)行车中驾驶员必须集中精力严格遵守交通法规和操作规程,同时注意观察,应严控车速,尽量避免紧急制动,车辆转弯前应减速,保持平稳运行,以防因紧急制动、急转弯等造成装载货物摩擦、振动、坍塌、坠落,引发泄漏、火灾或车辆侧翻事故。

(4)要平稳驾车,勤加瞭望,定时停车检查包装件的捆扎情况,谨防捆扎松动、货物丢失,装运有机毒害品,行车中应避开高温、明火场所。

(5)防止毒害品丢失是行车中要注意的最重要事项。如果丢失不能找回,落到不了解其性能的群众手里,或被犯罪分子利用,就可能酿成重大事故。因此,发生丢失而又无法找回时,必须立即向货物丢失的当地公安部门报案。

(6)装运过毒害品的车辆未清洗、消毒前,严禁装运食品或鲜活动物。

(7)感染性物品运输后,车辆应到指定的地点集中清洗消毒。

(8)在运输途中不得随意停车,更不得在人口聚集地、交叉路口、火源附近停车。运输过程中需要停车住宿或遇有无法正常运输的情况时,应向当地公安部门报告,将车停放在有利于安全防护的地方,停车时要始终有人看守。

(9)夏季高温季节,应按照作业地规定的作业时间运输。若必须运输时,车上应有有效的遮阳设施,封闭式货厢应保持车厢通风良好。

(10)运输途中每隔一定时间要停车检查车上货物情况,发现包装破漏要及时处理,防止漏出物损坏其他包装,酿成重大事故。

(11)车辆重载若发生故障,在维修时应严格控制明火作业,驾驶员不得离开车辆,要随时注意周围环境是否安全,发现问题应及时采取措施。

(12)运输途中若发生燃烧、爆炸、污染、中毒或者被盗、丢失、流散、泄漏等事故,驾驶员应会同押运人员立即根据应急预案和《道路运输危险货物安全卡》的要求采取应急处置措施,并向事故发生地公安部门、交通运输主管部门和本运输企业或者单位报告。

三、毒性物质和感染性物质的灭火方法与撒漏处理

1 灭火方法

毒害品因其品类繁多,性质各异,一旦发生火灾必须注意以下几点:

(1)无机毒害品中的氮化镁,遇水后能和水中的氢生成有毒和有腐蚀性的氨。因此,此类物品着火时,不能用水扑救,应用砂土、干粉扑救。

(2)毒害品中的氰化物遇酸性物质能生成剧毒气体氢化氰,这类物品发生火灾时不得用酸碱灭火器扑救,可用水及砂土扑救。

(3)大部分毒害品在着火、受热或与水、酸接触时,能产生有毒和刺激性气体及烟雾,灭火人员必须根据毒害品的性质采用相应的灭火方法。在扑救火灾时,尽可能站在上风方向,并戴好防毒面具。

2 撒漏处理

对毒害品的撒漏物应视其具体情况进行处理:如为固体货物,通常扫集后装入其他容器中交付货主单位处理;如为液体货物,应以砂土、锯末等松软物浸润,吸附后扫集,盛入容器中交付货主单位处理;对毒害品的撒漏物不能任意乱丢或排放,以免扩大污染甚至造成不可估量的危害。被毒害品污染过的场地,车辆或防护用品,其洗刷消毒基本方法如下:

(1)氰化物污染物。氰化物如氰化钠、氰化钾污染,可将硫酸钠水溶液撒在污染处,因硫酸钠与氰化物可以生成低毒的硫氰酸盐,从而消除氰化物的毒性,然后用热水冲洗,最后用冷水冲洗。也可用硫酸亚铁、高锰酸钾或次氯酸钠等来处理。

(2)有机磷农药污染物。有机磷农药如1605、苯硫磷、敌死通、1059等撒漏

时,首先用生石灰将撒漏物吸干,然后再用碱水浸湿污染处,再用热水洗刷,最后用冷水冲洗即可。但是,应注意敌百虫也是有机磷农药,不可用碱水洗刷。因为它在碱性溶液中分解很快,大部分变成毒性比它大数倍,且易挥发的敌敌畏,所以敌百虫撒漏后,只能用大量水洗刷。

(3)硫酸二甲酯污染物。硫酸二甲酯为酸性毒品,在冷水中缓慢分解,分解速度随温度上升而加快,撒漏后先将氨水洒在污染处起中和作用,也可用漂白粉加上5倍的水浸湿污染处,再用碱水浸湿,最后用热水和冷水各冲洗一次。

(4)芳香族氨基或硝基化合物污染物。对芳香族氨基或硝基化合物如苯胺、硝基苯等,可将稀盐酸溶液浸湿污染处,再用水冲洗。

(5)砷化物污染物。砷化物如砷、三氧化二砷等,因砷在空气中其表面很快被氧化成二氧化一砷而微溶于水,生成砷酸、亚砷酸,亚砷酸能溶于碱,生成亚砷酸盐,而亚砷酸盐溶于水,可用氢氧化铁解毒,最后用水冲洗。

(6)有机氯粉剂或乳剂农药污染物。有机氯农药在一般情况下不溶于水,而在碱溶液中极易分解放出氯化氢,生成三氧化苯,所以撒漏后,先将撒漏物收集起来,用清水冲洗,最后用热水冲洗,无热水时可以撒上碱后用水冲洗。

第七节 放射性物质运输安全及应急措施

一、运输放射性物质的安全要求

放射性物质属于危险品中的第七类,具有很强的放射性和穿透性,有些放射性物质具有很强的辐射性,对人体的伤害很大,如铀、镭等。所以在运输、储存、包装过程中都要严格遵守相关规定,遵守《放射性物品运输安全管理条例》的要求。放射性物质运输要求及注意事项应注意以下几点:

(1)通过道路运输放射性物质的,应当经公安机关批准后,按指定的时间、路线、速度行驶,并悬挂警示标志,配备押运人员,使放射性物质处于押运人员的监管之下。

(2)运输放射性物质时要使用专业的放射性物质运输包装容器,容器应符合国家放射性物质运输的安全标准。未检验和检验不合格的容器都不能使用。

(3)从业人员必须具有辐射防护和安全防护知识,驾驶员具有相关危险品运输资格证。

(4)有伤口人员、孕妇、哺乳期妇女和有放射性工作禁忌症者,不能从事放射性货物的储存与运输工作。

二、放射性物质应急处置

放射性物质运输中发生核与辐射事故的,承运人、托运人应当按照核与辐射事故应急响应指南的要求,做好事故应急工作,并立即报告事故发生地的县级以上人民政府环境保护主管部门。

1 污染处置

由于放射性制剂的理化性质不同,被污染物体的表面性质也不相同,所以放射性物质与被污染物体表面的结合方式不同,应采用不同的除污染剂和除污染法。

(1)金属性的车辆、货舱和作业工具。一般用肥皂水或洗涤剂浸泡刷洗,再用清水冲净;也可用9%~18%的盐酸或3%~6%的硫酸溶液浸泡刷洗后,再用清水冲净。

(2)橡胶制品用肥皂水或稀硝酸浸泡后再用清水冲洗干净。

(3)布质用品一般可用肥皂水洗涤后,再用清水洗净。如污染严重可用0.02M盐酸、1%草酸和1%六偏磷酸钠的混合溶液浸泡,然后再清洗。如污染严重而放射性核素半衰期又较长的用品,宜作废物处理。

(4)正常皮肤及黏膜污染,首先应在辐射仪检查下确定污染度,先保护好未被污染的皮肤,然后用温肥皂水轻拭污染区,继而用温清水洗涤,这样可以去除绝大部分的污染。如还未达到要求,可用10%二乙胺四醋酸(EDTA)溶液或6.5%高锰酸钾(P.P粉)溶液清洗,再用清水冲洗,最后用辐射仪监测,直至达到要求。病态或破损皮肤及黏膜被污染后,要立即送医院。

2 撒漏处理

放射性物质的撒漏对环境影响的程度区别很大,应针对不同的撒漏情况采取相应的处理方法。

(1)剂量率较小的放射性物质的外层辅助包装损坏时,应及时修复。不能修复的,应更换相同的外包装。调换后,外包装的运输指数不得大于原来的运输指数,或者按新包装修改相应的运输文件和运输标志。

(2)放射性矿石、矿砂撒漏时,应将撒漏物收集,并调换破包。

(3)如果A、B、C型货包容器受到破坏,放射性物质扩散到外面,或者外层包装受到严重破坏时,运输人员不能擅自处理,应立即向公安部门和卫生监督机构报告事故,并在事故地点划出适当的安全区,设置警戒线,悬挂警告牌。安全区半径大小根据放射性活度(或剂量率)确定,其计算公式为:

安全区半径$(m) = \sqrt{0.84 \times 撒漏的放射性物质的毫克镭当量数}$

在划定安全区的同时,要用适当的惰性材料覆盖(屏蔽)溢漏物,以防粉尘飞扬而扩大污染区域。铁板、铝片、铅片、有机玻璃、混凝土、岩石、土壤、砖、石蜡等都可作为覆盖(屏蔽)材料。迅速收集和隔离可能被沾染的设备并覆盖,征求专家意见后进行处理。

❸ 火灾处置

(1)消防人员需配备专用的应急器材,如自给式呼吸器、喷雾水枪、惰性覆盖材料。

(2)消防人员须穿戴防护用具,如防护服(手套、靴子、连体工作服、安全帽),并站在上风处施救。

(3)应有选择地使用水雾和水射流(征求专家意见),注意不要使水的流散面积过大而造成大面积污染。对 UN 2977 和 UN 2978 的泄漏区不得直接用水射流,水不得进入其容器内。

(4)保持相邻的容器冷却,如有可能,转移可能卷入火中的容器至安全地带。

第八节 腐蚀性物质运输安全及应急措施

一、运输前的准备工作

(1)运输前应认真检查货物包装和容器封口情况,严禁运输无外包装的任何易碎品容器。

(2)作业时应站立在上风处,防止有毒烟雾、气体对人身的伤害;罐装后,应将进料口紧密封严,防止行车中车辆晃动,造成腐蚀品从盖口溅出,伤及周围人员和车辆。

二、运输腐蚀性物质的安全要求

(1)装载有易碎容器包装的腐蚀品时,驾驶员要平稳驾驶,密切注意路面情况,上下桥、穿隧道、过铁路道口等,对路面条件差、颠簸振动大而不能确保易碎容器完好时,应缓慢通行。

(2)运输途中应每隔一定时间停车检查车上货物情况,发现包装破漏要及时处理,防止漏出物损坏其他包装,酿成重大事故。

三、腐蚀性物质的灭火方法与撒漏处理

1 灭火方法

腐蚀品着火时的灭火方法可概括为：大量用水、谨慎用水。无机腐蚀品发生着火或有机腐蚀品直接燃烧时，除具有与水反应特性的物品外，一般可用大量的水扑救。即使腐蚀品会与水反应，但这些物品量较少，而大量的水迅速扑上足以抑制热反应时，也应用大量的水扑救。但用水时应谨慎，宜用雾状水，不能用高压水柱直接喷射物品，尤其是酸液，以免飞溅的水珠带上腐蚀品灼伤灭火人员，同时，要控制水的流向，以免带腐蚀性的水流破坏环境。

不少腐蚀品燃烧时，会产生有毒气体和烟雾，用水扑救时，产生的蒸气也可能有毒性和腐蚀性。因此，扑救时应穿防护服，戴防毒面具，且人应站在上风处。

与水会发生剧烈反应的大量腐蚀品发生着火时，用大量的水若不能抑制时，液体腐蚀品应用干砂或干土覆盖或用干粉灭火器扑救。

2 撒漏处理

腐蚀品撒漏时，液体腐蚀品应用干砂、干土覆盖吸收，扫干净后，再用水洗刷。大量溢出而用干砂、干土不足以吸收时，可视货物的酸碱性质，分别用稀碱或稀酸中和。中和时，要防止发生剧烈反应。用水洗刷撒漏现场时，不能用水直接喷射，只能缓慢地浇洗或用雾状水喷淋，以防带腐蚀品的水珠飞溅伤人。

第九节　杂项危险物质和物品，包括危害环境物质运输安全及应急措施

本类危险货物系指在运输过程中呈现的危险性质不包括在其他八类危险货物中的物品。其运输前的准备工作、运输的安全要求、灭火方法和撒漏处理等要求，应按照货物《安全标签》和《安全技术说明书》的要求进行。

值得注意的是，此类货物近几年增加较多，在运输过程中的安全问题驾驶员一定要认真对待、科学处理。

第七章 道路危险货物运输常见事故处理及医疗急救常识

第一节　常见火灾事故及其防范措施

危险化学品容易发生火灾、爆炸事故，但不同的化学品及在不同情况下发生火灾时，其扑救方法差异很大，若处置不当，不仅不能有效扑灭火灾，反而会使灾情进一步扩大。此外，由于化学品本身及其燃烧产物大多具有较强的毒害性和腐蚀性，极易造成人员中毒、灼伤。因此，扑救危险化学品火灾是一项极其重要而又非常危险的工作。

一旦发生火灾，每个工作人员都应清楚地知道他们的作用和职责，掌握有关消防设施的使用方法、人员的疏散程序和危险化学品灭火的特殊要求等内容。以下是常见危险品运输发生火灾时的应急防范措施。

一、灭火对策

1 扑救初期火灾

(1) 迅速关闭火灾部位的上下游阀门，切断进入火灾事故地点的一切物料；
(2) 在火灾尚未扩大到不可控制之前，应使用移动式灭火器，或现场其他各种消防设备、器材，扑灭初期火灾和控制火源。

2 采取保护措施

为防止火灾危及相邻设施，可采取以下保护措施：
(1) 对周围设施及时采取冷却保护措施；
(2) 迅速疏散受火势威胁的物资；
(3) 有的火灾可能造成易燃液体外流，这时可用沙袋或其他材料筑堤拦截

漂散流淌的液体,或挖沟导流,将物料导向安全地点;

(4)用毛毡、海草帘堵住下水井、阴井口等处,防止火焰蔓延。

❸ 火灾扑救

扑救危险化学品火灾决不可盲目行动,应针对每一类化学品,选择正确的灭火剂和灭火方法来安全地控制火灾。化学品火灾的扑救应由专业消防队来进行,其他人员不可盲目行动,待消防队到达后,介绍物料介质,配合扑救。

二、扑救压缩或液化气体火灾的基本对策

压缩或液化气体总是被储存在不同的容器内,或通过管道输送。其中储存在较小气瓶内的气体压力较高,受热或受火焰熏烤容易发生爆裂。气体泄漏后遇火源已形成稳定燃烧时,其发生爆炸或再次爆炸的危险性与可燃气体泄漏未燃时相比要小得多。遇压缩或液化气体火灾一般应采取以下基本对策:

(1)扑救气体火灾切忌盲目扑灭火势,在没有采取堵漏措施的情况下,必须保持稳定燃烧。否则,大量可燃气体泄漏出来与空气混合,遇着火源就会发生爆炸,后果将不堪设想。

(2)首先应扑灭外围被火源引燃的可燃物火势,切断火势蔓延途径,控制燃烧范围,并积极抢救受伤和被困人员。

(3)如果火势中有压力容器或有受到火焰辐射热威胁的压力容器,能疏散的应尽量在水枪的掩护下疏散到安全地带,不能疏散的应部署足够的水枪进行冷却保护。为防止容器爆裂伤人,进行冷却的人员应尽量采用低姿射水或利用现场坚实的掩蔽体防护。对卧式储罐,冷却人员应选择储罐四侧角作为射水阵地。

(4)如果是输气管道泄漏着火,应设法找到气源阀门。阀门完好时,只要关闭气体的进出阀门,火势就会自动熄灭。

(5)储罐或管道泄漏关阀无效时,应根据火势判断气体压力和泄漏口的大小及其形状,准备好相应的堵漏材料(如软木塞、橡皮塞、气囊塞、黏合剂、弯管工具等)。

(6)堵漏工作准备就绪后,即可用水扑救火势,也可用干粉、二氧化碳、卤代烷灭火,但仍需用水冷却烧烫的罐或管壁。火扑灭后,应立即用堵漏材料堵漏,同时用雾状水稀释和驱散泄漏出来的气体。如果确认泄漏口非常大,根本无法堵漏,只需冷却着火容器及其周围容器和可燃物品,控制着火范围,直到燃气燃尽,火势自动熄灭。

(7)现场指挥应密切注意各种危险征兆,遇有火势熄灭后较长时间未能恢

复稳定燃烧或受热辐射的容器安全阀火焰变亮耀眼、尖叫、晃动等爆裂征兆时，指挥员必须适时作出准确判断，及时下达撤退命令。现场人员看到或听到事先规定的撤退信号后，应迅速撤退至安全地带。

三、扑救易燃液体火灾的基本对策

易燃液体通常是储存在容器内或用管道输送。与气体不同的是，液体容器有的密闭，有的敞开，一般都是常压，只有反应锅（炉、釜）及输送管道内的液体压力较高。液体不管是否着火，如果发生泄漏或溢出，都将顺着地面（或水面）漂散流淌，而且，易燃液体还有密度和水溶性等涉及能否用水和普通泡沫扑救的问题，以及危险性很大的沸溢和喷溅问题，因此，扑救易燃液体火灾往往也是一场艰难的战斗。遇易燃液体火灾，一般应采用以下基本对策：

（1）首先应切断火势蔓延的途径，冷却和疏散受火势威胁的压力及密闭容器和可燃物，控制燃烧范围，并积极抢救受伤和被困人员。如有液体流淌时，应筑堤（或用围油栏）拦截漂散流淌的易燃液体或挖沟导流。

（2）及时了解和掌握着火液体的品名、密度、水溶性，以及有无毒害、腐蚀、沸溢、喷溅等危险性，以便采取相应的灭火和防护措施。

（3）对较大的储罐或流淌火灾，应准确判断着火面积。

（4）小面积（一般在 $50m^2$ 以内）液体火灾，一般可用雾状水扑灭，用泡沫、干粉、二氧化碳、卤代烷灭火一般更有效。

（5）大面积液体火灾则必须根据其相对密度、水溶性和燃烧面积大小，选择正确的灭火剂扑救。

（6）比水轻又不溶于水的液体（如汽油、苯等）起火时，用直流水、雾状水灭火往往无效，可用普通蛋白泡沫或轻水泡沫灭火。用干粉、卤代烷扑救时，灭火效果要视燃烧面积大小和燃烧条件而定，最好用水冷却罐壁。

（7）比水重又不溶于水的液体（如二硫化碳）起火时可用水扑救，水能覆盖在液面上灭火，用泡沫也有效。用干粉、卤代烷扑救时，灭火效果要视燃烧面积大小和燃烧条件而定，最好用水冷却罐壁。

（8）具有水溶性的液体（如醇类、酮类等），虽然从理论上讲能用水稀释扑救，但用此法要使液体闪点消失，水必须在溶液中占很大的比例。这不仅需要大量的水，也容易使液体溢出流淌，而普通泡沫又会受到水溶性液体的破坏（如果普通泡沫强度加大，可以减弱火势），因此，最好用抗溶性泡沫扑救。用干粉或卤代烷扑救时，灭火效果要视燃烧面积大小和燃烧条件而定，也需用水冷却罐壁。

（9）扑救毒害性、腐蚀性或燃烧产物毒害性较强的易燃液体火灾，扑救人员必须佩戴防护面具,采取防护措施。

（10）扑救原油和重油等具有沸溢和喷溅危险的液体火灾,如有条件,可采用取放水、搅拌等防止发生沸溢和喷溅的措施,在灭火同时必须注意计算可能发生沸溢、喷溅的时间和观察是否有沸溢、喷溅的征兆。指挥员发现危险征兆时应迅速作出准确判断,及时下达撤退命令,避免造成人员伤亡和装备损失。扑救人员看到或听到统一撤退信号后,应立即撤至安全地带。

（11）遇易燃液体管道或储罐泄漏着火,在切断蔓延把火势限制在一定范围内的同时,对输送管道应设法找到并关闭进、出阀门,如果管道阀门已损坏或是储罐泄漏,应迅速准备好堵漏材料,然后先用泡沫、干粉、二氧化碳或雾状水等扑灭地上的流淌火焰,为堵漏扫清障碍,然后再扑灭泄漏口的火焰,并迅速采取堵漏措施。与气体堵漏不同的是,液体一次堵漏失败,可连续堵几次,只要用泡沫覆盖地面,并避免液体流淌和控制好周围着火源,不必点燃泄漏口的液体。

四、扑救爆炸物品火灾的基本对策

爆炸物品由于内部结构含有爆炸性基因,受摩擦、撞击、振动、高温等外界因素激发,极易发生爆炸,遇明火则更危险。遇爆炸物品火灾时,一般应采取以下基本对策：

（1）迅速判断和查明再次发生爆炸的可能性和危险性,紧紧抓住爆炸后和再次发生爆炸之前的有利时机,采取一切可能的措施,全力制止再次爆炸的发生。

（2）切忌用砂土盖压,以免增强爆炸物品爆炸时的威力。

（3）如果有疏散可能,在人身安全确有可靠保障的条件下,应立即组织力量及时疏散着火区域周围的爆炸物品,使着火区周围形成一个隔离带。

（4）扑救爆炸物品堆垛时,水流应采用吊射,避免强力水流直接冲击堆垛,以免堆垛倒塌引起再次爆炸。

（5）灭火人员应尽量利用现场现成的掩蔽体或尽量采用卧姿等低姿射水,尽可能地采取自我保护措施。

（6）灭火人员发现有发生再次爆炸的危险时,应立即向现场指挥报告,现场指挥应迅即作出准确判断,确有发生再次爆炸征兆或危险时,应立即下达撤退命令。灭火人员看到或听到撤退信号后,应迅速撤至安全地带。

第二节　医疗急救常识

危险品在运输过程中极易发生泄漏、着火、爆炸等危险事故,工作人员在人员抢险救灾过程中首先要确保自己的人身安全。由于事故现场环境复杂,稍不注意很容易导致救险人员烧伤、烫伤、碰撞伤、外伤、中毒甚至窒息等情况的发生。一旦发生上述情况,救援人员应在第一时间将患者转移至安全地带,并采取适当的急救方法进行施救,直至120急救车的到来。以下介绍烧伤、烫伤、碰撞伤、外伤、中毒、窒息等处理方法。

一、烧伤、烫伤紧急救护

(1)化学性皮肤烧伤。发生化学性皮肤烧伤时,应立即将患者移离现场,迅速脱去被化学物污染的衣裤、鞋袜等,用足量流动清水冲洗创面15min以上。也可使用"中和剂"(弱酸性或弱碱性溶液):如酸烧伤时,可用2%~5%的小苏打溶液冲洗和湿敷;如碱烧伤时,可用2%~3%的硼酸溶液冲洗和湿敷;最后再用清水彻底冲洗。若无冲洗条件,可细心擦净水份,将患部用干净的布盖住。新鲜创面上不要任意涂药油和红药水、紫药水等,应尽快就医。

(2)化学性眼烧伤。发生化学性眼烧伤时,应立即用流动清水冲洗,以免造成失明。冲洗时烧伤的眼睛要在下方,防止冲洗过的水流进另一只眼睛。无法冲洗时,也可把脸部埋入清洁水中,清洗过程中一定要把眼皮掰开,眼球来回转洗涤20min以上。如果是电石、生石灰颗粒飞入眼内,应先用蘸有石蜡油或植物油的棉签去除颗粒,再用水冲洗。不论哪一种眼烧伤,充分冲洗后都要立即到医院眼科治疗。

(3)火焰烧伤。发生火焰烧伤时,应立即脱去着火的衣服,并迅速卧倒,慢慢滚动压灭火焰,切忌用双手扑打,以免双手烧伤;切忌奔跑,以免发生呼吸道烧伤。对中小面积的四肢创面可用清洁的冷水(一般10~20℃)冲洗30min以上,然后简单包扎,再去医院进一步处理。

(4)电击烧伤。发生电击烧伤时,要将创口用盐水或新洁尔棉球洗净,用凡士林油纱或干净的毛巾、手帕包扎好,再去医院进一步处理。

(5)烫伤。对明显红肿的轻度烫伤,要立即用冷水冲洗几分钟,再用干净的纱布包好。如果局部皮肤起水泡、疼痛难忍、发热,要立即冷却30min以上。若患处起了水泡,不要自己弄破,应就医处理,以免感染。如果烫伤部位很脏,可用肥皂冲洗,不可用力擦洗,吸干水后,再包上消毒纱布。包扎后局部发热、疼痛,并有液体渗出,可能是细菌感染,应马上到医院接受治疗。如果衣服与皮肤粘连,不可撕拉或用水浸湿,可将多余的部分剪去,粘连部分留在皮肤上,尽快去医院治疗。

二、碰撞伤紧急救护

在救援过程中很容易发生碰撞并受伤,对于轻度的碰伤,可马上冷却受伤部位。受伤后尽可能将受伤部位在一段时间内保持在高于心脏的位置。如果受伤部位不能动弹或不自然地弯曲,可能是脱臼或骨折,应立即去医院治疗。以下是常见碰撞伤的处理方法。

❶ 手脚扭伤脱臼紧急救护

扭伤和脱臼都是由于关节受到过大力量冲击引起的。关节周围的组织断裂或拉长是扭伤,关节处于脱位状态是脱臼。不论处于哪种状态,千万不可试图自己复位关节或强行扭曲受伤部位使其复原。发生踝关节扭伤要静养,停止行走,尤其不要负重,同时可作如下处理:

(1)用冰袋或塑料袋包装的冰块放在毛巾上局部冷敷,可以减轻出血、肿胀;

(2)抬高下肢、患足,最好垫高2cm;

(3)扭伤部位处可贴伤科药膏,并可内服七厘散、红药片、跌打丸等中成药;

(4)发生脱臼时,要用绷带和固定物固定受伤部位,到医院治疗,没有绷带和固定物时可用手绢、领带、长筒袜、撕开的衬衫、杂志、树枝、纸箱等替代。

❷ 骨折紧急救护

骨骼因外伤发生完全断裂或不完全断裂叫骨折。骨折时,局部疼痛,活动时疼痛剧烈,局部有明显肿胀并出现明显变形。骨折的急救非常重要,应争取时间抢救生命,保护受伤肢体,防止加重损伤和伤口感染。出现骨折应采取以下措施:

(1)若伤口出血,应先止血,然后包扎,再进行骨折固定。

(2)固定伤骨可用木板、杂志、纸箱等作支撑物,不要试图自己扭转或复位。用固定夹板扶托整个伤肢,包扎骨折断端的上下两个关节,这样才能保证骨折部位固定良好。

(3)固定时,应在骨突处用棉花或布片等柔软物品垫好,以免磨破突出的骨折部位。

(4)固定骨折的绷带松紧应适度,并露出手指或脚趾尖,以便观察血液流通情况。

(5)处理完后立即送医院骨科治疗。

三、外伤紧急救护

身体的某部位被切割或擦伤时,最重要的是止血,如果是小的割伤,出血不多,挤出少量被污染的血,再用创可贴或纱布包扎即可。如果动脉出血,必须把血管压住(压迫止血点),即压住比伤口距离心脏更近部位的动脉(止血点),才能止住血。如果切割的器具不洁,简单进行创面处理后,必须去医院注射破伤风预防针。同时服用抗生素,以防伤口感染。

如果手指或脚趾全部被切断,应马上用止血带扎紧受伤的手或脚,或用手指压迫受伤的部位止血。伤口用无菌纱布或清洁棉布包扎,断离的手指、脚趾也要用无菌纱布包扎,立即送医院进行手术。夏天,最好将断指(趾)放冰桶内干燥冷藏,但冰块不能直接触及断指(趾),以防冻伤,绝对禁止用水或任何药液浸泡,禁止作任何处理,以免破坏再植条件。以下介绍穿刺伤紧急救护和止血方法。

❶ 穿刺伤紧急救护

穿刺伤是开放性损伤中常见的一种,是由尖锐而细长的致伤物如铁钉、木刺等锐器穿入人体组织所致。穿刺伤由于物品直径小,往往被凝血块所堵塞,易被忽略,此处,穿刺伤因伤口深,引流不畅,容易发生感染,还会引起败血症和破伤风,所以无论发生多小的刺伤,也不要用指甲去拔异物,而应使用消过毒的小镊子等工具处理。在进行穿刺伤紧急救护时应按下述方法进行:

(1)小而浅的伤口,可将异物拔除,压迫伤口周围,使细菌和血一起流出,清洁伤口后垫上消毒纱布,用绷带缠好。

(2)刺伤伤口深、污染重者最易发生破伤风,一定要注射破伤风预防针。

(3)刺伤深,估计伤及血管、神经、内脏时,刺入物不能随意拔除,要防止大出血等意外情况,应到医院治疗。

(4)穿刺伤较严重,肠管、网膜等器脏脱出,不应在现场复位,可用碗、盆等覆盖后包扎急送医院。

(5)如受伤严重,无人救护,伤者不要惊慌,四肢上的伤口可用干净的衣物、手帕、毛巾等加压包扎,再到医院进一步处理。

❷ 止血方法

(1)直接压迫法:伤口脏污时,先处理干净;在伤口处包上干净的布或用洗过的手紧紧压住,不能用卫生纸和脱脂棉直接包在伤口上,压住伤口,用绷带紧紧缠住,将伤口抬到高于心脏的位置。

(2)止血点压迫法。

①上臂动脉：用4个手指掐住上臂的肌肉并压向臂骨。

②大腿动脉：用手掌的根部压住大腿中央稍为偏上点内侧。

③桡骨动脉：用3个手指压住靠近大拇指根部的地方。

四、中毒急救方法

危险货物的理化性质不同，很多货物具有毒性。而且，危险品中毒往往发生急骤、病情严重。因此，当有中毒事件发生时必须全力以赴地进行及时抢救。抢救方法如下。

1 迅速将患者救离现场

迅速将患者救离现场是现场急救的一项重要措施，它关系下一步的急救处理和控制病情的发展，有时还是抢救成败的关键。

平地抢救：二人抬或一人背；有肺水肿的患者，最好是二人抬或用担架抬。

由下而上的抢救方法（如在地沟、设备、储藏室、塔内发生中毒时）：用安全绳将患者往上吊，但应注意要有人保护，且在没有脱离危险区域之前应给患者戴上过滤式或隔离式防毒面具；抢救人员须戴上空气（氧气）呼吸器并捆扎安全绳，如遇酸碱容器，救护人员还应穿戴好防酸碱护具，上边的救护人员应站在固定好的支架上，以防滑倒；上下过程应预先设好信号进行联系。

由上而下的抢救方法（如在高空管架和塔顶上发生中毒时）：从走廊或爬梯上往下抬时，必须将患者的头部保护好，应采用脚在前、头在后的方式；当用安全绳往下吊时，必须把安全绳悬挂在稳固的支架上，用布带固定患者防止摔落，下面要有人接应。

2 采取适当方法进行紧急救护

迅速将患者移至空气新鲜处，松开衣领、紧身衣物、腰带及其他可能妨碍呼吸的一切物品，取出口中假牙和异物，保持呼吸道畅通。同时，密切注意中毒者的病情变化，如有呼吸、心跳停止者，应立即在现场进行人工呼吸和胸外心脏挤压术，不要轻易放弃。但对氰化物等剧毒物质中毒者，不要进行口对口（鼻）人工呼吸。

皮肤接触强腐蚀性和易经皮肤吸收引起中毒的物质（脂溶性）时，要迅速脱去被污染的衣物，立即用大量流动清水或肥皂水彻底清洗。清洗时，要注意头发、手足、指甲及皮肤皱褶处。冲洗时间不少于15min。但有一些遇水能发生化学反应的物质，如石灰、电石等，则不能立即用水清洗，应先用布、纸或棉花等将其去除后再用水清洗,以免加重损伤。此处,也可以用"中和剂"(弱酸性或弱碱性溶液)清洗。眼睛受污染时,应用大量流动清水彻底冲洗。冲洗时应将眼睑提起,注意将结膜囊内的化学物质全部冲洗掉,同时要边冲洗边转动眼球。冲洗时间不少于15min。口服中毒者,可按具体情况以及现场条件,采用催吐、洗胃或导泻等方法去除毒物。在催吐前给患者饮水500~600mL(空胃不易引吐),然后用手指或钝物刺激舌根部和咽后壁,即可引起呕吐。催吐要反复数次,直至呕吐物为饮入的清水为止。如食入的为强酸、强碱等强腐蚀性物质,则不能催吐,可让其服用牛奶或蛋清解毒,保护胃黏膜。此外,食入石油产品或出现昏迷、抽搐、惊厥未控制前也不能催吐。

最后,迅速将患者送往就近医疗部门作进一步检查和治疗;在护送途中,应密切观察患者的呼吸、心跳、脉搏等生命体征,某些急救措施,如输氧、人工心肺复苏术等亦不能中断。

五、心肺复苏

在危险品救援过程中,极易导致救援人员突然由于缺氧导致的急性休克,在这种情况下应对患者实施心肺复苏,以下是心肺复苏的注意事项和操作方法。

1 事故现场评估

急救者在确认现场安全的情况下轻拍患者的肩膀,并大声呼喊"你还好吗",以及检查患者是否有呼吸,如图7-1所示。如果没有呼吸或者没有正常呼吸(即只有喘息),立刻启动应急反应系统。现场急救程序已被简化,已把"看、听和感觉"从程序中删除,实施这些步骤既不合理又很耗时间,基于这个原因,《2010心肺复苏指南》强调对无反应且无呼吸或无正常呼吸的成人,应立即启动急救反应系统并开始胸外心脏按压。

图7-1 事故现场评估示意图

第七章 道路危险货物运输常见事故处理及医疗急救常识

❷ 启动紧急医疗服务并获取自动体外除颤仪（AED）

（1）如发现患者无反应无呼吸，急救者应启动紧急医疗服务体系（拨打120），取来自动体外除颤仪（如果有条件），对患者实施心肺复苏，如需要时立即进行除颤。

（2）如有多名急救者在现场，其中一名急救者按步骤进行心肺复苏，另一名启动紧急医疗服务体系（拨打120），取来自动体外除颤仪（如果有条件）。

（3）在救助淹溺或窒息性心脏骤停患者时，急救者应先进行5个周期（2min）的心肺复苏，然后拨打120启动紧急医疗服务系统。

❸ 脉搏检查

对于非专业急救人员，不再强调训练其检查脉搏（图7-2），只要发现无反应的患者没有自主呼吸就应按心搏骤停处理。对于医务人员，一般以一手食指和中指触摸患者颈动脉以感觉有无搏动（搏动触点在甲状软骨旁胸锁乳突肌沟内）。检查脉搏的时间一般不能超过10s，如10s内仍不能确定有无脉搏，应立即实施胸外按压。

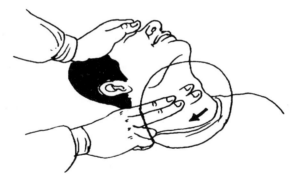

图7-2 脉搏检查示意图

❹ 胸外按压

确保患者仰卧于平地上或用胸外按压板垫于其肩背下，急救者可采用跪式或踏脚凳等不同体位，将一只手的掌根放在患者胸部的中央，胸骨下半部上，将另一只手的掌根置于第一只手上，手指不接触胸壁，如图7-3所示。按压时双肘须伸直，垂直向下用力按压，成人按压频率为至少100次/min，下压深度5~6cm，每次按压之后应让胸廓完全回复。按压时间与放松时间各占50%左右，放松时掌根部不能离开胸壁，以免按压点移位。对于儿

图7-3 胸外按压示意图

童患者,用单手或双手于乳头连线水平按压胸骨,对于婴儿,用两手指于紧贴乳头连线下放水平按压胸骨。

5 开放气道

胸外按压能产生血流,在整个复苏过程中,都应该尽量减少延迟和中断胸外按压。而调整头部位置,实现密封以进行口对口呼吸,拿取球囊面罩进行人工呼吸等都要花费时间。采用30:2的按压通气比开始心肺复苏能使首次按压延迟的时间缩短。有两种方法可以开放气道(图7-4)以便提供人工呼吸:仰头抬颏法和推举下颌法。后者仅在怀疑头部或颈部损伤时使用,因为此法可以减少颈部和脊椎的移动。遵循以下步骤实施仰头抬颏:将一只手置于患者的前额,然后用手掌推动,使其头部后仰;将另一只手的手指置于颏骨附近的下颌下方;提起下颌,使颏骨上抬。注意在开放气道同时应该用手指挖出病人口中异物或呕吐物,有假牙者应取出假牙。

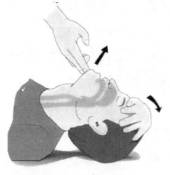

图7-4 开放气道示意图

6 人工呼吸

给予人工呼吸前,正常吸气即可,无需深吸气;所有人工呼吸(无论是口对口、口对面罩、球囊-面罩或球囊对高级气道)均应该持续吹气1s以上,保证有足够量的气体进入并使胸廓起伏;如第一次人工呼吸未能使胸廓起伏,可再次用仰头抬颏法开放气道,给予第二次通气;过度通气(多次吹气或吹入气量过大)可能有害,应避免。人工呼吸如图7-5所示。

图7-5 人工呼吸示意图

实施口对口人工呼吸是借助急救者吹气的力量,使气体被动吹入肺泡,通过肺的间歇性膨胀,以达到维持肺泡通气和氧合作用,从而减轻组织缺氧和二氧化碳潴留。方法为:将受害者仰卧置于稳定的硬板上,托住颈部并使头后仰,用手指清洁其口腔,以解除气道异物,急救者以右手拇指和食指捏紧病人的鼻孔,用自己的双唇把病人的口完全包绕,然后吹气1s以上,使胸廓扩张;吹气毕,施救者松开捏鼻孔的手,让病人的胸廓及肺依靠其弹性自主回缩呼气,同时均匀吸气,以上步骤再重复一次。对婴儿及年幼儿童复苏,可将其头部稍后仰,用口唇封住患者的嘴和鼻子,轻微吹气入患者肺部。如患者面部受伤妨碍进行口对口人工呼吸,可进行口对鼻通气。深呼吸一次并将嘴封住患者的鼻子,抬高患者的下巴并封住口唇,对患者的鼻子深吹一口气,移开救护者的嘴并用手将受伤者的嘴敞开,这样气体可以出来。在建立了高级气道后,每 6~8s 进行一次通气,而不必在两次按压间才同步进行(即呼吸频率 8~10 次/min)。在通气时不需要停止胸外按压。

7 AED 除颤

室颤是成人心脏骤停的最初发生的较为常见而且是较容易治疗的心律。如果能在意识丧失的 3~5min 内立即实施心肺复苏及除颤,存活率是最高的。

第二篇

安全管理人员篇

本篇是针对道路危险货物运输企业安全管理人员的培训而编写的。为了便于安全管理人员的学习,本篇从道路危险货物运输企业安全生产管理制度建设及隐患排查治理出发,结合道路危险货物运输承托双方责任及相关要求、道路危险货物运输事故应急预案编制及事故报告程序进行编写。本篇的主要内容有:道路危险货物运输企业的安全生产管理、道路危险货物运输托运及承运、道路危险货物运输事故应急预案。

第八章 道路危险货物运输企业安全生产管理

第一节 道路危险货物运输企业安全生产责任制

一、安全生产方针和安全工作基本原则

1 我国安全生产的基本方针

我国安全生产工作的基本方针是"安全第一、预防为主、综合治理",如图8-1所示。

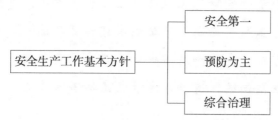

图8-1 安全生产工作基本方针

"安全第一"是我国安全生产工作的核心理念,它要求我们在生产经营过程中应始终把安全放在第一位,实行安全优先原则,坚持以人为本,在确保安全的前提下,实现生产经营的其他目标。

"预防为主"是指把预防安全生产事故的发生放在安全生产工作的首位,努力做到事前防范,而不是事后补救。按照系统化、科学化的管理思想,按照事故发生的规律和特点,千方百计预防事故,做到防患于未然,将事故消灭在萌芽状态。

"综合治理"是安全管理工作的重要措施,是指运用科技、经济、法律、行政

等手段,人管、法治、技防多管齐下,并充分发挥社会、职工、舆论的监管作用,做到标本兼治、重在治本,实现安全生产的齐抓共管。

❷ 道路运输安全工作基本原则

《国务院关于加强道路交通安全工作的意见》(国发〔2012〕30号)提出了道路交通安全工作的四大基本原则,如图8-2所示。

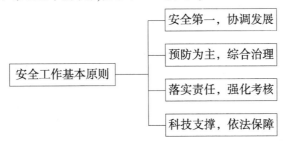

图8-2 安全工作基本原则

"安全第一,协调发展"即正确处理安全与速度、质量、效益的关系,坚持把安全放在首位,加强统筹规划,使道路交通安全融入国民经济社会发展大局,与经济社会同步协调发展,地方各级人民政府要高度重视道路交通安全工作,将其纳入经济和社会发展规划,与经济建设和社会发展同部署、同落实、同考核,并加强对道路交通安全工作的统筹协调和监督指导。

"预防为主,综合治理"即严格驾驶员、车辆、运输企业准入和安全管理,加强道路交通安全设施建设,深化隐患排查治理,着力解决制约和影响道路交通安全的源头性、根本性问题,夯实道路交通安全基础。

"落实责任,强化考核"即全面落实企业主体责任、政府及部门监管责任和属地管理责任,健全目标考核和责任追究制度,加强督导检查和责任倒查,依法严格追究事故责任。

"科技支撑,法治保障"即强化科技装备和信息化技术应用,建立健全法律法规和标准规范,加强执法队伍建设,依法严厉打击各类交通违法违规行为,不断提高道路交通科学管理和执法服务水平。推进高速公路全程监控等智能交通管理系统建设,强化科技装备和信息化技术在道路交通执法中的应用,提高道路交通安全管控能力。

二、道路危险货物运输企业安全生产责任制编写要求

安全生产责任制是对各级领导、各个部门、各类人员所规定的在他们各自职责范围对安全生产应负责任的制度。

安全生产责任制的内容应根据各部门和人员职责来确定。要充分体现责权

利相统一的原则,而且要"横向到边、纵向到底",形成一个完整的制度体系。同时要落实措施,建立完善的制约机制和激励机制,奖罚分明,防止只奖不罚的现象。

(一)编制总体要求

(1)应符合国家和行业有关安全生产法律、行政法规及技术标准的要求,遵循"安全第一、预防为主、综合治理"的方针要求。

(2)安全生产责任制应结合企业实际,满足"安全生产'一岗双责'"的原则,分类和分级制定。

(3)企业安全生产责任制应至少包括下列内容:

①安全生产目标;
②安全生产管理机构;
③安全生产岗位;
④安全生产责任考核;
⑤安全生产责任奖励;
⑥附则。

(二)编制具体内容

1 安全生产目标

1)目标设定

安全生产目标设定应至少包括以下内容:

(1)运输责任事故控制目标;
(2)运输安全管理工作目标。

2)目标分解

将安全生产目标和责任分解到企业有关安全生产管理机构和岗位。

3)目标执行

有关安全生产管理机构和岗位应按照目标分解,落实安全责任、投入和措施,实现企业安全生产目标。

4)目标监督检查

依据企业安全生产目标,对有关安全生产管理机构和岗位安全生产目标完成情况进行监督、检查的方法。

2 安全生产管理机构

企业根据法律法规要求及安全生产管理需要,设置的安全生产管理机构,至少应包括安全生产决策机构和安全生产管理部门。

1）安全生产决策机构安全职责

安全生产决策机构安全职责应至少包括：

(1) 负责领导本企业的安全生产工作；

(2) 研究决策本企业安全生产的重大问题；

(3) 贯彻执行国家和行业有关安全生产法律、法规、规章和标准的要求；

(4) 研究、审议和批准安全生产规划、目标、管理体系、安全管理机构设置、安全投入、安全评价等安全管理的重大事项。

2）安全生产管理部门安全职责

安全生产管理部门安全职责应至少包括：

(1) 贯彻落实安全生产决策机构有关安全生产决定和管理措施；

(2) 组织制定（修订）和执行安全生产管理制度、操作规程、安全生产工作计划、安全生产费用预算、应急预案等；

(3) 组织召开安全会议，开展安全生产活动，提出安全生产管理建议；

(4) 负责安全生产工作的监督、检查、考核、通报；

(5) 负责安全设施、设备、防护用品管理与发放；

(6) 负责车辆维护与修理；

(7) 负责危险货物受理、审核及相应营运手续办理；

(8) 制定运输组织方案及车辆人员调度方案；

(9) 负责专职安全管理人员、从业人员的审核、聘用、奖惩、解聘、劳动安全、职业健康等；

(10) 负责运输事故现场协调、配合、调查与报告；

(11) 负责安全生产管理档案建立、信息统计等。

3 安全生产岗位

道路危险货物运输企业安全生产岗位的人员包括主要负责人、分管安全的企业负责人、安全管理部门负责人、专职安全管理人员、驾驶员、押运人员、装卸管理人员及其他岗位人员。

1）主要负责人安全生产职责

道路危险货物运输企业主要负责人是企业安全生产工作的第一负责人，对本企业的安全生产工作全面负责。其安全生产职责应至少包括：

(1) 贯彻执行国家安全生产的法律、法规、规章、执行标准、政策规定等。

(2) 对公司运输安全负全面领导责任。建立、健全本单位安全生产责任制。

(3) 组织制定本单位安全生产规章制度和操作规程；每月最少主持召开一次运输安全会议，分析运输安全形势，不断完善运输安全措施。

(4)检查指导运输安全工作,及时研究解决运输安全方面的重大问题。保证本单位安全生产投入的有效实施。

(5)督促、检查本单位的安全生产工作,及时消除生产安全事故隐患;审定运输安全计划,有重点地解决事故隐患。

(6)组织制定并实施本单位的生产安全事故应急救援预案。

(7)及时、如实报告生产安全事故;负责事故的调查、分析和处理。

(8)对运输安全工作中的好人好事进行表扬与奖励。

2)分管安全的企业负责人安全生产职责

为强化道路危险货物运输企业的安全管理,提升企业的安全管理水平,应确立分管安全的企业负责人(如安全副总经理、安全总监)具体负责、具体分管企业安全生产管理工作,对本单位安全生产工作负重要领导责任。分管安全的企业负责人,安全生产职责应至少包括:

(1)组织、协调企业各职能部门的安全生产管理工作,改善安全生产条件。

(2)组织制定企业各项安全生产规章制度、操作规程及应急预案。

(3)负责企业运输事故应急处置、调查及处理建议。

3)安全管理部门负责人安全生产职责

安全管理部门负责人是道路危险货物运输企业具体负责企业安全生产综合管理的岗位,安全管理部门负责人安全生产职责应至少包括:

(1)贯彻落实企业有关安全生产决定和管理措施。

(2)制定和执行安全生产管理规章制度、操作规程、应急预案、安全生产工作计划、安全生产费用预算。

(3)开展安全生产工作监督、检查、考核、隐患排查和整改的落实、安全文化建设和事故应急救援演练等。

(4)组织召开安全工作例会,提出安全生产管理建议。

(5)对运输事故现场协调处置、调查、报告及提出处理建议。

(6)负责安全生产统计与安全生产管理档案建立。

4)专职安全管理人员安全生产职责

道路危险货物运输企业配备专职安全管理人员是法定要求。专职安全管理人员安全生产职责应至少包括:

(1)协助制定、执行企业安全生产管理规章制度、操作规程、应急预案、安全生产工作计划、安全措施等,监督、检查执行情况,提出改进建议。

(2)组织安全学习、从业人员安全教育培训、应急演练等安全生产活动。

(3)做好安全检查和隐患排查及督促整改。

（4）负责新聘从业人员的教育培训、考核。

（5）负责车辆和安全设施及设备、劳动防护用品等管理、发放、使用和维护，以及单位相关证照和保险办理。

（6）对事故现场组织施救，协助事故调查、处理，负责事故原因分析与保险理赔。

（7）实施车辆动态监控以及安全统计和安全管理档案建立。

5）驾驶员安全生产职责

作为驾驶员应考虑道路危险货物运输企业运输介质、车辆种类、运行环境，以及管理的具体要求，履行好安全职责，全力做好安全生产工作。驾驶员安全生产职责应至少包括：

（1）执行企业有关运输的各项规章制度、操作规程及应急预案，按照有关运输规定行车和停车。

（2）负责车辆及罐体日常检查和维护。

（3）随车携带相关有效证件及文书，保证车辆安全防护设施、设备和防护用品等器材良好有效。

（4）参加安全学习、教育培训等活动，掌握安全技术知识、技能与应急处理方法。

（5）对运输事故及时报告和应急处置。

6）押运人员安全生产职责

押运人员安全生产职责应至少包括：

（1）执行企业有关危险货物运输押运的各项规章制度、操作规程和应急预案。

（2）会同驾驶员做好车辆(罐体)安全检查，保障相关证件、文书，车辆安全防护设施、设备及消防、防护用品，货物捆扎等齐全有效。

（3）监督、提醒驾驶员按照有关运输规定行车和停车，做好客户及货物核实，检查货物配装和堆码，行车途中应监视货物状态是否安全。

（4）对运输事故及时报告和应急处置，且维护好现场。

（5）参加安全学习和教育培训等活动，掌握安全技术知识与应急处理方法。

7）装卸管理人员安全生产职责

装卸管理人员安全生产职责应至少包括：

（1）执行企业有关危险货物运输装卸的各项规章制度、操作规程和应急预案。

（2）检查运输车辆的资质、设备状况和安全措施、装卸作业区安全、车辆(罐体)、安全设备、装卸机具技术性能、货物、人员、证件、手续及作业人员劳动防护用品穿戴是否符合要求。

(3) 监视装卸过程和装卸作业是否符合《危险货物道路运输规则 第 6 部分：装卸条件及作业要求》(JT/T 617.6—2018)的规定。

❹ 安全生产责任考核

企业应建立安全生产目标与责任制相结合的考核制度，制定量化的控制指标体系和考核规定。

❺ 安全生产责任奖惩

企业应实行安全生产目标与责任制相结合的奖惩制度。

❻ 附则

附则部分应至少包括下列内容：
(1) 解释权归属；
(2) 实施日期；
(3) 其他。

(三) 编制格式

(1) 制度文本应至少包括以下内容：
①封面，主要包括标题、单位名称、编号、实施日期、签发人、公章；
②目录；
③安全生产责任制内容；
④附件，主要包括企业安全生产责任制编制过程中所涉及的依据或说明。
(2) 安全生产责任制文本格式及示例参见附录 A。

第二节　道路危险货物运输企业安全管理规章制度建设

道路危险货物运输企业应根据国家法律、法规，结合企业实际，建立健全各类安全生产规章制度。安全生产规章制度是安全生产法律法规的延伸，也是企业能够贯彻执行的具体体现，是保证安全生产方面的标准和规范，企业安全生产规章制度是保障人身安全与健康以及财产安全的最基础的规定，每一个职工都必须严格遵守。

一、安全生产规章制度的种类

根据道路危险货物运输企业特点,一般都应建立以下几类安全生产管理制度:

(1)安全生产监督检查制度;
(2)安全生产教育培训制度;
(3)从业人员安全管理制度;
(4)专用车辆安全管理制度;
(5)安全设施设备(停车场)管理制度;
(6)应急救援预案管理制度;
(7)安全生产会议制度;
(8)安全生产考核与奖惩制度;
(9)安全事故报告、统计与处理制度。

二、制定安全生产规章制度的注意事项

道路危险货物运输企业在制定安全生产规章制度时应注意:

(1)应符合国家和行业有关安全生产法律、行政法规及技术标准的要求,遵循"安全第一、预防为主、综合治理"的方针要求。

(2)应采用"策划、实施、检查、改进"的方式,结合企业自身特点进行编制。

(3)要广泛吸收国内外安全生产管理经验,力求先进性、科学性、可行性。

(4)规章制度制定,由企业法定代表人签发后,就不得随意改动,要体现制度的权威性与严肃性。

(5)随着国家政治经济形势的发展和企业的发展,以及技术的不断进步,要及时予以修改、补充。

(6)规章制度必须在企业中贯彻执行,才能充分发挥其作用,要广泛开展安全宣传、教育、培训工作,使每一个职工都充分认识到严格遵守安全生产规章制度的重要性,成为自觉的行动。

(7)道路危险货物运输企业应制定安全生产操作规程,安全生产操作规程要求见附录B。

三、各类安全生产规章制度的编制要求

❶ 安全生产监督检查制度

(1)企业安全生产监督检查制度,至少应明确以下内容:

①适用范围(包括所有与生产经营相关的部门、岗位及从业人员从业、场所、环境、设备设施和活动等);

②实施主体及其职责分工;

③监督检查的内容、方法和时间;

④隐患的处理程序;

⑤监督检查档案或台账的记录要求;

⑥需明确的其他内容;

⑦附则(包括制定与解释、实施时间等)。

(2)企业安全生产监督检查的内容包括:

①安全生产管理机构设置情况;

②各工作岗位职责落实情况;

③安全培训教育情况;

④车辆及设备设施安全技术状况;

⑤从业人员操作规程执行情况;

⑥事故隐患整改及应急预案演练情况;

⑦安全生产台账、档案保存情况;

⑧安全生产其他内容。

(3)企业对在安全生产监督检查中发现的问题或隐患的处理,应根据实际情况明确下列内容:

①隐患整改方案;

②组织隐患整改实施;

③整改项目的复查验收。

(4)安全生产监督检查档案或台账的记录要求,至少应包括:

①检查日期;

②检查部位或场所;

③发现隐患的数量、类别和具体情况;

④整改措施和完成整改时间;

⑤检查现场照片;

⑥负责实施部门或人员及签名等。

❷ 安全生产教育培训制度

(1)企业安全生产教育培训制度,至少应明确以下内容:

①适用范围(包括企业各部门员工,以及来企业务工的临时工和实习人员等);

②实施主体及其职责分工；
③企业安全教育培训计划；
④安全教育培训的形式和内容；
⑤安全教育培训档案或台账的记录要求；
⑥需明确的其他内容；
⑦附则(包括制定与解释、实施时间等)。

(2)企业安全教育培训包括岗前培训和日常培训。培训至少应包括以下内容：
①国家道路危险货物运输有关安全法律、法规、规章及标准；
②企业安全生产管理制度；
③企业常运危险货物的理化特性、职业危害及事故预防措施；
④安全设施设备、劳动防护用品(器具)及消防器材的正确使用和维护方法；
⑤员工职业道德教育；
⑥安全生产基本知识和安全行车知识；
⑦典型事故案例的警示教育；
⑧应急处置知识和应急设施与设备操作使用常识；
⑨异常情况紧急处置、事故应急预案、演练要求。

(3)安全教育培训档案或台账的记录要求，至少应包括：
①培训时间和地点；
②授课人及培训内容；
③参加培训人员签名；
④考核时间、试卷、答案、成绩及阅卷人；
⑤违章违纪处理情况等。

3 从业人员安全管理制度

从业人员安全管理制度，至少应明确以下内容：
①制定依据；
②适用范围；
③实施主体及职责分工；
④招聘内容及要求等；
⑤从业人员信息；
⑥资格证管理程序(包括申请、审核、办理和备案等)；
⑦参加安全培训教育学习和安全活动记录；

⑧违法、违章、违纪情况；
⑨调离辞退的条件、标准及程序；
⑩管理档案或台账的记录；
⑪需明确的其他内容；
⑫附则（包括制定与解释、实施时间等）。

4 专用车辆安全管理制度

专用车辆安全管理制度，至少应明确以下内容：
①制定依据；
②适用范围；
③实施主体及职责分工；
④车辆选配及报废管理；
⑤车辆必备安全设施设备的配置和安装要求；
⑥车辆检查维护与审验评定；
⑦车辆技术档案或台账的记录；
⑧全体检查记录；
⑨需明确的其他内容；
⑩附则（包括制定与解释、实施时间等）。

5 安全设施设备（停车场）管理制度

（1）安全设施设备（停车场）管理制度，至少应明确以下内容：
①制定依据；
②适用范围；
③实施主体及职责分工；
④安全设备配置的种类、数量及质量要求；
⑤专用停车场安全环境要求（包括周边警戒区划定、警示标志设置等）；
⑥日常运行管理要求；
⑦管理档案或台账的记录；
⑧需明确的其他内容；
⑨附则（包括制定与解释、实施时间等）。

（2）车辆卫星定位监控系统，至少应明确以下内容：
①适用范围（包括监控平台专管人员、值班监控人员、调度员等）；
②管理主体及其职责分工；
③安装规范和管理要求；

④监控内容和程序；
⑤信息发送(包括道路交通事故通报、安全提示以及预警信息等)；
⑥监控记录及违规处理；
⑦需明确的其他内容；
⑧附则(包括制定与解释、实施时间等)。

6 应急救援预案管理制度

(1)企业应急救援预案编制应符合《危险货物道路运输企业运输事故应急预案编制要求》(JT/T 911—2014)的要求。

(2)应急救援预案管理，至少应包括下列内容：
①评审、备案、负责人签署发布；
②宣传和教育；
③修订与更新。

7 安全生产会议制度

(1)企业安全生产会议制度，至少应明确以下内容：
①适用范围；
②实施主体及职责分工；
③安全生产会议类别及内容；
④会议记录要求(包括会议召开通知、会议照片记录、参会人员签名、记录人、会议主要内容等)；
⑤需明确的其他内容；
⑥附则(包括制定与解释、实施时间等)。

(2)企业安全生产会议应分为安全生产领导机构工作会议及安全生产工作例会。
①安全生产领导机构工作会议内容，至少应包括：
a. 企业在相应时间段内安全生产目标改进情况；
b. 安全生产岗位职责落实及安全管理重要人员变更情况；
c. 安全管理制度改进情况；
d. 安全生产情况分析；
e. 事故隐患整改情况；
f. 重要安全工作决策与部署等。
②安全生产工作例会内容，至少应包括：

a. 企业在相应时间段内的安全生产工作与目标的实施情况；
b. 安全管理制度符合评价；
c. 安全生产工作分析；
d. 安全工作实施部署等。

❽ 安全生产考核与奖惩制度

企业安全生产考核与奖惩制度，至少应明确以下内容：
①制定依据；
②适用范围及对象；
③实施主体及职责分工；
④安全生产考核的具体方法和内容；
⑤奖惩的类型；
⑥奖励和处罚的条件；
⑦奖惩档案或台账的记录要求（包括考核时间、考核对象、考核人员、考核标准及结果、奖惩措施等）；
⑧需明确的其他内容；
⑨附则（包括制定与解释、实施时间等）。

❾ 安全事故报告、统计与处理制度

(1)安全事故报告、统计与处理制度，至少应明确以下内容：
①制定依据；
②适用范围；
③实施主体及其职责分工；
④安全事故分类和等级划分；
⑤事故报告的基本内容；
⑥事故报告对象；
⑦现场保护和救护的基本要求；
⑧管理档案或台账的记录要求；
⑨需明确的其他内容；
⑩附则（包括制定与解释、实施时间等）。

(2)安全事故报告的基本内容，至少应明确以下内容：
①事故发生单位概况；
②事故发生时间、地点及现场情况；
③事故简要经过；

④事故已造成或可能造成的伤亡人数(包括下落不明、涉险的人数);
⑤已经采取的措施;
⑥其他应当报告的情况。
(3)事故调查报告应包括下列内容,并附有相关证据材料:
①事故发生经过和救援情况;
②事故造成的人员伤亡和直接经济损失;
③事故发生原因及性质认定;
④事故责任划分及责任者的处理建议;
⑤事故教训及防范措施。
(4)依据责任划分标准,事故处理应包括下列内容:
①对责任主体实行责任追究及处理的程序和措施;
②对责任主体实行责任追究及处理的标准等。
(5)事故统计分析,应明确统计和分析的内容、统计时限、统计分析结果等。

第三节　道路危险货物运输企业事故隐患排查治理

一、事故隐患的概念和分级

《安全生产事故隐患排查治理暂行规定》(国家安全生产监督管理总局令第16号)将"安全生产事故隐患(简称事故隐患)"定义为:生产经营单位违反安全生产法律、法规、规章、标准、规程和安全生产管理制度的规定,或者因其他因素在生产经营活动中存在可能导致事故发生的物的危险状态、人的不安全行为和管理上的缺陷。许多事故的发生都是由于事故隐患引起的,因此,消除事故隐患是预防事故的有效措施,也是保证安全生产的有效措施。对于道路危险货物运输企业,事故隐患主要表现为运输作业场所、车辆的不安全状态,以及驾驶员、押运人员等从业人员的不安全行为和管理上的缺陷,如疲劳驾驶、超速、车辆技术状况不达标、管理制度不健全等。

根据《安全生产事故隐患排查治理暂行规定》,事故隐患分为一般事故隐患和重大事故隐患。一般事故隐患,是指危害和整改难度较小,发现后能够立即整改排除的隐患。重大事故隐患,是指危害和整改难度较大,应当全部或者局部停产停业,并经过一定时间整改治理方能排除的隐患,或者因外部因素影响致使生产经营单位自身难以排除的隐患。

二、危险源和事故隐患的关系

在日常安全管理中,经常有人会将危险源和事故隐患混为一谈,原因就在于两者联系紧密,使人不易辨别。那么它们究竟有何异同？危险源是指一个系统中具有潜在能量和物质释放危险的、可造成人员伤害、财产损失或环境破坏的,在一定的触发因素作用下可转化为事故的部位、区域、场所、空间、岗位、设备及其位置。事故隐患是指生产经营单位违反安全生产法律、法规、规章、标准、规程、安全生产管理制度的规定,或者其他因素在生产经营活动中存在的可能导致不安全事件或事故发生物的不安全状态、人的不安全行为和管理上的缺陷。

1 危险源与事故隐患的联系

由定义可知,危险源在特定条件下能够造成人员伤害、转化为事故；事故隐患无论是物的不安全状态、人的不安全行为还是管理上的缺陷,可能导致的直接后果就是事故。因此两者均具有导致事故的可能。通常情况下,事故隐患来自于对危险源的管理不当。

举例说明：众所周知不能在加油站吸烟、接打电话,因为汽油、柴油是挥发性物质,挥发出的油气达到爆炸浓度后,遇火即炸。在此例中,由于汽油、柴油本身的特性,使加油站成为一个危险源,在危险源范围内发生不安全行为,于是事故隐患便产生了。所以事故隐患一般来说都是源于对危险源的管理不当,如果没有了危险源,事故隐患也就不复存在。

2 危险源与事故隐患的区别

1）导致事故的可能性不同

危险源管理得当不会导致事故,事故隐患则很可能直接导致事故。例如,机床传动机构在快速旋转中可能将人体某一部位带入而造成伤害事故,是一个危险源。对此种危险源的管理措施即为加装防护罩,加装防护罩后传动机构能够造成事故的本质属性虽未改变,但由于防护罩的隔离,传动机构已不能够对人造成直接伤害。如果将防护罩取消,传动机构直接暴露于人可接触到的地方,此时危险源便转化为事故隐患,发生事故的可能性也随之而来。

2）自身特性不同

危险源的危险性是其自身的属性,具有不可消除性,而事故隐患则是人的不当行为造成的,经过治理是可以完全消除的。例如,一定电压的交流电能够造成电击伤害,这是出自电自身的特性决定的,在现有科技条件下,无论怎样去管理,都是不能消除的,所以可以将电列入危险源。而不更换破损的带电导线则产生了触电的事故隐患,如果及时更换导线,事故隐患也就随之消除了,因此带电导线破损应算作事故隐患。

综上所述,在判定一类事物属于危险源还是事故隐患,一要看该事物的存在是否会导致事故,二要看治理后危险性是否能够彻底消除。既不会直接导致事故又不能彻底消除危险性的即为危险源,反之则应列为事故隐患。一般来说,危险源可能存在事故隐患,也可能不存在事故隐患,对于存在事故隐患的危险源一定要及时加以整改,否则随时都可能导致事故。

三、隐患排查与治理的概念

1 隐患排查

隐患排查是指生产经营单位组织安全生产管理人员、工程技术人员和其他相关人员对本单位的事故隐患进行排查,并对排查出的事故隐患,按照事故隐患的等级进行登记,建立事故隐患信息档案。

2 隐患治理

隐患治理就是消除或控制隐患的活动或过程。对排查出的事故隐患,应当按照事故隐患的等级进行登记,建立事故隐患信息档案,并按照职责分工实施监控治理。对于一般事故隐患,由于其危害和整改难度较小,发现后应当由生产经营单位负责人或者有关人员立即组织整改。对于重大事故隐患,由生产经营单位的主要负责人组织制订并实施隐患治理方案。

四、道路危险货物运输企业隐患自查

企业自查隐患就是在政府及主管部门的统一安排和指导下,确定自身分类分级的定位,采用其适用的隐患排查治理标准,通过准备、组织机构建设、建立健全制度、全面培训、实施排查、分析改进等步骤形成完整的、系统的企业自查机制。尤其是大型企业,应在企业内部形成连接所有管理层级和各个生产单位,以及当地安全监管部门的隐患排查治理体系。

1 准备工作

为保证隐患自查工作能够打下坚实的基础,企业必须做好与之相关的准备工作。隐患排查治理是涉及企业所有部门、所有生产流程、所有人员的一项系统工程,如果不做好全面的准备,那么所建立的隐患排查治理机制将缺乏系统性和可操作性,结果必然是"一阵风"式的开展一次"运动",不能做到深入和持久地开展自查工作。准备工作主要有搜集信息、辅助决策、领导决策。

❷ 组织机构建设

组织机构建设要求企业主要负责人担任隐患排查治理工作的总负责人,以安全生产委员会成为领导班子总决策管理机构,以安全生产管理部门为办事机构,以基层安全管理人员为骨干,以全体员工为基础,形成从上至下的组织保证;形成从主要负责人到一线员工的隐患排查治理工作网络,确定各个层级的隐患排查治理职责。

(1)领导层:主要负责人是隐患排查治理工作的第一责任人,通过安委会、领导办公会等形式,将隐患排查治理工作纳入到其日常工作的范围中,亲自定期组织和参与检查,及时准确把握情况,发出明确的指令。分管安全的负责人要在其职责中明确有关隐患排查治理的内容,将有关情况上传下达,做好主要负责人的帮手。其他有关领导也要在各自管辖范围内做好隐患排查治理工作,至少要知道、过问、督促、确认。

(2)管理层:安全生产管理机构和专职安全管理人员是隐患排查治理工作的骨干力量,编制有关制度、培训各类人员、组织检查排查、下达整改指令、验证整改效果等是主要的工作内容。还要通过监督方式对各部门和下属单位及所有员工在隐患排查治理工作方面的履职情况进行了解,纳入考核,全力推动隐患排查治理工作的全方位和全员化。

(3)操作层:按照责任制、相关规章制度和操作规程中明确的隐患排查治理责任,在日常的各项工作中,员工要有高度的隐患意识,随时发现和处理各种隐患和事故苗头,自己不能解决的及时上报,同时采取临时性的控制措施,并注意做好记录。

❸ 建立健全规章制度

制度是企业管理的基本依据,需要企业将法律法规和标准规范以及上级和外部的其他要求全面掌握,将其各项具体的规定结合自身的实际情况,通过编制工作将外部的规定转化为企业内部的各项规章制度,再经过全面的执行和落实,变成企业的管理行动。

(1)现状评估。企业要通过评估确认管理现状与企业适用的隐患排查治理标准之间不相符的地方。

(2)隐患排查治理制度策划。在现状评估的基础上,进行隐患排查治理体系制度策划,在弄清上述问题的基础上,根据《安全生产事故隐患排查治理暂行规定》中的要求对企业开展隐患排查治理。

(3)隐患排查治理标准的细化。企业应根据政府部门制定颁布的隐患排查治理标准,结合自身的实际情况,对标准的内容和要求进行细化。例如对企业主要负责人的安全生产职责中规定"督促、检查安全生产工作,及时消除生产安全事故隐患"的内容,企业就应当提出更具体的要求:明确督促的方式方法、检查的方式方法、检查的频率(是每周还是每月参加一次)等。

(4)隐患排查治理制度的文件管理。文件管理是制度编制和贯彻的重要保证,隐患排查治理制度的文件管理也不例外,应当特别关注几个环节:

①审批发布。由各级领导按职责权限对隐患排查治理制度文件进行审阅,征求相关意见并进行最后修改,然后按文件发布的权限进行审批,最终按企业文件管理的程序正式发布。

②发放。隐患排查治理制度发放到哪一级、哪些人,直接影响到本制度能否充分贯彻执行的程度。很多单位在实际工作形成了文件只发放到中层领导这一级的习惯,再向下就仅仅是组织员工学习(简单宣读),导致很多真正需要按文件规定进行操作的人员无法获取相应的文本,使文件内容得不到有效实施。

③保存。保存的目的不单是存放,更重要的是方便其使用,因此文件应当保存在方便获取、便于查阅的地方,并应将相关手续告知有关人员。

④文件的使用。发布文件的目的是使之得到有效的执行使用,这就要求每个相关人员必须不折不扣地严格按文件规定执行,必须养成良好的"死板"习惯,在制度面前决不能"灵活"使用。

⑤文件的修改。文件在执行过程中发现存在问题时,应当根据提出意见和建议的方法和程序,逐级向上反映,由文件编制部门按手续收集反馈意见,并根据规定的步骤和程序进行修改。

⑥文件作废和存档。当文件换版、作废时,应按相应的步骤规定执行,以防止使用已经过期的文件,保证相关岗位和人员获得有效版本。

已作废的文件除大部分销毁或处理掉以外,还应保留底稿,目的是使文件的修改具有连续性,为今后其他文件的编制提供参考。

4 全面培训

1)初步培训

事故隐患排查治理体系建设的初期培训对象分为两种:一是对领导层(高层与中层)人员进行背景培训;二是对承担推进工作的骨干人员进行全面的培训。

对领导层(高层与中层)进行背景培训,目的在于使相关领导充分认识到企业实施隐患排查治理体系的重要意义、作用,让他们了解整个实施过程,知道自己在整个过程中的工作职责,以及应该给予隐患排查治理工作的支持和保障。

对承担推进工作的骨干人员进行全面培训,主要内容包括:背景(可与领导层培训合并进行)、相关政策法规、隐患排查标准内容详解、制度编写、隐患排查治理过程等方面。

2)全员培训

隐患排查的主体是企业的所有人员,包括从领导到一线员工直到在企业工作范围内的外部人员,以保证排查的全面性和有效性。

在颁布隐患排查治理制度文件之后,组织全体员工,按照不同层次、不同岗位的要求,学习相应的隐患排查治理制度文件内容。

所有人员能不能或者会不会隐患排查是关键,必须对其进行有针对性和有效果的教育培训。在各种安全生产教育培训工作中要将隐患排查的内容纳入,并根据需要进行专门的培训,还要确认培训的效果,以保证所有人员有意识、有能力地开展隐患排查。

需要注意的是,培训工作应以安全生产教育培训制度为准,按其要求实施。

❺ 实施排查

排查的实施是一个涉及企业所有管理范围的工作,需要有计划、按部就班地开展。

1)排查计划和工作方案

排查工作涉及面广、时间较长,需要制订一个比较详细可行的实施计划和工作方案,确定参加人员、排查内容、排查时间、排查安排、排查记录等内容。为提高效率也可以与日常安全检查、安全生产标准化的自评工作或管理体系中的合规性评价和内审工作相结合。

2)隐患排查的种类

(1)专项排查。专项排查是指采用特定的、专门的排查方法,这种类别的方法具有周期性、技术性和投入性,主要有按隐患排查治理标准进行的全面自查、对重大危险源的定期评价、对危险化学品的定期现状安全评价等。

(2)日常排查。日常排查是指与安全生产检查工作相结合的排查方法,具有日常性、及时性、全面性和群众性,主要有企业全面的安全大检查、主管部门的专业安全检查、专业管理部门的专项安全检查、各管理层级的日常安全检查、操作岗位的现场安全检查等。

(3)排查的实施。以专项排查为例,企业组织隐患排查组,根据排查计划到各部门和各所属单位进行全面的排查。排查时必须及时准确和全面地记录排查情况和发现的问题,并随时与被检查单位的人员做好沟通。

(4)排查结果的分析总结。排查结果分析总结的主要内容有:评价本次隐患排查是否覆盖了计划中的范围和相关隐患类别;评价本次隐患排查是否做到了"全面、抽样"的原则,是否做到了重点部门、高风险和重大危险源适当突出的原则;确定本次隐患排查发现:包括确定隐患清单、隐患级别以及分析隐患的分布(包括隐患所在单位和地点的分布、种类)等;做出本次隐患排查治理工作的结论,填写隐患排查治理标准表格;向领导汇报情况;纳入考核和持续改进等内容。

隐患排查治理机制的各个方面都不是一成不变的,也要随着安全生产管理水平的提高而与时俱进,借助安全生产标准化的自评和评审、职业健康安全管理体系的合规性评价、内部审核与认证审核等外力的作用,实现企业在此工作方面的持续改进。

另外隐患排查治理也为整体安全生产管理提供了持续改进的信息资源,通过对隐患排查治理情况的统计、分析,能够为预测预警输入必要的信息,能够为管理的改进提供方向性的资料。

五、道路危险货物运输企业隐患治理

对隐患排查所发现的各种隐患进行治理,才能真正解决道路危险货物运输企业生产经营过程中的问题,降低风险,提高安全管理水平。

1 一般隐患治理

1)一般隐患分级

一般隐患是指危害和整改难度较小,发现后能够立即整改排除的隐患。为更好地有针对性地治理在企业生产和管理工作中存在的一般隐患,要对一般隐患进行进一步的细化分级。

事故隐患的分级是以隐患的整改、治理和排除的难度及其影响范围为标准的。根据这个分级标准,在企业中通常将隐患分为班组级、车间级、分厂级直至厂(公司)级,其含义是在相应级别的组织(单位)中能够整改、治理和排除。

其中的厂(公司)级隐患中的某些隐患如果属于应当全部或者局部停产停业,并经过一定时间整改治理方能排除的隐患,或者因外部因素影响致使企业自身难以排除的隐患应当列为重大事故隐患。

2)现场立即整改

有些隐患如明显地违反操作规程和劳动纪律行为,则属于人的不安全行为式的一般隐患,排查人员一旦发现,应当要求立即整改,并如实记录,以备对此类行为统计分析,确定是否为习惯性或群体性隐患。有些设备设施方面的简单的不安全状态如安全装置没有启用、现场混乱等物的不安全状态等一般隐患,也可以要求现场立即整改。

3）限期整改

有些隐患难以做到立即整改的，但也属于一般隐患，则应限期整改。

限期整改通常由排查人员或排查主管部门对隐患所属单位发出"隐患整改通知"，内容中需要明确列出，如隐患情况的排查发现时间和地点、隐患情况的详细描述、隐患发生原因的分析、隐患整改责任的认定、隐患整改负责人、隐患整改的方法和要求、隐患整改完毕的时间要求等。

限期整改需要全过程监督管理，除对整改结果进行"闭环"确认外，也要在整改工作实施期间进行监督，以发现和解决可能临时出现的问题，防止拖延。

❷ 重大隐患治理

针对重大隐患，就需要"量身定做"，为每个重大隐患制订专门的治理方案。由于重大隐患治理的复杂性和较长的周期性，在没有完成治理前，还要有临时性的措施和应急预案。治理完成后还有书面申请以及接受审查等工作。

1）制订重大事故隐患治理方案

《安全生产事故隐患排查治理暂行规定》第十五条规定，重大事故隐患由生产经营单位主要负责人组织制订并实施事故隐患治理方案。重大事故隐患治理方案应当包括以下内容：

（1）治理的目标和任务；

（2）采取的方法和措施；

（3）经费和物资的落实；

（4）负责治理的机构和人员；

（5）治理的时限和要求；

（6）安全措施和应急预案。

此外，《安全生产事故隐患排查治理暂行规定》第二十条规定："安全监管监察部门……对检查过程中发现的重大事故隐患，应当下达整改指令书，并建立信息管理台账。必要时，报告同级人民政府并对重大事故隐患实行挂牌督办。""安全监管监察部门发现属于其他有关部门职责范围内的重大事故隐患的，应该及时将有关资料移送有管辖权的有关部门，并记录备查。"

根据这些规定，企业在制订重大事故隐患治理方案时，还必须考虑安全监管监察部门或其他有关部门所下达的"整改指令书"和政府挂牌督办的有关内容的指示，也要将这些指示的要求体现在治理方案里。

2）重大事故隐患治理过程中的安全防范措施

《安全生产事故隐患排查治理暂行规定》第十六条规定："生产经营单位在事故隐患治理过程中，应当采取相应的安全防范措施，防止事故发生。事故隐排除前或者排除过程中无法保证安全的,应当从危险区域内撤出作业人员,并疏散可能危及的其他人员,设置警戒标志,暂时停产停业或者停止使用;对暂时难以停产或者停止使用的相关生产储存装置、设施、设备,应当加强维护,防止事故发生。"重大事故隐患治理方案应包括的内容中的"(6)安全措施和应急预案"更是安全防范措施的重要内容。

3) 重大事故隐患的治理过程

《安全生产事故隐患排查治理暂行规定》第二十一条要求,已经取得安全生产许可证的生产经营单位,在其被挂牌督办的重大事故隐患治理结束前,安全监管监察部门应当加强监督检查,必要时,可以提请原许可证颁发机关依法暂扣其安全生产许可证;第二十二条要求,安全监管监察部门应当会同有关部门把重大事故隐患整改纳入重点行业领域的安全专项整治中加以治理,落实相应责任。

上述规定意味着企业在重大事故隐患治理过程中,还要随时接受和配合安全监管部门的重点监督检查。如果企业的重大事故隐患属于重点行业领域的安全专项整治的范围,就更应落实相应的整改、治理的主体责任。

4) 重大事故隐患治理情况评估

《安全生产事故隐患排查治理暂行规定》第十八条规定:地方人民政府或者安全监管监察部门及有关部门挂牌督办并责令全部或者局部停产停业治理的重大事故隐患,治理工作结束后,有条件的生产经营单位应当组织本单位的技术人员和专家对重大事故隐患的治理情况进行评估;其他生产经营单位应当委托具备相应资质的安全评价机构对重大事故隐患的治理情况进行评估。这种评估主要针对治理结果的效果进行,确认其措施的合理性和有效性,确认对隐患及其可能导致的事故的预防效果。评估需要有一定条件和资质的技术人员和专家或有相应资质的安全评价机构实施,以保证评估本身的权威性和有效性。

5) 重大事故隐患治理后的工作

《安全生产事故隐患排查治理暂行规定》第十八条规定:重大事故隐患治理后并经过评估,符合安全生产条件的,生产经营单位应当向安全监管监察部门和有关部门提出恢复生产的书面申请,经安全监管监察部门和有关部门审查同意后,方可恢复生产经营,申请报告应当包括治理方案的内容、项目和安全评价机构出具的评价报告等。第二十三条规定:对挂牌督办并采取全部或者局部停产停业治理的重大事故隐患,安全监管监察部门收到生产经营单位恢复生产的申请报告后,应当在10日内进行现场审查。审查合格的,对事故隐患进行核销,同意恢复生产经营;审查不合格的,依法责令改正或者下达停产整改指令。对整改无望或者生产经营单位拒不执行整改指令的,依法实施行政处罚;不具备安全生产条件的,依法提请县级以上人民政府按照国务院规定的权限予以关闭。

❸ 隐患治理措施

隐患治理及其方案的核心都是通过具体的治理措施来实现的,这些措施大体上分为工程技术措施和管理措施,再加上对重大隐患需要做的临时性防护和应急措施。

1)治理措施的基本要求

(1)能消除或减弱生产过程中产生的危险、有害因素。

(2)处置危险和有害物,并降低到国家规定的限值内。

(3)预防生产装置失效和操作失误产生的危险、有害因素。

(4)能有效地预防重大事故和职业危害的发生。

(5)发生意外事故时,能为遇险人员提供自救和互救条件。

隐患治理的方式方法是多种多样的,因为企业必须考虑成本投入,需要以最小的代价取得最适当(不一定是最好)的结果。有时候隐患治理很难彻底消除事故隐患,这就必须在遵守法律法规和标准规范的前提下,将其风险降低到企业可以接受的程度。

2)工程技术措施

工程技术措施的实施等级顺序是直接安全技术措施、间接安全技术措施、指示性安全技术措施等。安全技术措施应具有针对性、可操作性和经济合理性并符合国家有关法规、标准和设计规范的规定。

根据安全技术措施等级顺序的要求,应遵循以下具体原则:

(1)消除:尽可能从根本上消除危险、有害因素,如采用无害化工艺技术,生产中以无害物质代替有害物质、实现自动化作业、采用遥控技术等。

(2)预防:当消除危险、有害因素有困难时,可采取预防性技术措施,预防危险、危害的发生,如使用安全阀、安全屏护、漏电保护装置、安全电压、熔断器、防爆膜、事故排放装置等。

(3)减弱:在无法消除危险、有害因素和难以预防的情况下,可采取减少危险、危害的措施,如局部通风排毒装置、生产中以低毒性物质代替高毒性物质、降温措施、消除静电装置、减振装置、消声装置等。

(4)隔离:在无法消除、预防、减弱的情况下,应将人员与危险、有害因素隔开和将不能共存的物质分开,如遥控作业、安全罩、防护屏、隔离操作室、安全距离、事故发生时的自救装置(如防护服、各类防毒面具)等。

(5)连锁:当操作者失误或设备运行一旦达到危险状态时,应通过连锁装置终止危险伤害的发生。

(6)警告:在易发生故障和危险性较大的地方,配置醒目的安全色、安全标志;必要时设置声、光或声光组合报警装置。

3)安全管理措施

安全管理措施往往在隐患治理工作中受到忽视,其实安全管理措施往往能系统性地解决很多普遍和长期存在的隐患,这就需要在实施隐患治理时,主动地和有意识地研究分析隐患产生原因中的管理因素,发现和掌握其管理规律,通过修订有关规章制度和操作规程并贯彻执行来从根本上解决问题。

4 闭环管理

"闭环管理"是现代安全生产管理中的基本要求,对任何一个过程的管理最终都要通过"闭环"才能最后结束。隐患治理工作的收尾工作也是"闭环"管理,要求治理措施完成后,企业主管部门和人员对其结果进行验证和效果评估。验证就是检查措施的实现情况,是否按方案和计划的要求一一落实了;效果评估是对完成的措施是否起到了隐患治理和整改的作用,是彻底解决了问题还是部分的、达到某种可接受程度的解决,是否真正能做到"预防为主"。当然,还有是否隐患的治理措施会带来或产生新的风险也需要特别关注。

六、道路危险货物运输企业隐患自报

《安全生产事故隐患排查治理暂行规定》第十四条规定:"生产经营单位应当每季、每年对本单位事故隐患排查治理情况进行统计分析,并分别于下一季度15日前和下一年1月31日前向安全监管监察部门和有关部门报送书面统计分析表。统计分析表应当由生产经营单位主要负责人签字。"按照要求,道路危险货物运输企业应当定期将事故隐患排查治理统计分析结果上报给政府主管部门,将政府部门的监管与企业生产经过的实际联系在一起,这是隐患排查治理体系的重要环节,必须给予足够的重视。

1 自报的内容

企业开展隐患排查治理工作,包含了很多内容,有机制的、管理的、技术的、记录的、设备设施的等,自报并不是要求企业将这些内容都上报,而是按规定的内容、方式、时限等要求进行上报。

企业隐患排查治理工作依据的是其所适用的政府部门颁布的隐患排查治理标准和企业自己细化的标准以及规章制度、操作规程和企业内部标准等,这就产生了两种依据在格式和内容上的不一致。从所覆盖的范围和细致程度上看,企业的各项规定要远远多于政府部门制定的隐患排查治理标准;从格式上看,隐患排查治理标准是以表格的形式存在的,与企业的各项内部要求不会完全相同。因此要从内容和格式上进行一个"对接"工作。

"对接"并不是要企业修改自己的各项规定去完全适应标准的格式,而是在上报工作环节中,将自己的各项规定去对照寻找标准中的内容,在填报时将实际隐患情况按标准的格式填报到相应的部分里去即可,随着工作的逐步深化和细化,最终形成按标准和企业规定开展排查工作,按标准规定的隐患类别填报的局面,两者同时存在,并又相互"对接"。

"对接"后的自报工作中,对于那些比较稳定和较长时间内不发生显著变化的隐患类别归为基础管理类的隐患,就可以在日常自报中不再重复填报。对于能够经常排查出的现场型的隐患,则需要如实和及时填报。当然如果企业的基层管理或现场管理发生了变更则需要重点填报。

❷ 自报的方式

隐患排查治理信息系统中对隐患自报的信息管理作了说明,但企业的类型、规模和管理等方面有着千差万别的情况,所以其所采用的自报方式也不尽相同。

1) 自报的程序

无论企业规模大小或者管理方式有异,其隐患自报的程序大体上是相同的,主要有以下几个步骤:

(1) 统计。将各种方式的隐患排查工作所发现的隐患进行汇总、统计和整理,得到隐患清单,形成隐患整改通知,将这些集合为一套完整的材料。

(2) "对接"分类。按隐患排查治理标准的格式,将企业的隐患材料按其顺序分门别类地"对接"入位,每个隐患都给予适当的标识。

(3) 审查批准。根据管理层级和权限,由有关领导对隐患上报的内容进行审阅,批准后方能上报。

(4) 上报。根据企业实际情况,采取相应的上报方式,按政府及其部门规定的时间和形式进行上报。

2) 基于信息系统自报

有条件的企业,要将自己的信息管理系统与政府隐患信息管理系统进行接口,定期接通上报网络,按信息管理系统的提示和要求进行填报。

大型集团型企业需要在集团内部层层上报下属单位的隐患情况,方式与隐患排查治理标准的格式相同,进行汇总整理后,将整体情况以总结的方式向有关主管部门上报。其下属单位的隐患上报仍按属地监管原则向有关政府部门报送。

3）小型企业自报

很多小型企业不具备基于信息管理系统上报的条件，可以采用书面上报的形式，因为这些企业存在的隐患数量也比较少，风险不是很高，因此书面上报也是可以接受的。但这会给企业所在地的政府及其部门接收书面隐患上报材料带来巨大的工作量，从各地经验来看，由基层政府组织直接上报更加有效。具体做法是基层安全生产监督管理人员直接到企业中去，收集和书面记录小型企业的隐患情况，形成标准的记录格式，并整理汇总后向上一级管理部门报送。这样既可以减少小型企业的负担，又保证了隐患上报的工作质量。

第九章 道路危险货物运输托运及承运

第一节　道路危险货物运输托运人责任

在运输过程中与危险货物运输有关的当事人包括：危险货物生产企业、危险货物包装企业、危险货物仓储企业、危险货物经营企业以及货主、发货人、托运人、货运代理、第三方物流、承运人、收货人等。一个当事人可以兼任多个角色，如果危险货物生产企业直接向运输公司托运，则危险货物生产企业、货主、发货人和托运人将合为一方。如果某人从危险货物经营企业处购得货物，到仓库提货后，再委托货运代理办理托运手续，则就有多个当事人参与，而在运输合同的法律关系中，只规定了两个相互承担义务、享有权利的当事人，即托运人和承运人。一个当事人如果兼任了托运人和承运人，就应该同时承担托运人和承运人的责任。而分清了危险货物运输托运人和承运人的责任，其他当事人的责任就容易明确。

一、托运人的定义

货物运输合同中，委托运输、交给货物并支付运费的当事人，称为货物运输托运人。

《中华人民共和国海商法》强调托运人是"与承运人订立货物运输合同的人"。也就是说，实际交付货物的人依法可成为运输合同中的托运人。但也不排除在特殊情况下，按法律的规定，把发货人、收货人、运输代理人作为托运方的连带责任人。

二、道路危险货物运输托运人的责任

《中华人民共和国合同法》第三百零七条规定，托运人托运易燃易爆、有毒、

有腐蚀性、有放射性等危险物品的,应当按照国家有关危险物品运输的规定对危险物品妥善包装,做出危险物标志和标签,并将有关危险物品的名称、性质和防范措施的书面材料提交承运人。托运人违反前款规定的,承运人可以拒绝运输,也可以采取相应措施以避免损失的发生,因此产生的费用由托运人承担。这一条款在法律上概括了托运人的责任。

以下介绍我国涉及道路危险货物运输托运人责任的法规和标准要求。

❶《危险化学品安全管理条例》的规定

根据《危险化学品安全管理条例》,托运人应履行以下义务:

(1)应依法托运。

国家对危险货物的运输实行资质认定制度。托运人应向具有道路危险货物运输经营资质的企业办理托运,且托运的危险货物应与运输企业的经营范围相符合。

《危险化学品安全管理条例》规定,有违法委托的,由交通运输主管部门责令改正,处10万元以上20万元以下的罚款;有违法所得的,没收违法所得;拒不改正的,责令停产停业整顿;构成犯罪的依法追究刑事责任。

(2)不得夹带和匿报、谎报。

托运人不得在托运的普通货物中夹带危险货物,不得将危险货物匿报或者谎报为普通货物托运。《危险化学品安全管理条例》规定,有违法夹带的,由交通运输主管部门责令改正,处10万元以上20万元以下的罚款;有违法所得的,没收违法所得;拒不改正的,责令停产停业整顿;构成犯罪的,依法追究刑事责任。

(3)应提供《化学品安全技术说明书》和《化学品安全标签》。

《危险化学品安全管理条例》规定,托运人应提供危险化学品的《化学品安全技术说明书》和《化学品安全标签》。该规定包含以下几层含义:

①危险化学品生产企业应提供与其生产的危险化学品相符的化学品安全技术说明书,强调与产品相符。

②危险化学品包装(包括外包装件)上粘贴或者拴挂与包装内危险化学品相符的化学品安全标签,强调方便用户查阅。

③化学品安全技术说明书和化学品安全标签所载明的内容应符合国家标准的要求,强调符合国家标准。这里讲的国家标准,是指符合《化学品安全标签编写规定》(GB 5258—2009)、《化学品安全技术说明书 内容和项目顺序》(GB/T 16483—2008)。

④危险化学品生产企业发现其生产的危险化学品有新的危险特性的,应立

即公告,并及时修订其化学品安全技术说明书和化学品安全标签。

托运人(包括生产企业)违反上述法定义务时,安全生产监督管理部门按照《危险化学品安全管理条例》第七十八条的规定处理。

(4) 有告知义务。

在实际的工作中,托运人往往是危险货物的生产、储存等企业,相比承运人,更为熟悉和了解危险货物的属性、特性以及应急处置措施。因此,《危险化学品安全管理条例》规定了托运人对相关信息告知说明的义务,包括对于性质不稳定或者因聚合、分解而在运输中能引起剧烈反应的危险货物,如乙烯基甲、乙酰乙烯酮丙烯、丙烯酸等,托运人应采用加入稳定剂或抑制剂等方法,保证运输安全。

《危险化学品安全管理条例》规定,要求托运人告知承运人的内容有:

①托运危险化学品的,托运人应向承运人说明所托运的危险化学品的种类、数量、危险特性以及发生危险情况的应急处置措施,并按照国家有关规定对所托运的危险化学品妥善包装,在外包装上设置相应的标志。

②运输危险化学品需要添加抑制剂或者稳定剂的,托运人应添加,并将有关情况告知承运人。

若托运人未履行上述义务,承运人应拒绝,并向有关部门举报托运人的违法行为。交通运输主管部门可依据《危险化学品安全管理条例》第八十六条的规定处理。

需要注意的是,考虑道路运输管理机构的工作职责是"三关一监督",承运人(道路危险货物运输企业)的义务是按照托运人要求将货物安全送达目的地,两者不具备化工专业知识,也没有检验测试的能力,很难确定货物的性质。同时,从托运人委托有危险化学品运输资质的企业承运时,应提供《化学品安全技术说明书》和《化学品安全标签》和告知危险特性的等法律义务的规定看,明确货物是否属于危险货物,应是托运人的责任。

(5) 对货物包装负责。

包装是安全的保障,当危险货物生产企业作为托运人时,应对危险货物进行包装并确保其符合国家有关要求,必须对提交货物的包装负全部责任。

《危险化学品安全管理条例》规定,危险化学品生产企业要做到:

①必须保证危险化学品的包装符合法律、行政法规、规章的规定以及国家标准、行业标准的要求。

②危险化学品包装物、容器的材质以及危险化学品包装的型式、规格、方法和单件质量(重量)应与所包装的危险化学品的性质和用途相适应。

如果危险化学品包装物、容器是列入国家实行生产许可证制度的工业产品,生产包装物、容器企业应依照《工业产品生产许可证管理条例》的规定,取得工业产品生产许可证。其产品要经国务院质量监督检验检疫部门认定的检验机构检验合格,方可出厂销售。

包装容器可能是危险货物生产企业自己生产制造的,也可能是由专门的包装生产厂家制造的,还可能是货主在提交运输之前委托他人另行包装的。无论何种情况,对于运输合同的双方,托运人应对其托运危险货物的包装质量负全部责任。

③货物交付运输后,在起运前发现包装破损撒漏的,如不能证明是承运人的过错,托运人有责任改换或修理包装;如果能证明是承运人的过错,也应由托运人负责改换或修理包装,而由承运人赔偿托运人由此而造成的直接损失。改换或修理后的包装必须符合国家规定的要求,包装泄漏污染了车厢、货舱,托运人应提供清洗材料和方法。

④托运人托运货物的包装与国家规定的具体规定不一致时,托运人有责任向承运人提供包装试验和适用的情况及证明文件。

⑤集装箱或集合包装内部的所有单件包装都必须保证不采用集装箱或集合包装时,亦能达到国家规定的质量标准。

❷《道路危险货物运输管理规定》的有关要求

依据《危险化学品安全管理条例》制定的《道路危险货物运输管理规定》,不仅规定了上述对托运人的责任要求,而且根据道路危险货物运输实际情况,提出了以下要求:

(1)应记录承运人情况。

《道路危险货物运输管理规定》第二十九条规定,危险货物托运人应对危险货物种类、数量和承运人等相关信息予以记录,记录的保有期限不得少于1年。

上述要求借鉴了《危险化学品安全管理条例》第二十三条和第四十一条的相关规定。具体地,第二十三条规定,生产、储存剧毒化学品或者国务院公安部门规定的可用于制造爆炸物品的危险化学品(以下简称易制爆危险化学品)的单位,应如实记录其生产、储存的剧毒化学品、易制爆危险化学品的数量、流向。第四十一条规定,危险化学品生产企业、经营企业销售剧毒化学品、易制爆危险化学品,应如实记录购买单位的名称、地址、经办人的姓名、身份证号码以及所购买的剧毒化学品、易制爆危险化学品的品种、数量、用途。销售记录以及经办人的身份证明复印件、相关许可证件复印件或者证明文件的保存期限不得少于1年。每一个合法经营的危险化学品生产企业,其每年生产危险化学品的品种、数量和销售量,都应有生产销售细账(台账或记录),危险化学品生产企业在明细中增加记录承运人的相关信息,是负责的表现,对从源头遏制违法承运将起到积极作用。

具体而言,托运人在托运危险货物时,应对承运人是否具备危险货物运输资质、车辆状况和从业人员资格等进行查阅,并记录相关的承运信息,以备道路运输管理机构等有关部门进行查阅。需要注意的是,实践中发生运输事故后,调查事故原因,认定事故责任时,需要托运人提供相关的承运信息记录。

在一些国家,对道路危险货物运输承运人没有资质要求,而是要求危险化学品生产企业将其产品(危险货物)的运输作为生产的一个环节,对运输以及托运负责。也就是说,危险化学品生产企业不仅要生产危险化学品,而且还要将危险化学品安全地送到用户手里,这样生产环节才算终止。在我国,无论是基于法律规定还是道理或社会责任,危险化学品生产企业都应重视其产品运输,首先要做到委托有资质的企业承运,其次要核实车辆(道路运输证)的经营范围和从业人员资格。如有可能,最好从源头核实车辆是否超载。

(2)应指派装卸管理人员。

《道路危险货物运输管理规定》第四十条规定,危险货物运输托运人和承运人应按照合同约定指派装卸管理人员;若合同未予约定,则由负责装卸作业的一方指派装卸管理人员。

实践中不少行业管理人员误认为,装卸管理人员一定由承运人指派,也因此认为,道路危险货物运输企业若未聘请装卸管理人员则不予行政许可。但具体实务中,装卸管理人员的指派是由承托双方协商确定的,既可以由托运人指派,也可以由承运人指派。如一些有特殊要求的危险化学品生产企业,承运方的运输车辆按生产方的要求停在指定位置或区域后,驾驶员休息;然后由生产方派专人接车,开车到生产区内装货,之后,再将车货交给驾驶员(承运方)。这种情况下,承运方一般很难指派装卸管理人员。

(3)遵守禁运规定。

《道路危险货物运输管理规定》第三十五条规定,道路危险货物运输企业或者单位不得运输法律、行政法规禁止运输的货物。例如:毒品、假劣药品以及伪造、变造、非法印刷的人民币等。

3 《危险货物道路运输规则》的有关要求

托运人必须对其托运的货物负责,并按《危险货物道路运输规则 第5部分:托运要求》(JT/T 617.5—2018)的具体要求完成托运工作。

(1)托运人应如实详细填写运单上规定的内容,提交与托运的危险货物完全一致的安全技术说明书和安全标签。

危险货物运单应包括以下基本内容：
①托运、承运、收货者的单位名称、联系人、电话、传真、地址、邮编；
②收发货地点、收发货时间；
③危险货物品名、性质、编号、规格、数量、件重、包装形式、包装等级；
④凭证运输证明文件、运输特殊要求；
⑤运输注意事项。

（2）托运人只能托运《危险货物品名表》上列名的货物。当托运未列入该品名表的危险货物时，应提交与托运的危险货物完全一致的安全技术说明书、安全标签和《危险货物鉴定表》。

（3）危险性或消防方法相抵触的货物应分别托运。

（4）盛装过危险货物的空容器，未经消除危险处理、有残留物的，仍按原装危险货物办理托运。如果是未装过危险货物的新空包装，或虽装过危险货物但已经过彻底清洗并确认是消除危险状态的空包装可以不作危险货物托运。

（5）使用集装箱装载运输危险货物的，托运人应提交危险货物装箱清单。如果集装箱或集合包装内部有不同品名的货物，托运人要确认这些货物的性质不会相互抵触发生化学反应，相抵触的要分别托运。

（6）托运需控温运输的危险货物，托运人应向承运人说明控制温度、危险温度和控温方法，并在运单上注明。

（7）托运需要添加抑制剂或者稳定剂的危险化学品，托运人交付托运时应添加抑制剂或者稳定剂，并在运单上注明。

（8）托运凭证运输的危险货物，托运人应提交相关证明文件，并在运单上注明。

（9）托运危险废物、医疗废物，托运人应提供相应识别标识。

（10）托运食用、药用的危险货物，应在运单上注明"食用""药用"字样。

三、道路危险货物运输托运人的其他职责

根据道路危险货物运输的基本要求，托运人还应承担以下责任：

（1）托运人应在集装箱、集装罐、集装束的外表悬挂或者粘贴符合国家标准的危险货物标志；托运人交运的货物包装外表不得有可能引起歧义的文字、图案和无关的标志。

（2）货物在运输业务流转活动中，每项业务活动都有相应的证明文件，记录业务活动的发生经过和结果。这些证明文件又称为运输证单或单据。运输证单的种类很多，制作者也不相同：有属于承运者内部管理为明确各储运环节岗位责

任的各种单据,有属于托运人与有关各方发生业务往来如委托运输代理、委托包装检验等的各种单据。但托运人必须保证,对自己制作的托运证明书内容的正确性负法律责任。

在货物合同运输中,对合同双方(托运人、承运人)都有法律约束力的文件是运单。

(3)收货人往往是运输合同缔约当事人以外的第三人,其虽未参与合同的订立,但享有向承运人领取货物,提出赔偿请求的权利,同时必须承担接收货物的义务,所以相对于承运人来说,收货人是托运方的连带责任人,一般情况下,货物包装完整无损而货物短损、变质,收货人拒收,或货物运抵到达地找不到收货人,以及由托运方负责装卸的货物,超过合同规定装卸时间所造成的损失,均应由托运方负责赔偿。

从汽车运输生产的特点出发,特别强调"承运人自受货起至送达交付前,应负保管责任"。危险货物运达卸货地点后,因故不能及时卸货的,应及时与托运人联系妥善处理,不能及时处理的,承运人应立即报告当地公安部门。而由此引起的承运人的经济损失或危险货物发生变化而造成的其他损失,托运人应负相应的责任。

上述托运人的责任,对道路运输管理机构来说,既是处理合同运输承托双方的准则,更重要的是进行危险货物运输安全管理的标准。当然,危险货物承运人也有其相应的责任,但相比之下,托运人的责任对危险货物的运输安全起着主导作用,是决定危险货物运输安全与否的主要因素。

第二节　道路危险货物运输承运人责任

在我国,道路危险货物运输实行许可制度。从事道路危险货物运输业务,要取得交通运输部门道路危险货物运输许可,并向工商行政管理部门办理登记手续。如果承运人没有道路危险货物运输资质但承运危险货物,属于违法行为,《危险化学品安全管理条例》第八十五条规定,依照有关道路运输的法律、行政法规的规定处罚。

一、承运人的定义

货物运输合同中,提供运输工具并负责运输,收取运输劳务费用的当事人,称为货物运输承运人。

托运人把危险货物交付给承运人,并从承运人处得到货运单后,危险货物的保管责任即同时移交给了承运人。直到收货人从承运人手中提取货物为止,在整个承运期间,承运人要对所运危险货物的安全负全部责任。

货物运输要经过托运受理、装卸货物、运送、交付等环节。这些环节分别由不同的当事人来操作完成。

二、道路危险货物运输承运人的责任

在危险货物运输中,承运人各方都必须严格遵守《危险化学品安全管理条例》《道路危险货物运输管理规定》和《危险货物道路运输规则》(JT/T 617—2018)等有关道路危险货物运输的规定,划清各环节的职责范围和责任,依法、依规运输。

1 《危险化学品安全管理条例》的规定

根据《危险化学品安全管理条例》,承运人应履行以下义务:

(1)运输危险化学品,应根据危险化学品的危险特性采取相应的安全防护措施,并配备必要的防护用品和应急救援器材。

承运人应对自己承运的危险货物负责,根据所运危险货物的性质以及"安全技术说明安全标签"的要求,配备必需的应急处理器材和安全防护设备。以便在运输过程发生意外事故时,及时、有效地处理。

常见的应急处理器材和安全防护设备主要包括灭火器、塑料布、帆布、铲子,堵漏器材(竹签、木塞、止漏器等)、警戒带、呼吸器、防护服、防尘面具、防护眼镜和手套等。

承运人违反上述法定义务时,由交通运输主管部门按照《危险化学品安全管理条例》第八十六条的规定处理。

(2)运输危险化学品的驾驶员、装卸管理人员、押运人员,应了解所运输的危险化学品的危险特性及其包装物、容器的使用要求和出现危险情况时的应急处置方法。

道路危险货物运输从业人员应熟悉有关安全生产的法规、技术标准、安全生产制度以及安全操作规程,了解所装运危险货物的性质、危害特性、包装物或容器的使用要求和发生意外事故时的处置措施,严格按照有关规定进行操作,不得违章作业。

需要强调的是,上述要求虽然是针对从业人员的,但其落实、执行应由企业专职安全管理人员负责。专职安全管理人员要通过一系列办法,如对从业人员进行有针对性的培训、要求其随车携带《危险货物道路运输安全卡》等,切实提高从业人员业务水平;要对车辆配备必要的防护用品和应急救援器材,以便对出现的危险情况进行应急处置。

(3)用于运输危险化学品的槽罐以及其他容器应封口严密,能够防止危险化学品在运输过程中因温度、湿度或者压力的变化发生渗漏、撒漏,槽罐以及其他容器的溢流和泄压装置应设置准确、起闭灵活。

罐车分为常压容器罐车和压力容器罐车。常压容器罐车,可以依据《道路运输液体危险货物罐式车辆 第1部分:金属常压罐体技术要求》(GB 18564 1.1—2006)、《道路运输液体危险货物罐式车辆 第2部分:非金属常压罐体技术要求》(GB 18564.2—2008),确定罐体的充装系数和定期检验项目以及安装安全标示牌的要求。压力容器属于特种设备,因此,压力容器罐车应依据《特种设备安全法》和《移动式压力容器安全技术监察规程》(TSG R0005—2001)的有关要求进行操作。特种设备的技术要求很高,技术性也很强,因此,特种设备检验、充装等技术管理工作由质检部门负责。

其次是针对其他容器在运输过程中的要求。这里提及的其他容器,也包括压力容器,如(氧气瓶、煤气罐等)。

在此还需要特别强调的是,根据《特种设备安全法》的规定,压力容器属于特征设备,使用前应向负责特种设备安全监督管理的部门办理使用登记,取得使用登记证书。具体而言,压力容器罐车在投入使用前,使用单位要按移动压力容器铭牌和产品数据表规定的一种介质,向产权单位登记地(或车辆注册等级地)的直辖市或者设区市的质量技术监督部门申请取得《特种设备使用登记证》及电子记录卡(IC卡)。

压力容器罐车取得《特种设备使用登记证》及电子记录卡后,才能开展相应的危险货物充装和道路运输活动。除此可以了解到,压力容器罐车应充装何种介质、充装多少,由负责特种设备安全监督管理的部门负责决定(许可),其具体执行是由介质充装单位按车辆的"电子记录"的要求进行充装。

(4)通过道路运输危险化学品的,应按照运输车辆的核定载质量装载危险化学品,不得超载。

众所周知,超载属于非法运输。造成2014年晋济高速公路山西晋城段岩后隧道"3.1"特别重大道路交通危化品爆燃事故的原因之一,就是山西籍追尾车辆存在超载行为,影响了制动。

《道路交通安全法实施条例》第一百零六条规定,公路客运载客汽车超过核定乘员、载货汽车超过核定载质量的,公安机关交通管理部门依法扣留机动车后,驾驶员应将超载的乘车人转运、将超载的货物卸载,费用由超载机动车的驾驶员或者所有人承担。该规定包括三层内涵:一是超载指"载货汽车超过核定载质量","核定载质量"标注在其车辆的《机动车行驶证》上,也就是说,"核定载质量"以《机动车行驶证》上标注的为准;二是公安机关交通管理部门是对超载运输行为实施执法的主体;三是卸载货物所产生的费用,由超载机动车的驾驶员或者所有人承担。

(5)危险化学品运输车辆应符合国家标准要求的安全技术条件,并按照国家有关规定定期进行安全技术检验。

车辆检测,是检查、鉴定车辆技术状况和维修质量的重要手段,实现视情修理的重要保证,也是确保车辆符合国家规定技术标准的重要技术手段。为了确保道路运输车辆始终处于良好的技术状态,需要通过采取相应的技术手段进行诊断和鉴定,以确定是否需要维护,是否需要修理,以及维护和修理是否合格。现实中,一些道路货运经营者为了片面追求经济效益,往往过度使用道路运输车辆,使道路运输车辆超负荷运行,甚至带病运行,这成为道路运输事故的重大隐患之一。加强道路运输车辆检测,有利于及时发现道路运输车辆在机械技术方面问题,有利于及时维护和修理,使道路运输车辆保持良好的技术状态,有利于保证维修质量,有利于减少和消除道路运输事故隐患,防止和减少发生道路运输事故。

(6)危险化学品运输车辆应悬挂或者喷涂符合国家标准要求的警示标志。

悬挂或者喷涂符合《道路运输危险货物车辆标志》(GB 13392—2005)的标志灯、标志牌;悬挂符合《道路运输液体危险货物罐式车辆 第1部分:金属常压罐体技术要求》(GB 18564.1—2006)、《道路运输液体危险货物罐式车辆 第2部分:非金属常压罐体技术要求》(GB 18564.2—2008)、《道路运输爆炸品和剧毒化学品车辆安全技术条件》(GB 20300—2018)的安全标识牌。

(7)通过道路运输危险化学品的,应配备押运人员,并保证所运输的危险化学品处于押运人员的监控之下。

配备道路危险货物运输的押运人员,是保证运输安全的重要制度。配备押运人员,有利于危险货物脱落、扬撒以及燃烧、爆炸、泄漏时的应急处理;有利于保证危险货物一直处于押运人员的监管之下,防止被盗、丢失;有利在发生运输事故后,迅速报警、采取措施,防止危害和损失的进一步扩大,以保证驾驶员安心驾驶。此外,押运人员还可以通过提示路况、通行标志(包括危险化学品运输车辆禁止通行标志)等,提示驾驶员安全驾驶。

上述要求强调除驾驶员外,必须另外配备押运人员对运输全过程进行监管。配备押运人员有以下几种情况:一是除驾驶员外,配备专职押运人员;二是由副驾驶员兼押运人员,由于押运人员有重要的专职工作,长途运输的双班驾驶员不宜、也不应兼任押运人员。因为制度要求长途运输的双班驾驶员，在运输过程中，要一个驾驶、一个休息，所以不宜、也不应兼任押运人员。无论上述哪种情况，押运人员都应持有合法有效的从业资格证。

此外还需注意，一是通过道路运输危险化学品，不配备押运人员的，由公安机关负责进行处理；二是道路危险化学品运输企业押运人员未取得从业资格上岗作业的，由交通运输主管部门负责进行处理。

❷《道路危险货物运输管理规定》的有关要求

《道路危险货物运输管理规定》在《危险化学品安全管理条例》的基础上，对承运人的职责进行了细化，提出了以下要求：

(1) 专用车辆技术等级要求高。

专用车辆的技术要求应当符合《道路运输车辆技术管理规定》(交通运输部令2016年1号)的有关规定。

《道路运输车辆技术管理规定》规定，车辆的外廓尺寸、轴荷和最大允许总质量应当符合《汽车、挂车及汽车列车外廓尺寸、轴荷及质量限值》(GB 1589—2016)的要求；车辆的技术性能应当符合《道运输车辆综合性能要求和检验方法》(GB 18565—2016)的要求；车型的燃料消耗量限值应当符合《营运客车燃料消耗量限值及测量方法》(JT/T 711—2016)、《营运货车燃料消耗量限值及测量方法》(JT/T 719—2016)的要求；专用车辆技术等级应当达到一级，且车辆技术等级评定方法应当符合国家有关道路运输车辆技术等级划分和评定的要求。

(2) 禁止小马拉大车。

使用牵引车运输货物时，挂车载货后的总质量应与牵引车的准牵引总质量相匹配。

在实际运输过程中，存在挂车载货后的总质量与牵引车的准牵引总质量不相匹配的"小马拉大车"的现象。为解决这一问题，根据《道路交通安全法实施条例》"载货汽车所牵引挂车的载质量不得超过载货汽车本身的载质量"的规定，《道路危险货物运输管理规定》增加了"使用牵引车运输货物时挂车载货后的总质量应与牵引车的准牵引总质量相匹配"的要求。

(3) 遏制"小车大罐"。

道路危险货物运输企业或者单位使用罐式专用车辆运输货物时，罐体载货后的总质量应和专用车辆核定载是相匹配。

首先要了解"常压罐车运输时，要装满"的常识。若常压罐车未装满(仅装2/3以下)，罐车制动时，罐内液体因惯性作用产于向前的冲击力，会影响罐车制动性；罐车转弯时，罐内液体的摆动，将影响罐车的稳定性，容易造成侧翻。装满是指在考虑充装系数(5%~10%)后的相对装满。若常压罐车按许可的充装介质装满后,罐车超载,称为"小车大罐"、本质超载现象存在。

为了有效遏制"小车大罐"、本质超载现象,首先许可部门要严把许可关,包括严把罐车许可关。在对常压罐车做出许可决定前,要核查罐式专用车辆载货后的总质量应与车辆核定载质量相匹配情况。其次,要明确罐体载货后的总质量应和专用车辆核定载质量相匹配,是企业或者单位使用常压罐车运输危险货物时的责任。

值得注意的是,根据国务院晋济高速山西晋城段岩后隧道"3·1"事故调查报告的有关要求,应按罐车《车辆生产企业及产品》公告或《罐车检验报告》的允许介质,进行许可,进行运输。

3 《危险货物道路运输规则》的有关要求

受理是整个运输过程的开始。受理工作质量是危险货物运输全过程质量管理的基础。受理危险货物,应按危险货物的运输要求对运输证单和货物进行全面、详尽、严格的审核。《危险货物道路运输规则》(JT/T 617—2018)的有关要求:

(1)按经营范围运输。

承运人应按照道路运输管理机构核准的经营范围受理危险货物的托运,道路运输管理机构根据申请人的申请和拟购置车辆的情况,对企业运输危险货物的经营范围进行许可。道路危险货物运输企业按许可的经营范围运输,不超范围运输,是企业依法经营依法运输的基本要求。

(2)对所承运的货物审核。

承运人应核实所装运危险货物收发货地点、时间以及托运人提供的相关单证是否符合规定,并核实货物的品名、编号、规格、数量、体重、包装、标志、安全技术说明书、安全标签和应急措施以及运输要求,承运人有责任审核其所接受货物的准确性。

当汽车运输货物的批量相对较小时,受理人员可以对所托货物逐件检查。如零担运输和班车运输,货物的交付和运送是时间和空间分离的两个环节。承运人必须对所受理的危险货物的包装和标志逐件审核。当汽车运输货物的批量相对较大时,受理人员不可能对货物的包装和标志逐件审核,在这种情况下,可以对所托货物批量(整体)检查或进行常规性查验。如"门到门"的整车运输,货物的交付不是与托运手续同时进行办理。一般道路危险货物运输企业是按运输合同或计划,进行整车、连续运输的。

(3)对所承运货物的包装审核。

危险货物装运前应认真检查包装的完好情况,当发现破损、撒漏,托运人应重新包装或修理加固,否则承运人应拒绝运输。承运人有责任对货物包装进行审核。

至于包装内的货物,受理人员不可能也不必对其性能、成分作审核。在包装完好无损、漆封或铅封完整的情况下,承运方不对包装的内容物负责。托运方要对其所交付的货物负全部责任。但受理方保留必要的审核权,在受理人员认为必要时,可以要求托运方启封开箱检查。

(4)拒绝承运。

危险货物装运前应认真检查包装的完好情况,当发现破损、撒漏,托运人应重新包装或修理加固,否则承运人应拒绝运输,承运人还应拒绝运输已有水渍、雨淋痕迹的遇湿易燃物品。

三、危险货物运送和送达时承运人的责任

运送是指货物由运输工具从甲地运到乙地;送达是指货物运送到目的地,交付给收货人(送达也称交付)。运送和送达时,承运人有如下责任。

1 运送过程的责任

(1)承运人自接货起至送达交付前,应负保管责任。

(2)危险货物运输过程中,应随车配备押运人员,货物应随时处在押运人员的监管之下。道路危险货物运输途中,驾驶员不得随意停车。

(3)因住宿或者发生影响正常运输的情况需要较长时间停车的,驾驶员、押运人员应设置警戒带,并采取相应的安全防范措施。运输剧毒化学品或者易制爆危险化学品需要较长时间停车的,驾驶员或者押运人员应向当地公安机关报告。

(4)驾驶员、押运人员严禁吸烟,严禁擅自变更运行作业计划,严禁自拼装。运输危险货物的车辆,严禁搭乘无关人员。

(5)运输爆炸品和需要特别防护的危险货物,应要求托运人派熟悉货物性质的人员指导操作、交接和随车押运。

(6)运输途中,押运人员应密切注意车辆所装载的危险货物动态,根据危险货物性质,定时停车检查,发现问题及时会同驾驶员采取措施妥善处理。

(7)运输途中,发生危险货物被盗、丢失、流散、泄漏等情况时,承运人及押运人员必须立即向当地公安部门报告,并采取一切可能的警示措施。

(8)运输途中不得进入危险货物运输车辆禁止通行的区域,如繁华街区、居民住宅区、名胜古迹和风景名胜区等;确需进入上述区域的,应事先向当地公安

部门申报,并遵守公安部规定的行车时间和路线。

❷ 送达时的签收

(1)货物交接时,双方应做到点收、点交,由收货人在运单上签收。发生剧毒、爆炸、放射性物品货损、货差的,应及时向公安部门报告。

(2)危险货物运达卸货地点后,因故不能及时卸货的,应及时与托运人联系妥善处理;不能及时处理的,承运人应立即报告当地公安部门。

(3)货物抵达承运、托运双方约定的地点后,收货人应凭有效单证提(收)货物,无故拒提(收)货物的话,承运人可以索取因此造成的损失。

(4)货物送达时,承运人应与收货人做好交接工作,发现货损货差,由承运人与收货人共同编制货运事故记录,交接双方在货运事故记录上签字确认。

(5)货物到达目的地后,承运人知道收货人的,应及时通知收货人,收货人应及时提(收)货物,收货人逾期不提(收)货物的,承运人也不能因此免除保管责任,但收货人应向承运人支付保管费等费用。收货人不明或者收货人无正当理由拒绝受领货物的,依照《中华人民共和国合同法》第一百零一条的规定,承运人可以提存货物。

(6)货物待领期间,如果货物发生变化,危及安全,承运人有临机处置之权责。鉴于危险货物具有特殊的危害性,要及时与托运进行联系,并报告当地公安部门、安监部门。

以上是货物运输一般流程的危险货物的运达和交付。在"门到门"的流程中,往往会有这种情况:危险货物送达卸货地点后,或者是下班时间已过,找不到收货人,或者是找到收货人但因为收货人与托运人的供销纠纷而拒绝收货等。总之,因各种原因造成不能及时卸货的情况时,不管不能及时卸货的责任在哪一方,为确保货物和环境的安全,在待卸期间驾驶员、押运人员应负责看管车辆和所装危险货物,同时承运人(运送人)应及时与托运人联系妥善处理,危及安全时,承运人应立即报请当地公安部门处理。

以上是从合同运输的角度叙述了危险货物承运人的责任,道路危险货物运输关系到社会和公众的安全,通过托运人和承运人的合约行为来保证。

第三节 道路危险货物运输受理

道路危险货物运输作业程序一般包括托运、受托、验货、派车、配货、派装、运送、卸车、保管和交付等环节。按照货物运输的阶段不同,可将其作业划分为发送作业、途中作业和到达作业,危险货物运输受理属于发送作业阶段,由受理托运、组织装车和核算制票三部分组成。

一、受理托运

1 托运

无论是货物交给危险货物运输企业运输,还是企业主动承揽货物,都必须交给货主办理托运手续。托运手续是从托运人递交的"危险货物托运证明书"开始的。

危险货物的托运必须符合《危险货物道路运输规则》(JT/T 617—2018)的相关规定。

2 受托

承运人审查托运人递交的托运证明书,根据企业的经营范围和运输能力,决定是否接受委托。如果接受,货主应当认真填写托运单,办理承运手续。承运人要认真审核运单上所填写货物的收发货地点、时间以及所提供的单证是否符合《危险货物道路运输规则》(JT/T 617—2018)的相关规定,并核实货物的编号、品名、规格、数量、件重和货物包装标志、标签以及应急措施和运输要求,检查单证附录是否齐全。

3 验货

理货员凭托运单验货、勘查现场、落实货物分批数量、起运时间、可用车型,向调度室汇报并作记录。

根据托运单填写的内容,一一核实货物的编号、品号、规格、数量、单件、净质量、总质量和货物包装标志、标签是否与托运单上一致。货物包装是否破损以及是否符合国家相关规定,具体要求如下:

(1)危险货物一般应该单独包装。同一件包装内的货物必须是同一项或同一配装号(除爆炸品外),而且消防方法不相抵触的物品。

(2)包装的种类、材质、封口等应适应所装货物的性质。

(3)包装规格、形式及单位包装质量应便于装卸、搬运和保证运输过程中的安全。

(4)包装必须有规定的标志。

二、组织装车

调度室根据业务员送交的托运单及反馈的信息,编制作业计划,选配合适的车辆,签发派车单派装,选派技能熟练的从业人员组织装货。

危险货物装车前应认真检查包装的完好情况,当发现破损、撒漏时,托运人应调换包装或修理加固。货物交接时,双方应做到点收、点交,并由双方在运单上签章确认。

承运人有权拒绝运输不符合国家有关规定、标准要求的危险货物。

三、核算制票

货物一经派车装运,开票员根据发货单位的发货通知单或磅码单上的货名、数量、质量、卸货地点、收货单位等计算运费,填开货票,核收运费;货票一式五联,即存查、缴款、发票、随货同行、单车结算。根据派车单、货票及有关单证,由调度室签发行车路单代行车命令,交驾驶员凭此发车。

第四节　道路危险货物运输相关文件

就承运人而言,道路危险货物运输可以分为运输企业和自备运输单位。运输企业是专门从事汽车运输货物、以盈利为目的、以提供运输劳务为手段的经济组织。运输企业从事的是营业性运输,又称商业运输。商业运输是一种契约行为,是一种合同运输,运输当事人各方之间会发生一系列的法律关系,即权利、义务关系。自备运输单位是附属于工农业生产企业或商业企业的运输单位,它们是仅为本企业生产、经营服务的,其运输称为自备车运输。由于道路危险货物运输的特殊性,不论是营业性运输还是自备车运输,均须提供相关运输文件,方可进行运输。

一、危险货物运单

商业运输合同形式之一是运单。《中华人民共和国合同法》第十条规定,当事人订立合同,有书面形式、口头形式和其他形式。在实际工作中,汽车货物运输合同采用书面形式、口头形式和其他形式。书面形式合同种类分为定期运输合同、一次性运输合同、道路货物运单(以下简称运单)。道路危险货物运输,承运人应填写运单,并经承托双方签章认可后生效。从事危险货物多式联运的承运人应当填写《危险货物多式联运表》。

运单由承运人制作,在收齐单据上所列的所有货物后,由承运人签发给托运人。托运人在托运货物时,要向承运人递交托运书。托运书是托运人托运货物的正式文件,是承运人制作运单的依据。托运人填写托运书时要字迹清楚,内容齐全,并对所填关于货物的各项说明和声明的正确性负责。如果由于托运人在托运书中所填的内容不正规、不正确或不完备而使承运人或任何其他人遭受到任何损失,托运人应负全部责任。在托运书中托运人还应承诺遵守承运人的运输规章。托运书中必须包含以下材料:危险货物运输名称、联合国编号、货物类别和项别、包装类别、包装的编号和种类、该货名所包含的危险货物总量(根据适当情况,按体积、总质量或净质量计)、发货人的名称和地址、收件人的名称和地址、任何特殊协议项目所要求申报的材料等。

托运危险货物必须符合《危险货物道路运输规则》(JT/T 617—2018)有关危险货物托运的相关规定及下述附加规定。

❶ 托运第1类爆炸品的附加规定

(1)对于每个注有说明的物质或物品,其中有爆炸成分总的净质量,用千克表示。

(2)对于两种及两种以上的货物混合包装,在运单上必须注明货物的名称和危险品编号,以及配装组。

(3)托运人提交爆炸品的准运证明文件。

❷ 托运第2类气体的附加规定

对于罐体中装有混合物的运输,应给出混合物组分的体积或质量百分率。成分低于1%的不必表明。

❸ 托运4.1项易燃固体和5.2项有机过氧化合物的附加规定

对于4.1项易燃固体和5.2项有机过氧化合物,在运输过程中要对温度进行控制的,在托运书和运单上要标明控制温度和应急温度,如:"控制温度xx℃,应急温度xx℃",并向承运人说明控温方法。

❹ 托运6.2项感染性物质的附加规定

对于托运医疗废物,医疗废物专用包装物、容器,应当有明显的警示标识和警示说明,在运单上要加注说明。

❺ 托运食用、药用危险货物的附加规定

托运食用、药用的危险货物,应当在运单上注明"食用""药用"的字样。

二、托运证明文件

托运须凭证运输的危险货物,除填写托运书外,还需提供相应证明文件。证明文件作为托运书的附录,在托运时一并交付给承运人。

(1)托运未列入《危险货物品名表》的危险货物,必须附有《危险货物性质鉴定表》。

（2）托运危险货物的包装如果与国家有关规定的包装不同时，必须附有"包装检查证明书""包装适用证明书"和"包装检查证明书"经主管部门确认后才能有效。

（3）使用集装箱托运危险货物，要附有现场检查员签字的"集装箱装运危险货物装箱证明书"详细说明箱内危险货物的包件装在何装置上或装于何装置内，集装箱/车辆/装置的识别号以及证明操作是按以下条件进行的：

①货运装置干净、干燥、看起来适合容纳该货物。
②如果托运物包含1.4项以外的第1类物质，货运装置应该是结构耐用的。
③应该分装的货物，没有装在同一货运装置上或装置内。
④所有包件都进行了外部损伤、泄漏或过滤检查，只有完好的包件被装载。
⑤鼓形圆桶是竖直放置的（除了主管部门批准的其他方式）。
⑥所有包件都适当地装在货物运输装置上或装于货物装置内，并且安全可靠。
⑦当危险货物用散装容器运输时，货物内部应是均匀分布的。
⑧危险货物装置和包件都加了适当的标记、标签和标牌。
⑨处于熏蒸的集装箱，必须标贴有熏蒸警告符号。当采用固体二氧化碳（干冰）用作目的时，集装箱外部门端明显处粘贴现实标记或标志，并标明"内有危险的固体二氧化碳（干冰），进入之前务必彻底通风"字样。

（4）托运爆炸物品和剧毒化学品，应提供公安部门签发的《爆炸物品准运证》和《剧毒化学品公路运输通行证》。

（5）其他承运人认为必要的证明文件。

三、承运证明文件

承运人承运危险货物除须携带由托运人交付的相关证明文件外，还应携带有关法规、规章、标准规定的证明义件。

（1）执行运输任务的车辆须携带"道路运输证"。
（2）驾驶员、押运人员须携带上岗资格证。
（3）本次运输任务的运单。
（4）应携带《道路运输危险货物安全卡》。

四、危险货物的运输限制

从危险货物自身来说，某些危险货物自身具有不稳定性，会产生各种不同的危险性,如爆炸性、聚合性、遇热分解出易燃、有毒、腐蚀或窒息性气体等。对于大多数危险性物质,自身的不稳定性可以通过适合的包装、稀释、添加抑制剂、控制温度或采取其他特殊措施来控制,使用这些技术处理后达到运输要求。例如,未加抑制剂的正丁基乙烯(基)醚、未经稀释或含量大于27%的过氧化物都是禁运物品。

从运输管理的角度看,主要从承运人资质、车辆、设备、从业人员、运输、装卸等方面对运输危险货物进行限制。

❶ 承运人资质限制

《危险化学品安全管理条例》《中华人民共和国道路运输条例》要求危险货物承运人必须经过资质认定,达到规定的资质条件,方可从事运输,未达到资质条件的,禁止运输。

❷ 车辆、设备限制

专用车辆和设备应满足下述条件,方可从事危险货物运输、装卸作业。

(1)专用车辆技术性能符合《道路运输车辆综合性能要求和检验方法》(GB 18565—2016)的要求;技术等级达到《道路运输车辆技术等级划分和评定要求》(JT/T 198—2016)规定的一级技术等级;专用车辆外廓尺寸、轴荷和质量符合《汽车、挂车及汽车列车外廓尺寸、轴荷及质量限值》(GB 1589—2016)的要求;专用车辆燃料消耗量符合《营运货车燃料消耗量限值及测量方法》(JT/T 719—2016)的要求;专用车辆应按照《道路运输危险货物车辆标志》(GB 13392—2005)的要求悬挂标志。

(2)专用车辆应配备有效的通信工具;专用车辆应安装具有行驶记录功能的卫星定位装置。

(3)运输易燃易爆危险货物车辆的排气管应安装隔热和熄灭火星装置,并配备导静电橡胶拖地带装置;车辆应有切断总电源和隔离电火花装置,切断总电源装置应安装在驾驶室内;装卸易燃易爆危险货物的机械、工、属具应有消除产生火花的措施等。

(4)运输剧毒化学品、爆炸品、易制爆危险化学品的,应配备罐式、厢式专用车辆或者压力容器等专用容器。

(5)运输爆炸品、强腐蚀性危险货物的罐式专用车辆的罐体容积不得超过$20m^3$,运输剧毒化学品的罐式专用车辆的罐体容积不得超过$10m^3$,但符合国家有关标准的罐式集装箱除外;运输剧毒化学品、爆炸品、强腐蚀性危险货物的非罐式专用车辆,核定载质量不得超过10t,但符合国家有关标准的集装箱运输专用车辆除外。

(6)除铰接列车、具有特殊装置的大型物件运输专用车辆外,严禁使用货车列车(经特许,具有特殊装置的大型物件运输专用车辆除外)装运危险货物;倾卸式车辆只能装运散装硫磺等危险货物。

❸ 从业人员限制

从业人员的素质、技术水平,是决定运输安全的重要因素,所以国家要求对道路运输危险货物从业人员实行资格认定。从业人员必须通过交通运输部门的考核,领取从业资格证书方可上岗作业。

❹ 运输、装卸限制

从安全角度出发,《危险货物道路运输规则 第6部分:装卸条件及作业要求》(JT/T 617.6—2018)和《危险货物道路运输规则 第7部分:运输条件及作业要求》(JT/T 617.7—2018)对危险货物的运输、装卸分类、分包装进行限制。例如,运输途中不得进入危险货物运输车辆禁止通行的区域;驾驶员连续行车时间不得超过4h,一天驾驶总时间不得超过8h;装卸操作时,轻拿轻放,谨慎操作,严防跌落、摔碰、泄漏,禁止撞击、拖拉翻滚、投掷等。危险货物承运人、装卸人必须严格按照该标准的规定进行作业。

第十章 道路危险货物运输事故应急预案

第一节 制订事故应急预案的原则

道路危险货物运输事故应急预案编制应坚持以下原则。

❶ 以人为本、安全第一

把保障公众健康和生命财产安全作为首要任务,最大限度地减少道路危险货物运输事故及其造成的人员伤亡和损失。

❷ 预防为主、平战结合

增强忧患意识,坚持预防与应急相结合,做好应对道路危险货物运输事故的各项准备工作。从事故预防的角度看,一方面要在技术上采取措施,使得运输生产的工具、设施设备具有保障安全状态的能力,另一方面要通过管理协调"人自身"的关系,掌握安全生产知识,以实现系统的安全。坚持预防为主的方针,做好预防、预测和预警工作。同时做好常态下的风险评估、物资储备、队伍建设、装备完善、预案演练等工作。

❸ 统一领导、分级管理

建立健全分类管理、分级负责的应急管理体制,自上而下建立起道路危险货物运输事故的预案启动和应急处置工作管理体系。

❹ 充分准备、科学救援

采用先进技术,充分发挥专家作用,使用先进的救援装备和技术,增强应急救援能力,确保应急救援的科学、及时、有效。加强应急处置队伍建设,建立联动协调制度,形成统一指挥、反应灵敏、协调有序、运转高效的应急管理机制。事先对可能发生事故的状态和后果进行预测并制定救援措施,一旦发生异常情况,能根据应急预案,及时进行救援,可最大限度地避免突发性重大事故的发生和减轻事故所造成的损失,同时又能及时地恢复生产。

第二节　制订事故应急预案的基本指导思想

一、《中华人民共和国安全生产法》的相关规定

《中华人民共和国安全生产法》首先从企业落实安全生产主体责任的角度出发,要求生产经营单位的主要负责人,组织制定并实施本单位的生产安全事故应急救援预案。生产安全事故应急救援预案,是在事故发生前对发生事故时如何抢救人员、减少损失、及时恢复生产等所做出的应对计划和安排。为了保证事故发生时能够有效地应对,将事故损失降到最低,生产经营单位必须事先有所准备,制定生产安全事故应急救援预案。这项工作涉及多个方面,需要生产经营单位主要负责人组织制定并推动实施。这样,生产经营单位的主要负责人,一是组织制定生产安全事故应急救援预案;二是要在事故发生时,实施生产安全事故应急救援预案。

为了做好生产安全事故应急救援预案实施的准备工作,《中华人民共和国安全生产法》第七十九条第二款要求,危险物品的生产、经营、储存、运输单位以及矿山、金属冶炼、城市轨道交通运营、建筑施工单位应当配备必要的应急救援器材、设备和物资,并进行经常性维护,保证正常运转。第七十八条要求,生产经营单位应当制定本单位生产安全事故应急救援预案,与所在地县级以上地方人民政府组织制定的生产安全事故应急救援预案相衔接,并定期组织演练。

二、《危险化学品安全管理条例》的相关规定

《危险化学品安全管理条例》对危险化学品道路运输企业的有关要求如下:

第四十五条要求,运输危险化学品,应当根据危险化学品的危险特性采取相应的安全防护措施,并配备必要的防护用品的应急救援器材。针对此条,《危险化学品安全管理条例》制定了对应的处罚条款,在第八十六条规定,运输危险化学品,未根据危险化学品的危险特性采取相应的安全防护措施,或者未配备必要的防护用品和应急救援器材的,由交通运输主管部门责令改正,处5万元以上10万元以下的罚款;拒不改正的,责令停产停业整顿;构成犯罪的,依法追究刑事责任。

第七十条要求,危险化学品单位应当制订本单位危险化学品事故应急预案,

配备应急救援人员和必要的应急救援器材、设备,并定期组织应急救援演练。危险化学品单位应当将其化学危险品事故应急预案报所在地设区的市级人民政府安全生产监督管理部门。在此强调,定期组织应急救援演练是企业的法定职责。同时,开展应急救援演练时提高应急能力、检验生产安全事故应急救援预案有效性的重要途径。生产经营单位应当定期开展应急救援演练,及时修订应急预案,切实增强应急预案的有效性、针对性和操作性。通过应急救援演练,让每个可能涉及的相关部门、从业人员尤其是运输第一线的驾驶员、押运人员熟知事故发生后如何报告(报警)、如何进行现场抢救、如何联络人员、如何避灾以及采取何种技术措施的方式和程序,提高广大从业人员的应急处置能力。一旦发生生产安全事故,将真正起到能够防止事故扩大,极大减少人员伤亡的作用。

第七十一条要求,发生危险化学品事故,事故单位主要负责人应当立即按照本单位危险化学品应急预案组织救援,并向当地安全生产监督管理部门和环境保护、公安、卫生主管部门报告;道路运输过程中发生危险化学品事故的,驾驶员或者押运人员还应当向事故发生地交通运输主管部门报告。

综上所述,我国法规对应急救援预案的总体要求是:

(1)组织制定生产安全事故应急救援预案;并要在事故发生时,实施生产安全事故应急救援预案。

(2)应当配备必要的应急救援器材、设备和物资,并定期组织演练。

(3)应当将其危险化学品事故应急预案报所在地设区的实际人民政府安全生产监督管理部门。

(4)发生危险化学品事故,事故单位主要负责人应当以及按照本单位危险化学品应急预案组织救援,并向当地安全生产监督管理部门和环境保护、公安、卫生主管部门报告;道路运输过程中发生危险化学品事故的,驾驶员或者押运人员还应当向事故发生地交通运输主管部门报告。

(5)道路危险货物运输专职安全管理人员应当参与或组织编制企业道路运输事故应急预案。

第三节　制订事故应急预案的基本要求

道路危险货物运输企业专职安全管理人员要依据《危险货物道路运输企业运输事故应急预案编制要求》(JT/T 911—2014),参与或组织编制企业道路运输事故应急预案。此外,专职安全管理人员在编制事故应急预案时,首先要注意紧密结合本企业实际,同时还应参考《生产安全事故应急预案管理办法》(国家安全生产监督管理总局令第 17 号)和国家标准《生产经营单位生产安全事故应急预案编制导则》(GB/T 29639—2013)、《危险化学品单位应急救援物资配备要求》(GB 30077—2013),以及原国家安全生产监督管理总局组织制定的行业标准《生产经营单位安全生产事故应急预案编制导则》(AQ/T 9002—2006)、《生产安全事故应急演练指南》(AQ/T 9007—2011)、《生产安全事故应急演练评估规范》(AQ/T 9009—2015)等。

一、术语和定义

在编制应急预案前,首先了解《危险货物道路运输企业运输事故应急预案编制要求》(JT/T 911 – 2014)的有关术语和定义。

1 事故

事故,道路危险货物运输过程中,突然发生的,造成或者可能造成社会危害,需要采取应急处置措施予以应对的紧急事故。例如道路交通事故,运输车辆着火燃烧,车载危险货物发生泄漏、燃烧、爆炸等事故。

2 事故等级

事故等级,根据事故的社会危害程度和影响范围等因素,将其划分成的四个等级:特别重大事故、重大事故、较大事故、一般事故。

(1)《中华人民共和国突发事件应对法》第三条规定,按照社会危害程度、影响范围等因素,自然灾害、事故灾难、公共卫生事件分为特别重大、重大、较大和一般四级,法律、行政法规或者国务院另有规定的,从其规定。突发事件的分级标准由国务院或者国务院确定的部门制定。

(2)《公路交通突发事件应急预案》中所称公路交通突发事件,是指由下列突发事件引起的造成或者可能造成公路以及重要客运枢纽出现中断、阻塞、重大人员伤亡、大量人员需要疏散、重大财产损失、生态环境破坏和严重社会危害,以及由于社会经济异常波动造成重要物资、旅客运输紧张需要交通运输部门提供应急运输保障的紧急事件。

各类公路交通突发事件按照其性质、严重程度、可控性和影响范围等因素,一般分为四级。

(3)结合道路危险货物运输实际,运用死伤人数和经济损失两个综合性指标描述道路危险货物运输事故的等级,即将道路危险货物运输事故等级划分成特别重大事件、重大事件、较大事件、一般事件四个等级,但是没有将事故等级量化。

(4)借鉴《生产安全事故报告和调查处理条例》的相关规定。在实际工作中,可以借鉴《生产安全事故报告和调查处理条例》第三条的相关规定。

①特别重大事故,是指造成30人以上死亡,或者100人以上重伤(包括急性工业中毒,下同)或者1亿元以上直接经济损失的事故。

②重大事故,是指造成10人以上30人以下死亡,或者50人以上100人以下重伤,或者5000万元以上1亿以下直接经济损失的事故。

③较大事故,是指造成3人以上10人以下死亡,或者10人以上50人以下重伤,或者1000万元以上5000万元以下直接经济损失的事故。

④一般事故,是指造成3人以下死亡,或者10人以下重伤,或者1000万元以下直接经济损失的事故。

❸ 危险因素

危险因素,引起事故的主要影响因素,包括危险货物运输驾驶员、危险货物及包装、运输车辆及安全设备、道路条件、交通状况、沿途的地质环境和恶劣天气。

道路危险货物运输事故主要是由人、物、环境和管理四个要素及其相互作用引起的,具体为人的不安全行为、物的不安全状态、不良的外界环境和管理缺陷。其中:

(1)"人"主要是指驾驶员、押运人员和装卸管理人员等。

(2)"物"主要是指车辆(包括机件)及其所载的危险货物(包括包装物、包装容器等)。

(3)"环境"是指道路条件、交通状况和天气情况等。

(4)"管理"是指管理者按照安全生产的客观规律,对运输系统的人、财、物、信息等资源进行计划、组织、指挥、协调和控制。

人、物、环境,属于事故发生的直接原因,亦是根本原因;管理属于事故发生的间接原因。

❹ 应急预案

应急预案,针对可能发生的事故,为保证迅速、有序、有效地开展应急与救援行动,消除或减少事故危害、降低事故造成的损失而预先制定的行动计划或方案。

(1)《中华人民共和国突发事件应对法》第十八条要求,应急预案应当根据本法和其他有关法律、法规的规定,针对突发事件的性质、特点和可能造成的社会危害,具体规定突发事件应急管理工作的组织指挥体系与职责和突发事件的预防与预警机制、处置程序、应急保障措施以及事后恢复与重建措施等内容。

（2）"预先制定的行动计划或方案"是指针对危险货物运输事故应急环节，根据具体危险货物的理化特性、运输要求，有效识别运输过程中存在的风险，科学地预测运输过程中可能发生的事故及其灾害后果，并给出相应的应急处置措施，以达到减少事故造成的人员伤亡、财产损失、环境污染等损害目的。

❺ 应急响应

应急响应，依据事故等级，为迅速、有序地开展应急行动而预先进行的组织、物资准备和应急处置工作部署。

应急响应是应急救援活动的重要组成部分。是指在事故真正发生之前，针对可能的危险状况，周密部署各项应对措施，包括应急组织机构的设置，应急资源的调配等，重点是明确有关人员在紧急状况下的职责，以保证有秩序地进行救援，减少损失。

由于不同事故级别，所需应急能力不同，为合理安排、利用有效的应急资源，需根据事故级别，划分不同应急响应级别。

❻ 应急处置

应急处置，事故发生后，为消除、减少事故危害，防止事故扩大或恶化，最大限度地降低事故造成的损失或危害而采取的救援措施和行动。

应急处置主要包括驾驶员、押运人员以及企业相关人员在事故发生后，采取的救援处置行动。

由于道路危险货物运输事故具有交通事故与危险品事故叠加的双重危害，会对生命、健康、财产和环境造成非常大的影响。而普通民众及一些救援人员对危险品的了解相对较少，因此，道路危险货物运输企业能在第一时间内给救援队正确的危害信息、采取科学的前期处置措施，能极大限度地避免事故扩散，避免次生灾害的发生。

❼ 应急资源

应急装备、物资、储备的运力和应急救援队伍等。

（1）《危险化学品安全管理条例》要求，运输危险化学品，应当根据危险化学品的危险特性采取相应的安全防护措施，并配备必要的防护用品和应急救援器材。危险化学品单位应当制定本单位危险化学品事故应急预案，配备应急救援人员和必要的应急救援器材、设备，并定期组织应急救援演练。

（2）应急救援装备和物资。应急救援装备和物资是道路危险货物运输企业根据应急救援的需要和企业的实际情况,配备的用于应急预案的器械、设备、工具和储备资金等。相关应急救援装备和物资至少包括:个人防护用品、警戒保卫器材、消防器材、专业仪器、封堵工具材料、回收设备、应急救援车辆、应急照明设备、通信联络及保障设备、常用救护药品和应急救援资金等。

(3)应急救援队伍。应急救援队伍是指在危险货物运输过程中发生事故时参加事故救援的单位、人员,主要包括抢修、现场救护、医疗、治安、消防、交通管理、通信、供应、运输、后勤等方面。应急救援队伍是应急救援的有力保障,可以是企业自己组建,也可以采取与具有专业资质单位签署协议方式拥有。

危险货物运输企业要根据自身条件和应急救援预案的要求,对所需应急救援资源进行补充和调整。而对于不具备条件的资源,企业可以根据应急救援预案的要求,与具备相应条件的单位或专业救援部门签订应急救援救助协议,落实相关应急救援救助方案。应急资源强调加强与周边企业的协作,加强应急资源的共享。

二、编制应急预案

1 编制目的

应急预案的编制是为了加强对道路危险货物运输安全的有效控制,最大限度地预防或降低道路危险货物运输事故危害,保障人民生命和财产安全、保护环境,是危险货物运输企业在突发泄漏、火灾、爆炸灾害等事故时,能够迅速地反应、妥善处理事故,尽可能减少对人员、财产和环境的有害影响。

2 基本要求

制定事故应急预案时,应具体描述意外事故和紧急情况发生时所采取的措施,其要求是:

(1)提供充分而详细的资料,包括:
①具体描述可能的意外事故和紧急情况及其后果;
②若可能,指明采用哪些措施来限制后果。
(2)确定负责人及所有人员在应急期间的职责。
(3)与危险货物生产企业联系。
(4)与外部应急机构的联系。
(5)与安全生产监督管理部门、公安部门、环保部门、保险机构及相邻企业的交流。
(6)便于缺乏专业理化知识的人员执行。

(7)提供所需的现成资料,避免过多浪费时间。

3 基本内容

道路危险货物运输企业制定的安全事故应急救援预案至少应包括以下内容:

(1)发生事故或紧急情况时,向单位内外的适当机构报告的程序。

(2)发生事故或紧急情况时向过往车辆、行人发出警报并采取积极抢救措施的程序。

(3)危险目标的确定和潜在危险性评估。

(4)单位内部应急指挥机构、报告程序、职责分工。

(5)应急队伍组织与演练。

(6)提供有关危险情况下使用的应急设备。

(7)预防事故的措施。

(8)紧急处置措施方案。

(9)人员培训。

(10)经费保障。

上述内容表述等很简单。但在实际工作中,企业必须根据企业的实际情况细化每一条。如针对第(1)条,企业首先要区分事故与紧急情况;其次根据企业所运输的危险的特性,将事故、紧急情况分级。只有在解决了事故、紧急情况分级后,才有可能确定报告程序。举例说明,在运输过程中如发现危险货物包装破损,这种情况时算事故还是算紧急情况,如何启动报告程序、报谁?同时还要注意,只表述危险货物包装破损还不能说明问题的性质,必须进一步说明包装物里装的是什么危险货物。如包装物里所装的危险货物分别是氰化钠、硫酸、潮湿的棉花,其危害的程度就完全不一样。应如何启动报警程序?这些问题都要具体分析,也就是说,不是所有事故、紧急情况都要打报警电话。这也再次强调,明确事故及等级是编制应急预案的关键环节。

同时,还要注意避免编制者仅对上述内容的简单梳理、排列组合甚至重复、抄袭,而缺少对本企业实际情况的分析,缺少对本企业实践经验与教训的总结提炼,以及与同类预案的比较,更谈不上通过实战演练实现预案的循环更新,从而使应急预案丧失了作为一种具体工作方案应当具备的可操作性。

危险货物运输专职安全管理人员应当参与组织编制企业道路运输事故应急预案,并应该在发生运输突发事件时,配合相关部门及时采取联系托运人、组织应急救援人员和设备等应急配合措施。

三、编制应急预案准备工作

1 建立完善工作机制,细化明确任务目标

应急预案是在辨识和评估潜在风险发生的可能性、过程、后果及影响严重程度的基础上,对应急机构与职责、人员、技术、装备、设施(备)、物资、救援行动、指挥与协调等方面预先做出的具体安排。其编制工作涉及面广,专业性强,是一项较复杂的系统工作,需要安全、工程技术、组织管理、医疗急救等各方面的知识,应该按照一定的步骤进行。

首先要根据本企业的实际情况,成立由管理人员、专业人员组成的应急预案编制小组,制定负责人。

1)建立机构

(1)根据企业的实际情况,针对本企业的运输规模、运输危险货物的种类和车辆、从业人员情况,成立由企业主管经理、管理人员和关键岗位的业务骨干组成的应急预案编制小组。此项工作不能全权委托科研院校编制。

(2)由于编制工作涉及面广、专业性强、针对性强,编制小组要注意选择熟悉安全管理、车辆管理、运行管理、危险货物特性等方面知识和具有驾驶经验的驾驶员参加。

(3)在条件允许的情况下,还要注意听取地方消防、公安、医疗等单位的意见和建议,尤其考虑发挥托运人(危险货物生产企业)专业优势和作用。

针对中小型道路危险货物运输企业的实际情况,机构建立要有分管的副经理、安全管理人员、经验丰富的驾驶员和押运人员。由于安全管理人员涉及的知识面广,大型道路危险货物运输企业在一般情况下都要独立设置专门的岗位,如:调度、车辆技术管理员、GPS监控员、车队长等。故大型企业建立机构时,组成人员会更多、更全面。

2)制订计划

有些企业知道制订应急预案是企业的法定责任,也成立编制小组,但因为运输任务忙等原因,迟迟不能完成编制工作。在这种情况下,安全管理人员有义务督促企业负责人落实其法定义务。

3)研究分析

(1)全面分析本单位危险因素、可能发生的事故类型及事故的危害程度。

(2)排查事故隐患的种类、数量和分布情况,并在隐患治理的基础上,预测可能发生的事故类型及其危害程度。

(3)确定事故危险源,进行风险评估。

（4）针对事故危险源和存在的问题，确定相应的防范措施。

（5）客观评价本单位应急能力。

（6）充分借鉴国内外同行业事故教训及应急工作经验。

2 收集资料

收集、调查应急预案编制所需的各种资料，这是开展所有科研工作的基础。一是要做到依法、依标；二是借鉴同行经验、借鉴发达国家的经验；三是切实结合本企业所运输危险货物及运输路线情况。搜集资料，至少应包括以下内容。

（1）相关法律法规和技术标准。涉及企业制定的主要法规和标准等，同时，道路危险货物运输企业，还要关注所在人民政府相关部门和有关企业的应急预案。

（2）国内外同行业事故案例分析。一般的中小型企业不具备与国外同行交流的机会，但可以查阅一些文献和资料。

（3）车辆技术档案，车辆和从业人员事故违章处理记录。本企业的车辆主要包括：类型（普通货车、罐车、集装箱运输车等）和使用特性、车辆技术状况等；从业人员主要包括：驾驶员的驾龄、驾驶水平、驾驶习惯、安全意识以及道路运输车辆卫星定位系统记录超速、疲劳驾驶、急速加速制动等情况，事故违章处理记录。

（4）运输线路及沿线的地址环境、交通状况等，是指依据企业的主要运输产品和运输线路，确定本企业运输途中的危险源，特别是运输途中变化较多的地段、交通拥挤地段，车辆和装卸、加油等运输作业环节等，进行事故风险识别，并指出可能产生的次生、衍生事故，分析结果作为应急预案的编制依据。

（5）掌握所运危险货物的特性。结合道路危险货物运输的实际，一定掌握所运危险货物的特性。这就要求，全面搜集其有关资料并进行学习、研究。

3 分析本企业和托运人的应急资源

在分析应急资源方面，要求依据危险源辨识与评价的结果，对现有的应急资源和应急能力进行分析，评估现有消防设施数量分布、人员管理和配置，明确应急救援的需求和不足，并及时改进。

相对道路危险货物运输企业而言，应急资源是有限的，但也要注意根据有关规定做好相关配置工作。在一般情况下，托运人是危险货物的生产企业。生产企业对其生产的危险货物性质最了解，并具备应急救援能力和资源。故要注意发挥危险货物生产企业的专业作用。道路危险货物运输企业在制作《危险货物道路运输安全卡》时，可以考虑增加托运人（生产企业）的联系电话。

四、应急预案编制程序

1 编制程序

(1) 准备工作。

编制应急预案准备工作,是开展编制工作的重要基础。企业要在建立完善机构、精心制订计划、全面搜集资料等方面做好充分准备工作。

(2) 危险源与风险分析。

在危险因素分析及事故隐患排查、治理的基础上,确定本单位的危险源、可能发生事故的类型和后果,进行事故风险分析,并指出事故可能产生的次生、衍生灾害,形成分析报告,分析结果作为应急预案的编制依据。

(3) 应急能力评估。

对本单位应急装备、应急队伍等应急能力进行评估,并结合本单位实际,加强应急能力建设。

(4) 应急预案编制。

针对可能发生的事故,按照有关规定和要求编制应急预案。应急预案编制过程中,应注重全体成员的参与和培训,使所有与事故有关人员均掌握危险源的危险性、应急处置方案和技能。应急预案应充分利用社会应急资源,与地方政府预案、上级主管单位以及相关部门的预案相衔接。

(5) 评审、备案。

应急预案编制完成后,可以进行评审。评审由本单位主要负责人组织有关部门和人员进行。外部评审由上级主管部门或地方政府负责安全管理的部门组织审查。

依据《危险化学品安全管理条例》第七十条的规定,危险化学品单位(包括道路危险货物运输企业)应当将其危险化学品事故应急预案报所在地设区的市级人民政府安全生产监督管理部门。

应急预案报备后,如备案受理单位无意见,企业负责人要签署,并发布本企业的应急预案。

(6) 应急预案更新。

应急预案有下列情形之一的,应当进行更新:

①原则上每两年组织修订、完善应急预案;

②应急预案依据的法规、标准发生变化,或者出台新的相关法规和标准;

③应急预案涉及的要素发生变化;

④应急演练结束后、企业发生事故应急行动结束后取得经验。

编制规范合理、可操作性强的危险货物运输过程中事故应急预案,有助于识别运输过程中风险隐患、了解事故的发生机理、明确应急救援的范围和体系,使事故应对处置的各个环节有章可循。

然而,编制应急预案不是一劳永逸的工作。在编制道路危险货物运输过程中事故应急预案时,涉及运输企业、危险货物性质及运量、从业人员、运输车辆及容器、运输线路、应急救援组织、应急救援资源、气候条件等诸多要素,这些要素中的一个或者多个发生变化时,事故及其灾害后果预测、驾驶员和押运人员采取的应急处置措施、现场处置措施、应急响应和行动、应急救援装备和物资的配备、应急救援队伍的组成、事故后期的处置、应急培训和演练等相关事宜就要发生相应变化,使得整个应急预案发生变化。因此,必须根据实际情况、需要和形式变化、演练验证等,对应急预案进行适时、必要的更新,保证其有效性、合理性和实用性。

❷ 编制时注意事项

(1)理论结合实际。

本节以上介绍的主要内容,都是指导企业编制应急预案的理论性、原则性的要求。企业如何编制应急预案,一定要注意理论结合实际,在把握基本理论、原则性的前提下,结合本企业实际,在切实解决问题上下功夫。企业要根据理论性、原则性的要求,结合企业自身实际进行细化、分解,绝不能照抄照搬其他企业的预案。

(2)切实解决实际问题。

《危险货物道路运输企业运输事故应急预案编制要求》(JT/T 911—2014)规定,企业根据标准给定的应急预案内容要求,编制应急预案。编制过程中做到责任分明、科学适用、便于操作,并注重与生产单位和托运人的合作。

标准中"应急预案编制"首先强调了科学适用,便于操作。也就是说,编制应急预案是解决实际问题,不是束之高阁表面文章;其次强调了与托运人的合作。由于托运人更加了解所托运的危险货物性质,因此充分发挥其专业优势作用,在预防、应急救援预案编制和应急救援等方面,共同开展工作。使得编制的行动计划和措施更加科学和有效。其核心,就是要切实解决实际问题。

(3)借鉴经验。

道路危险货物运输企业在编制应急预案时,要注意借鉴其他单位的经验。

①某企业在应急预案编制时,总结出了符合8个基本条件,即"一符合、二结合、三明确、一内容、一衔接"。

"一符合"是指符合法律、法规、规章和标准的规定。

"二结合"是指结合本地区、本部门、本单位的安全生产搜集情况及危险性分析情况。

"三明确"是指明确应急组织和人员的职责,并有具体的落实措施;明确具体的事故预防措施和应急程序,并与应急能力相适应;明确应急保障措施,满足本地区、部门、单位的应急工作要求。

"一内容"是指要素齐全、完整,预案附件信息准确。

"一衔接"是指衔接相关应急预案。

②某企业在衡量应急预案编制是否完善时,提出了用"四个字",即:全(覆盖全面)、细(可操作性)、练(经过演练)、改(经常更新)。一个应急预案体系如果能全面体现全、细、练和改这四个方面,应急预案就能在应对重大突发事件中切实发挥指南的作用。

③某企业在应急预案编制时,总结出了应急预案做到"四个要":

一是要务实。预案务必切合实际、有针对性。要根据事件发生、发展、演变规律,针对本企业风险隐患的特点和薄弱环节,科学编制和实施应急预案。预案务必简明扼要、有可操作性。一个企业所有的预案本子,放在一起可能是很厚的一大本,但具体到每一个岗位,一定要简洁明了,让每一名员工都能做到"看得懂、记得住、可操作"。

二是要学习。企业采取多种形式开展应急预案的宣传教育,定期开展本单位的应急预案培训工作,使员工熟知应急预案内容,掌握应急职责、程序和岗位应急处置方案,以及安全生产事故预防、避险、自救和互救知识,提高从业人员安全意识和应急处置技能。

三是要演练。预案是为了实战,实战需要演练。要从实际出发、注重实效,不能走过场。要针对演练中发现的问题,及时制订整改措施,真正达到检验预案、发现问题、锻炼队伍的目的。

四是要修订。预案不是一成不变的,务必持续改进。要认真总结经验教训,及时修订改善应急预案,应急预案务必要衔接配套。应急预案要向上级报备,实现企业与政府、企业与关联单位、企业内部之间应急预案的有效衔接。

第四节　事故应急预案基本内容

应急预案应当根据有关法律、法规的规定,针对交通运输突发事件的性质、特点、社会危害程度以及可能需要提供的交通运输应急保障措施,明确应急管理的组织指挥体系与职责、监测与预警、处置程序、应急保障措施、恢复与重建、培训与演练等具体内容。根据《危险货物道路运输企业运输事故应急预案编制要求》(JT/T 911—2014)的要求,编制应急预案的基本内容应该包括以下内容。

一、企业情况

企业基本情况,至少应包括以下内容:
(1)企业地址、经营范围、经营规模;
(2)从业人数;
(3)运输车辆车型、罐车罐体材质;
(4)主要运输危险货物的联合国编号、品名、运量和起始地、目的地、行驶路线图等;
(5)企业应急资源。

二、应急救援组织设置

设置应急救援组织,至少包括应急领导组、技术指导组和现场工作组,明确各组职责。但根据道路危险货物运输企业实际情况,一些中小企业不可能设置上述3个工作组。故道路危险货物运输企业在设置应急救援组织时,不论企业大小,都要考虑如何落实应急领导组、技术指导组和现场工作组的功能。中小企业在保证功能的情况下,也可以将3个组合并成一个组。

三、驾驶员和押运人员应急处置

运输事故中,驾驶员和押运人员是现场的第一发现者和施救者,主要职责就是全面准确和及时地将信息报送到相关部门,并在条件许可的情况下,采取初期的处置措施,赢得最佳救援时机。依据交通运输部《道路危险货物运输管理规定》第四十九条对事故处置规定,公安部《道路交通事故处理程序规定》第三章对报警和受理的要求,以及《公路交通突发事件应急预案》3.2节应急处置的规定,确定了驾驶员和押运人员在事故中主要职责为正确停车、有效的事故报警和报告,自我防护,在条件许可情况下设置警戒、警告标志,协作疏散人员和配合救援。

应急预案应当明确驾驶员、押运人员在发生事故时,应急处置的具体内容。

1 停车处置

(1)立即停车,明确停车后将发动机熄火并切断所有电源的规定;对于无法立即停车的,明确移动后停车的条件,以及停车位置的要求。

由于事故情况千变万化,停车处置的内容也是不同,或者说有时是不能立即停车的。在事故发生初期,驾驶员和押运人员采取的诸如正确停车、切断电源等初期处置措施,可以有效控制事故蔓延,为救援队伍争取时间。同时在事故现场采取一切可能的警示措施,如放置警告牌、设置警戒线、广播报警等,可有效避免更多的无关人员遭受伤害,把事故损失减少至最少。以下介绍几种正确的停车做法。

①在一般情况下,可以立即停车,熄火发动机并切断总电源。但此时车辆要立即开启危险报警闪光灯(打开双闪灯),在车后方150m处摆放警告标志。对于无法立即停车的(如在隧道内、加油站旁等),要将车辆驶入安全区域停车。

②在高速公路上发生事故时,应将车停在紧急停靠带内,此时车辆要立即开启危险报警闪光灯(打开双闪灯),在车后方150m处摆放警告标志。夜间、雨、雾等天气还应当同时开启示廓灯、尾灯和后雾灯。

违法停车案例:2012年6月29日凌晨,广深沿江高速K5+300m处发生一起货车与油罐车追尾相撞交通事故,导致油罐车中的溶剂油泄漏,继而引发爆炸燃烧,波及广深沿江高速公路高架桥下及周边的货物堆场、工棚,造成20人死亡,31人受伤,直接经济损失约4600万元,过火面积1396.1m^3。

6月20日4时19分22秒,周某驾驶湘B罐车行驶至广深沿江高速,夏岗出口附近时(K5+300m),为了让同行的朋友下车,将车辆停靠在道路最外侧车道和应急车道之间。4时20分10秒,刘某驾驶湘L货车驶来,未采取任何避让措施,追尾碰撞B,造成B罐车罐体破损,装载的约41t溶剂油泄漏,并沿高速公路路面(斜坡路段)自西向东流淌,同时经高速公路10个排水口的排水管,流淌至高速公路高架桥约12m下方及周边地区。

事故直接原因是,周某驾驶超载的湘B罐车(重型半挂牵引车+重式罐式半挂车,核定载质量27.8t,该车装载了54.22t,超载约95%)在广深沿江高速公路违法停车,刘某驾驶湘L(货车,核定载质量2.98t)追尾碰撞B,造成B罐车装载的54.22t溶剂油泄漏。

由违法停车案例可知,违法停车可能造成交通事故,并由交通事故导致危险货物罐车爆炸燃烧重大责任事故。同时还要注意,运输危险货物的专业车辆因事故原因需要紧急停车时,也要注意停车要求,不能违法、违规停车,避免造成次生灾害。

(2)撤离驾驶室时需要携带安全卡等重要资料清单。驾驶员或押运人员撤离驾驶室时需携带《道路危险货物运输安全卡》,是为了掌握所运危险货物的危险性、泄漏处理、储运要求、急救措施、灭火方法、各部门联系电话等。

(3)发生易燃液体罐车泄漏事故时,发现罐车容器管路系统出现有微小泄漏,尽可能在救援队伍到来之前进行堵漏处理,可以有效避免泄漏点扩大,减少泄漏量。而当泄漏量增大、人员无法靠近时,应设置相应警戒隔离标志并立即离开危险区域,避免由于突发爆炸、火灾事故造成人员伤亡。

❷ 信息报告

事故发生时的信息报告,至少应明确以下方面:
(1)事故发生地报警电话;
(2)事故发生地交通运输主管部门、本企业 24h 有效的联络方式、手段;
(3)事故信息报告的流程和时限;
(4)事故信息报告的内容和方式。

❸ 报告内容

事故信息报告的内容,至少应包括以下部分:
(1)报告人姓名、联系方式;
(2)发生的事故及部位;
(3)发生时间、具体地点(如,×××公路×××km 处)、行驶方向;
(4)车辆牌照、荷载吨位、车辆类型、罐车罐体容积,当前状况;
(5)UN 编号、危险货物品名、数量,当前状况;
(6)人员伤亡及危害情况;
(7)已采取或拟采取的应急处置措施。

报警时,还可以进一步强调事故性质(泄漏、火灾、爆炸)。

在信息报告方面。全面、准确和及时地将信息报送到相关部门是驾驶员和押运人员最主要的职责,因此,合理地确定事故报告内容,显得尤为主要。按照交通运输部《交通运输突发事件信息报告和处理办法》对信息报告的要求和规定,从运输的危险货物及其当时的状态、运送的车辆及当时的状态,事故基本信息及其已经产生的影响,采取的措施等方面确定报送内容。

由于在实际运输过程中的道路危险货物运输事故,大多数是交通事故或是由交通事故导致危险货物泄漏、燃烧、爆炸等责任事故,故发生事故后要报告公安部门。此外,《危险化学品安全管理条例》要求道路运输过程中发生危险化学品事故的,驾驶员或者押运人员还应当向事故发生地交通运输主管部门报告。因此,事故现场的驾驶员、押运人员要及时向事故发生地公安机关、交通运输主管部门报警,并向本企业汇报。

企业在接到事故报告后,及时有效地向安全生产监督管理部门、环境保护主管部门、卫生主管部门等进行通报,并立即启动应急预案,会同最了解所运危险货物性质的托运人采取检修、灭火、维护现场秩序、警戒设置等应急措施,联络、协助相关救援部门、单位进行事故救援。

❹ 现场处置

针对灾害后果预测表中事故和灾害后果,至少应明确以下内容:

(1) 个体防护措施;
(2) 初期应急处置措施;
(3) 放置警告标志、设置警戒线、协助疏散人员方案;
(4) 现场保护方案;
(5) 配合政府部门开展应急救援的要求。

四、企业应急处置

❶ 信息报送与通信联络

信息报送与通信联络,至少应明确以下内容:

(1) 当地安全生产监督管理部门、环境保护、公安、卫生主管部门有效的联络方式和手段;
(2) 本企业和托运人24h有效的应急通信联络方式;
(3) 事故信息接收和通报程序、内容和时限。

❷ 响应分级

依据事故等级,确定应急响应级别。

在响应分级方面。道路危险货物运输事故可能造成不同程度的人员、财产及环境危害,企业需要有针对性地采取相应的应急响应,并对应救援组织的行动作出规定,以确保有秩序的进行救援,减少事故损失。基于道路危险货物运输事故等级的划分,响应级别设三级。

Ⅲ级响应针对一般事故,要求事发单位立即按照现场应急处置方案采取紧急措施,相关职能部门和事发单位的主要负责人应在最短时间内赶赴现场,参与制订方案,指导、协调和督促有关人员开展工作。

Ⅱ级响应针对较大事故,需要应急指挥领导小组副组长和相关职能单位主要负责人应在最短时间内赶赴现场,参与制订方案,指导、协调和督促有关部门开展工作,并配合与协调外部救援力量和政府部门的事故应急救援行动。

Ⅰ级响应针对重大及以上事故,应急领导组组长和相关职能部门主要负责人应在最短时间内赶赴现场,参与制订方案,指导、协调和督促有关部门开展工作,并配合与协调外部救援力量和政府部门的事故应急救援行动。当事故对企业造成极其恶劣的影响或企业无法自行处置时,企业应立即上报地方主管部门,必要时启动地方应急处置机制。

应急指挥部接到事件报警后,根据事件的详细信息,对警情做出判断。确定可能的响应级别后,迅速上报和统治响应的应急组织机构,及时开展应急救援工作。

❸ 应急响应和行动

依据应急响应级别,至少应明确以下内容:
(1) 应急指挥;
(2) 分析、评估事态及发展;
(3) 对现场应急处置的技术指导;
(4) 应急资源调配;
(5) 接受主管部门的组织、调度和指挥,协助应急救援;
(6) 扩大应急。

❹ 应急结束

应急结束,至少应明确以下内容:
(1) 应急终止条件;
(2) 事故情况上报事项;
(3) 需向事故调查处理小组移交的相关事项。

五、信息发布与后期处置

❶ 信息发布

明确事故信息发布的条件、部门、范围和内容等。

❷ 后期处置

恢复和重建等后期处置措施,至少应明确以下内容:
(1) 污染物处理;
(2) 受伤人员处理;
(3) 事故后果影响消除和生产运输秩序恢复;
(4) 善后赔偿;
(5) 事故经过、原因和应急处置工作经验教训报告;
(6) 应急预案的更新。

根据《中华人民共和国突发事件应对法》,发生的道路运输事故,根据其危害程度大小,由各级政府部门组织救援,包括应急响应、应急处置、信息发布及后期处置等环节。而事故发生的其他单位和道路运输企业应当服从政府发布的决定和命令,配合政府采取应急处置措施,接受交通运输主管部门的组织、调度和指挥,做好本单位的应急救援和处置工作。因此,道路危险货物运输企业应根据政府和交通主管部门的要求,给出事故信息发布的条件,明确信息范围和内容。同时,根据相关法律法规要求,积极实施恢复和重建等后期处置措施。

六、应急保障

应急保障,至少应明确以下内容:

(1) 与应急工作相关联的单位或人员的通信联系方式和方法,并提供备用方案;

(2) 本企业和托运人的应急救援队伍;

(3) 应急装备物资和储备运力,主要包括名称、型号、数量、性能、存放地点、管理者及其通信联系方式等;

(4) 应急专项经费,主要包括来源、使用范围、额度和监督管理措施;

(5) 其他相关保障,如运输保障、治安保障、技术保障、医疗保障、后勤保障等。

道路危险货物运输事故的应急保障是一项系统工程,不是某个部门或某个人所能独立解决的,它需要处理事故的各要素主体共同参与、相互配合完成。其中,包括中央及地方各级政府、道路危险货物运输管理机构、道路危险货物运输行业协会、道路危险货物运输企业等相关部门。政府作为事故应急保障的最核心要素,起到统筹协调、全面指导的作用。而道路危险货物运输企业作为企业货物道路运输的主要执行者,应保证基本的应急能力,形成一套完备的事故应急保障体系,至少包括与参与救援的部门联系方式、应急队伍、应急装备、物资和储备运力,以及应急专项经费和其他相关保证等。一旦发生事故,企业可以配合政府在最短的时间内调配人力和物力,启动应急预案和快速响应机制,指挥各要素主体快速投入应急救援当中。

第五节　道路危险货物运输事故的报告和上报程序

伤亡事故一旦发生,为了让有关部门及时掌握情况,迅速采取救援及预防等措施。必须按照有关程序及时报告。

一、事故报告的要求

《生产安全事故报告和调查处理条例》(国务院令第493号)第四条规定:事故报告应当及时、准确、完整,任何单位和个人对事故不得迟报、漏报、谎报或者瞒报。事故的报告应满足如下要求:

(1)报告内容详细,应包括发生事故的单位、时间、地点、伤亡情况、初步分析的事故原因、报告人姓名、电话等。

(2)报告迅速。伤亡事故发生后,应通过尽可能快的方式,如电话、传真等,立即报告有关部门。

(3)按照报告程序,逐级上报。

二、事故报告的程序

《生产安全事故报告和调查处理条例》(国务院令第493号)中对事故报告的程序作了如下规定:

(1)事故发生后,事故现场有关人员应当立即向本单位负责人报告;单位负责人接到报告后,应当于1小时内向事故发生地县级以上人民政府安全生产监督管理部门和负有安全生产监督管理职责的有关部门报告。

(2)情况紧急时,事故现场有关人员可以直接向事故发生地县级以上人民政府安全生产监督管理部门和负有安全生产监督管理职责的有关部门报告。

(3)事故报告后出现新情况的,应当及时补报。

(4)自事故发生之日起30日内,事故造成的伤亡人数发生变化的,应当及时补报。道路交通事故、火灾事故自发生之日起7日内,事故造成的伤亡人数发生变化的,应当及时补报。

第三篇

驾驶员篇

本篇是针对道路危险货物运输营运车辆驾驶员的培训而编写的。为了便于驾驶员的学习，本篇从道路危险货物运输企业营运车辆驾驶员的职业道德和道路危险货物运输企业营运车辆的基本要求出发，并结合道路危险货物运输事故的典型案例进行编写。本篇的主要内容有：道路危险货物运输企业营运车辆驾驶员基本要求、道路危险货物运输企业营运车辆基本要求、道路危险货物运输防御性驾驶、道路危险货物运输交通事故典型案例分析。

第十一章 道路危险货物运输企业驾驶员基本要求

第一节 道路危险货物运输驾驶员职业道德

道德是调节个人与自我、他人、社会和自然界之间关系的行为规范的总和，是靠社会舆论、传统习惯、教育和内心信念来维持的。道路危险货物运输驾驶员的行为规范和准则与社会公共安全甚为密切，在行车过程中，若一时疏忽，便会造成人民生命和财产的巨大损失。因此，加强驾驶员的职业道德教育对维护社会公共安全具有重大意义。

为加强道路危险货物运输驾驶员职业道德建设，规范道路危险货物运输驾驶员职业活动，提高道路危险货物运输驾驶员职业素质，交通部根据相关法律法规，结合道路运输行业的特点，于2006年出台了《道路运输从业人员管理规定》，并于2016年4月21日依据"交通运输部令2016年第52号"对其进行了修订，规定强调道路运输从业人员（道路危险货物运输从业人员、经营性道路客货运输驾驶员、机动车维修技术人员、机动车驾驶培训教练员、道路运输经理人和其他道路运输从业人员）应当依法经营、诚实信用、文明从业。其中明确规定道路危险货物运输从业人员实行从业资格考试制度，道路危险货物运输从业人员必须取得相应的从业资格，方可从事相应的道路运输活动。

道路危险货物运输驾驶员的职业道德是驾驶员在其履行职责的过程中逐渐形成的，要求驾驶员普遍遵守的道德原则和行为规范。它是社会道德在道路危险货物运输活动中的具体表现。

道路危险货物运输驾驶员应遵循的职业道德如下：

一、爱祖国，爱人民

爱祖国、爱人民是社会主义道德的基本要求，也是道路危险货物运输驾驶员必须遵守的原则之一。驾驶员作为道路危险货物运输最重要的从业人员，必须树立对祖国和人民高度负责的思想，自觉遵守有关法律、法规，严格执行道路危险货物运输行业的规章制度，将人民群众的生命财产和安全放在首位。道路危险货物运输驾驶员在履行驾驶职责时，必须做到"马达一响，集中思想，车轮一动，想到人民群众"，牢固树立"安全第一、预防为主"的思想。

二、爱岗敬业，忠于职业

爱岗敬业是社会主义职业道德的基础。爱岗敬业是指忠于职守的事业精神。爱岗就是热爱自己的工作岗位，热爱本职工作，敬业就是要用一种恭敬严肃的态度对待自己的工作。爱岗和敬业，互为前提，相互支持，相辅相成。"爱岗"是"敬业"的基石，"敬业"是"爱岗"的升华。一个人要做好自我的本职工作，必须要有爱岗敬业的职业精神，这是职业道德所要倡导的首要规范。在市场经济条件下，道路危险货物运输驾驶员只有爱岗敬业、以高度的职业荣誉感和自豪感，焕发出对本职工作的激情，把身心融入在职业活动中，才能在工作中充分发挥自我的聪明才智，做出出类拔萃的成绩；只有把职业当成自我的事业而不仅仅仅是谋生的手段，做到"干一行、爱一行"，才能成为社会的有用之才。

忠于职业是指忠诚地对待自己的职业岗位，尽力地遵守自己的职业本分。道路危险货物运输行业具有危险性高、运输条件严苛等特点，驾驶员作为道路危险货物运输的重要参与者必须忠于自己的职业，增强职业意识和责任感，严格按规章制度办事。因此，爱岗敬业、忠于职业是奉献社会、实现人生价值的重要途径。

三、遵纪守法，安全运输

遵纪守法就是要求道路危险货物运输驾驶员在运输过程中自觉遵守交通运输法律法规及行业管理规定，遵守职业纪律，自觉抵制行业内的各种不正之风。遵纪守法、安全运输体现了道路危险货物运输驾驶员对国家、对人民以及对职业利益的尊重与保护，是发展社会主义市场经济的客观要求，也是抑制部门和行业不正之风的需要，是社会主义职业道德的一条重要规范。

危险货物的危险性主要表现在爆炸性、易燃性、毒性、腐蚀性、放射性和污染等方面，据不完全统计危险品的种类高达 3 万多种。这些危险品在运输过程需要特别防护和管理,一旦受到某些外界因素的影响就可能造成人员伤亡和财产损毁。故道路危险货物运输驾驶员的责任非常重大,如驾驶员缺乏职业道德和责任心,就有可能造成货物的燃烧、爆炸、泄漏等事故,若处理不当不仅影响运输任务的完成,而且很可能造成人员伤亡、环境污染和巨大的财产损失等。因此,作为道路危险货物运输的驾驶员必须认真学习企业安全生产的法规、技术标准和安全管理规章制度、安全操作规程,掌握危险货物运输的专业知识和发生意外时的处置措施;树立遵纪守法的思想,时时刻刻严格要求自己,加强自身道德修养,养成良好的遵纪守法的习惯和意识,确保运输安全,避免各类事故的发生。

四、团结协作,顾全大局

团结协作、顾全大局是处理职业团体内部人与人之间,以及协作单位之间关系的一条道德规范。社会的进步和事业的发展,是千千万万职业劳动者共同的任务,劳动者彼此之间和协作单位之间需要互相支持、互相帮忙。这是一种在共同利益、共同目标下进行的相互促进的活动。透过彼此的相互支持,才能构成职业团体、行业团体中良好的道德氛围,激励和提高劳动者的劳动热情,充分发挥他们的创业潜能,创造更好的经营业绩,同时实现更好地为社会服务的目的。现代社会分工越来越细,对协作的要求越来越高,单靠个人的力量孤军奋战,即使再有潜力,也难以获得事业的成功。这也就是许多企事业在招聘员工时都要详细考察应聘者是否具有"团队精神"的原因。

五、刻苦学习,不断进取

职业技能是人们进行职业活动、履行职业职责的潜力和手段。它要求所有从业人员努力钻研所从事的专业,孜孜不倦,锲而不舍,不断提高技能。因为没有丰富的业务知识和熟练的服务技能就不可能有优良的服务质量,也就体现不出良好的职业道德。同时,现代科学技术发展迅猛,知识不断更新,社会发展的速度日益加快,学习型社会、学习型组织逐步建立。作为新世纪的劳动者,只有勤于探索,不断学习,才能紧跟时代发展的步伐。透过学习新知识、新技术,洞察事物的发展方向,研究新方法,走出新路子,开拓新途径,才能在不断发展和变化的社会中找准自我的位置。因此,要培养职工的学习意识,乐于学习,善于学习,终身学习。

六、规范操作,文明从业

道路危险货物运输行业具有危险性高、运输条件苛刻等特点,驾驶员除了过硬的驾驶技术和敏捷的判断力之外,还必须严格遵守操作流程,提升驾驶水平,不断加强理论知识学习,掌握各类危险品的物理性质、化学性质、危害特性、包装要求以及运输要求等特性,以便在发生事故时采取正确、果断的措施及时进行处置,同时不断提高职业道德素质。规范操作、文明从业是道路危险货物运输行业对驾驶员的基本要求,也是驾驶员钻研驾驶技术的依据,即要求驾驶员在驾驶过程中按照技术要求,循规蹈矩,形成规范的技能技巧,尤其因为道路危险货物运输的特殊要求,绝不能盲目蛮干,要注重实践,善于总结经验,掌握过硬的驾驶技术和敏捷的处理能力。

七、诚实守信,服务行业

诚实守信是做人的基本准则,是社会道德和职业道德的基本规范。诚实是忠于事物的本来面貌,不隐瞒自己的真实思想,不掩饰自己的真实感情,不说谎,不作假,不为不可告人的目的而欺瞒别人;守信是讲信用,讲信誉,信守承诺,忠实于自己承担的义务,答应了别人的事一定要去做。忠诚地履行自己承担的义务是每一个现代公民应有的职业品质。对人以诚信,人不欺我;对事以诚信,事无不成。

"诚实守信"是人和人之间正常交往、社会生活能够稳定、经济秩序得以保持和发展的重要力量。对一个人来说,"诚实守信"既是一种道德品质和道德信念,也是每个公民的道德责任,更是一种崇高的"人格力量"。从经济生活来看,"诚实守信"是经济秩序的基石,是企业的"立身之本"和一种"无形的资产";从政治道德来看,"诚实守信"是一种极其重要的"品性",是"政治意识"和"责任意识"的体现;从人际关系来看,"诚实守信"是人和人在社会交往中最根本的道德规范,也是一个人最主要的道德品质,人们在交往中,相互信任是相处的基础,其关键就在于"诚实守信"。因此,诚实守信、服务行业是对道路危险货物运输驾驶员的基本要求。

第二节　道路危险货物运输驾驶员基本要求

由于道路危险货物运输行业的高风险性,要保证道路运输的安全,要求道路危险货物运输的直接参与者驾驶员除要满足《机动车驾驶证申领和使用规定》中的身体素质和文化要求外,还要求驾驶员必须满足《道路运输从业人员管理规定》中对驾驶员的资质要求和要满足的职业素质,以及《道路交通安全法》对规范驾驶的要求;同时,驾驶员还应严格遵守公司的制订的规章制度和操作流程。

一、驾驶员基本要求

驾驶员是道路危险货物运输的直接参与者,驾驶员的身体素质、文化素质、资质条件、职业素质和文明驾驶习惯等都对道路运输安全有着重大的影响,只有满足以上所有条件的才能成为一名合格的道路危险货物运输的驾驶员。

❶ 身体素质

由于危险货物运输的特性,要求从事道路危险货物运输的驾驶员年龄不超过60周岁,身体健康,无运动功能障碍,无红绿色盲,无《机动车驾驶证申领和使用规定》中规定的影响驾驶安全的其他疾病,如:有器质性心脏病、精神病以及影响肢体活动的神经系统疾病等。

❷ 文化素质

由于道路危险货物运输具有特殊性,若在运输、装卸、储藏作业中操作不当,极易发生爆炸、燃烧、中毒、腐蚀等严重事故,造成大量的人员伤亡、财产损失、环境破坏,因此,要求从事道路危险货物运输的驾驶员,不仅要掌握驾驶车辆的技能,还要具备基本的文化知识,要求驾驶员应具备初中毕业以上的学历,以便能更全面和深入地了解所装运危险货物的性质、危险特性、包装物或者容器的使用要求和发生意外事故时的处置措施。

❸ 资质条件

从事道路危险货物运输的驾驶员必须取得相应的机动车驾驶证,3年内无重大以上交通责任事故,道路危险货物运输驾驶员还应符合取得经营性道路旅客运输或者货物运输驾驶员从业资格2年以上或者接受全日制驾驶职业教育的;同时,对于道路危险货物运输驾驶员实行从业资格考试制度,经考试合格,取得相应的从业资格证件。

❹ 职业素质

道路危险货物运输驾驶员除了具备出色的驾驶技术外,还必须定期接受交通部门或者所属企业组织的危险货物运输法规、安全知识、专业技术、职业卫生防护和应急救援知识的培训,了解危险货物性质、危害特征、包装容器的使用特性和发生意外时的应急措施;还需接受其所属企业或单位安排的有关运输安全生产和基本应急知识等方面的考核;经考试合格,方能从事相关工作。

❺ 文明驾驶,安全行车

驾驶员在行车中,必须严格遵守法律、法规和规章制度,文明驾驶,礼让行车,做到不开"英雄车""情绪车""急躁车""冒险车"和"带病车",做到不疲劳驾驶、不酒后驾驶、不关闭动态监控系统等。

二、驾驶员岗位职责

（1）道路危险货物运输驾驶员应当严格按照《危险货物道路运输规则 第1部分:通则》（JT/T 617.1—2018）、《危险货物道路运输规则 第6部分:装卸条件及作业要求》（JT/T 617.6—2018）、《危险货物道路运输规则 第7部分:运输条件及作业要求》（JT/T 617.7—2018）操作,不得违章作业。

（2）道路危险货物运输驾驶员在从事道路运输活动时,应当携带相应的从业资格证件,并应当遵守国家相关法规和道路运输安全操作规程,不得违法经营、违章作业。经营性道路危险货物运输驾驶员在岗从业期间,应当按照规定定期参加继续教育。

（3）道路危险货物运输驾驶员不得超限、超载运输,驾驶员一次连续驾驶4h应休息20min以上;24h内实际驾驶车辆时间累计不得超过8h。驾驶运输危险货物的车辆在一般道路上最高车速为60km/h,在高速公路上最高车速为80km/h,并应确认有足够的安全车间距离。如遇雨天、雪天、雾天等恶劣天气,最高车速为20km/h,并打开示警灯,警示后车,防止追尾。

（4）道路危险货物运输驾驶员应当按照规定填写行车日志。行车日志式样由省级道路运输管理机构统一制定。

（5）道路危险货物运输驾驶员应当按照道路交通安全主管部门指定的行车时间和路线运输危险货物。

（6）在道路危险货物运输过程中发生燃烧、爆炸、污染、中毒或者被盗、丢失、流散、泄漏等事故,道路危险货物运输驾驶员、押运人员应当立即向当地公安部门和所在运输企业或者单位报告,说明事故情况、危险货物品名和特性,并采取一切可能的警示措施和应急措施,积极配合有关部门进行处置。

（7）运输危险货物过程中,驾驶员应密切注意车辆所装载的危险货物,根据危险货物性质定时停车检查,发现问题及时采取措施妥善处理。驾驶员、押运人员不得擅自离岗、脱岗。运输过程中如发生事故时,驾驶员人和押运人员应立即向当地公安部门及安全生产管理部门、环境保护部门、质检部门报告,并应看护好车辆、货物,共同配合采取一切可能的警示、救援措施。

第十二章 道路危险货物运输企业营运车辆基本要求

为确保营运安全,从事道路危险货物运输的车辆除了满足道路普通货物营运车辆的要求外,还必须满足危险品道路运输的特殊要求。正确认识和掌握道路危险货物运输车辆和设备的特殊要求,并切实加强危险货物营运车辆的管理监督,对道路危险货物运输企业的营运安全,提高运输效率和经济效益,具有非常重要的意义。

第一节　道路危险货物运输车辆车型要求

一、车型选择

道路危险品是指易燃易爆有强烈腐蚀性的物品的统称,危险品的运输存在巨大的危险性,稍不注意可能会造成物资损失或者人员伤亡。

由于不同危险品的物理化学性质不同,在装卸、包装、搬运、运输、储存等方面需要特别防护,危险品在道路运输动态过程中更需要对其进行防护,由此根据9类危险货物的形态和性质,选择合适车型非常重要。

1 车型选择的基本要求

(1)爆炸类危险品运输车辆选择。运输爆炸品的车辆应为罐式车辆或货箱为整体封闭结构的厢式货车。运输的爆炸类危险品主要有黑火药、压缩黑火药、硝胺炸药、电引爆雷管、爆破炸药、点燃导火索、专用烟火制品等。

(2)易燃气体类危险品运输车辆选择。运输易燃气体类危险品应为厢式运输车和气瓶运输车。运输易燃气体类危险品主要有液化石油气、丁烷、丙烷、打火机或打火机加油器、压缩煤气、压缩氧等。

(3)易燃液体类危险品运输车辆的选择。运输易燃液体类危险品应为罐式车辆或者厢式运输车。运输易燃液体类危险品主要是具有独立容器包装的黏合剂、涂料、涂料溶液、苯、甲醇、乙醇、丙酮、甲苯、二甲苯、油漆等。

(4)毒性和感染性类危险品运输车辆的选择。运输毒性和感染性类危险品应为专用罐车或者厢式运输车。运输易燃液体类危险品主要是具有独立容器(瓶)包装的砷、苯酚、二甲基苯胺、苯胺、邻甲苯胺、丙烯醛、烯丙醇、甲基氯(醚)、氧化汞、农药等。

(5)腐蚀性类危险品运输车辆的选择。运输腐蚀类危险品应为专用罐车、可移动罐体车或者厢式运输车。运输易燃液体类危险品主要是具有独立容器(瓶)包装的氨溶液(氨水)、甲醛溶液、除锈磷化液(除锈磷化处理剂)、电池电解液、木馏油等。

(6)杂项类危险品运输车辆的选择。运输杂项类危险品应为厢式运输车。运输的物质主要有废物混合物、含铜废物介质、含镍废物介质等。

2 车型选择的特定要求

对于危害性比较大的危险品,《危险货物道路运输规则》(JT/T 617—2018)中还对这些危险运输车辆的选择规定了特定要求如下:

(1)运输爆炸品的车辆,应符合国家爆破器材运输车辆安全技术条件规定的有关要求。

(2)运输爆炸品、固体剧毒品、遇湿易燃物品、感染性物品和有机过氧化物时,应使用厢式货车运输,运输时应保证车门锁牢;对于运输瓶装气体的车辆,应保证车厢内空气流通。

(3)运输液化气体、易燃液体和剧毒液体时,应使用不可移动罐体车、拖挂罐体车或罐式集装箱;罐式集装箱应符合《系列1集装箱 技术要求和试验方法 液体、气体及加压干散货罐式集装箱》(GB/T 16563—2017)的规定。

(4)运输危险货物的常压罐体,应符合《道路运输液体危险货物罐式车辆 第1部分:金属常压罐体技术要求》(GB 18564.1—2006)规定的要求。

(5)运输危险货物的压力罐体,应符合《压力容器》(GB 150—2011)规定的要求。

(6)运输放射性物品的车辆,应符合《放射性物质安全运输规程》(GB 11806—2004)规定的要求。

(7)运输需控温危险货物的车辆,应有有效的温控装置。

(8)运输危险货物的罐式集装箱,应使用集装箱专用车辆。

二、运输车辆的管理

不同类型的危险品在道路运输过程中需要选择不同的车辆类型,其中罐式车辆、厢式货车、集装箱运输车和栏板货车在9类危险品运输过程中使用最为广泛,因此,对于这些危险品运输车辆的管理尤为重要。以下是对上述几种车辆管理的要求。

1 罐式车辆

罐式车辆主要用于爆炸类、易燃液体类、毒性和感染性类和腐蚀类危险品的运输,针对危险品的种类及其危害程度不同,设计、制造专用罐式车辆,不仅可以提高车辆的载运率,保证货物质量,降低运输成本,同时可以保证运输的安全性改善装卸条件。罐式车辆种类很多,通常按其罐式容器的用途、结构、安装方法及卸货方法进行分类。其中按用途分为:液体罐车、粉罐汽车、气罐汽车、颗粒罐车等;按结构用途分为:常压专用罐车和压力容器专用罐车;按照安装形式分为:卧式罐车、立式罐车和斗式罐车;按装卸方式分为:重力卸货、动力卸货和真空卸货罐车。

常压罐式车辆罐体生产企业应当取得工业产品生产许可证,并按照《道路运输液体危险货物罐式车辆》要求设计罐体。常压罐式车辆罐体生产企业应当申请国务院质量监督检验检疫部门与国务院交通运输主管部门共同认定的检验机构(以下简称"检验机构")对其生产的罐体进行检验,检验合格后方可出厂销售。同时检验机构应当对每台检验合格的罐体出具检验合格证书,检验合格证书应当至少包括罐体编号、适装介质列表和下次检验日期等内容。常压罐式车辆罐体生产企业应当按照要求为罐体分配唯一性编码,并在罐体上安装的永久性金属铭牌上予以标注。道路运输管理机构在为罐式车辆配发道路运输证时,应当查验罐体工业产品生产许可证复印件或者罐体特种设备制造许可证复印件、检验机构出具的罐体检验合格证书。

罐式车辆罐体应当在检验有效期内承运危险货物。常压罐式车辆罐体使用人应当向检验机构申请定期检验,检验周期为2.5年,检验机构对每台定期检验合格的罐体签发定期检验报告,检验信息应标注在罐体上。常压罐式车辆罐体的重大维修、改造,应当委托具备罐体生产许可资质的企业实施,并通过检验机构的特别检验、取得相应证书后方可重新投入使用。用于运输危险货物的可移动罐柜、罐箱应当符合有关法律、法规、标准和技术规范的强制性要求,经海事管理机构认可的具备集装箱检验能力和资格的检验机构检验,取得检验合格证书或定期检验报告,并具有相应的安全合格牌照及标志,按照规定用途使用。

装过危险货物的(罐车)罐体以及压力容器在卸货后,其内部仍存有少量残留的危险货物。有关危险货物在使用时是不允许用完的,在容器内要保留一定的量和压力,尤其压力容器使用(卸载)后必须有一定剩余量的危险货物。这样的"空容器"应按原装危险货物条件运输。对于液化气体运输车的设计需执行行业标准《液化气体汽车罐车》(GB/T 19905—2017),罐体的强度、刚度和稳定性计算必须依据基础标准。

② 厢式货车

厢式货车是具有独立的封闭结构车厢,或与驾驶室联成一体的整体式封闭结构车厢,主要用于载运货物的商用车,特殊种类的厢式货车还可以运输化学危险物品。厢式货车具有机动灵活、操作方便、工作高效、运输量大,充分利用空间及安全、可靠等优点。因此,在危险品运输中经常采用厢式货车进行运输。厢式货车分为两种:一种是驾驶室与车厢分离;另一种是驾驶室与车厢同为一室的客货两用的厢式货车。进行危险品运输只能采用驾驶室和车厢分离的厢式货车。因为一旦危险货物发生泄漏,车厢内充满有害物质,会使驾驶员失去驾驶能力,造成严重的后果。厢式货车适宜运输爆炸物品、遇湿易燃物品、氧化剂及毒害品等危险货物,在运输中能防止货物货损、货差和丢失;能起到防雨、防雷等保护作用。机动车货箱应是木质底板,这样可以避免产生火花;若用铁质底板,就应采用相应的衬垫防护。

控温厢式货车,其车厢内应有制冷或加温装置以及保温措施,驾驶室应有温度监控系统。这类厢式车多数从事有机过氧化物、疫苗、菌苗的运输。

③ 集装箱运输车

集装箱运输车是一种将品种众多、形状各异、大小不等的货物在运输前装入标准尺寸的特制箱内以便于水陆空联运的运输方式,它能实现装卸、运输机械化、标准化,是交通运输现代化的重要组成部分。

1) 集装箱的定义

集装箱是集装箱运输车的重要组成部分,根据《集装箱术语》(GB/T 1992—2006)和《系列1集装箱 分类、尺寸和额定重量》(GB/T 1413—2008)对集装箱定义为符合下列条件的一种供货运输设备:

(1) 能长期反复使用,具有足够的强度和刚度;

(2) 有装卸、搬运的装置,便于进行机械装卸;

(3) 能方便地在各种运输工具之间直接换装、固定,不翻动箱内的货物;

(4) 便于货物满装和卸空;

(5)容积不小于1m³;

(6)是一种按照确保安全的要求设计,并具有防御无关人员轻易进入的货运工具。

2)集装箱的优点

《道路危险货物运输管理规定》规定运输剧毒化学品、爆炸品、易制爆危险化学品的,应当配备罐式集装箱车辆或者普通集装箱车辆进行运输。罐式集装箱主要用于易燃液体等危险品的运输。采用集装箱的形式进行危险品运输具有以下优点:

(1)保证货物运输安全。集装箱运输大大减少了传统运输方式中人力装卸、搬运的次数,这就可以避免人为和自然因素造成的货物破损、湿损、丢失等货运事故,减少经济损失。

(2)节省货物包装材料。使用集装箱运输,可以简化或不用运输包装,节省包装材料和费用,降低商品的成本。

(3)简化货运作业手续。货物采用集装箱运输后,以箱作为货物的运输单元,减少了繁杂的作业环节,简化了货运作业手续。

(4)提高装卸作业效率。由于集装箱的装卸作业适于机械化,其装卸作业效率得到了大幅度的提高。同时,大大缩短了集装箱的站(港)的停留时间,加速了车船的周转和货物的送达。

(5)减少运营费用,降低运输成本。货损、货差大为减少,货物保险费也随之下降;开展"门到门"运输业务后,可大量节省仓库的建造费用和仓库作业费用等。

(6)便于自动化管理。集装箱是一种规格化货物运输单元,这就为自动化管理创造了便利条件。

❹ 栏板货车

栏板货车的车厢底板必须平整完好,周围栏板必须牢固,周围没有栏板的车辆不得装运危险货物。

三、车辆限制

由于危险货物自身理化性质的不稳定,在包装运输装卸过程中对于环境、温度、湿度、振动、摩擦、冲击等因素的防范,要求非常严格。为此,《道路危险货物运输管理规定》和《危险货物道路运输规则》(JT/T 617—2018)、《道路运输爆炸品和剧毒化学品车辆安全技术条件》(GB 20300—2018)中对道路运输危险货物运输工具作了限制。

1 车型限制

用于运输装卸危险货物的机械及工具的技术状况应当符合行业标准《危险货物道路运输规则》(JT/T 617—2018)规定的技术要求。不得使用罐式专用车辆或者运输有毒、感染性、腐蚀性危险货物的专用车辆运输普通货物;其他专用车辆可以从事食品、生活用品、药品、医疗器具以外的普通货物运输,但应当由运输企业对专用车辆进行消除危害处理,确保不对普通货物造成污染、损害;不得将危险货物与普通货物混装运输。

《危险货物道路运输规则》(JT/T 617—2018)中规定运输液化气体、易燃液体和剧毒液体时,应使用不可移动罐体车、拖挂罐体车或罐式集装箱;罐式集装箱应符合《系列 1 集装箱 技术要求和试验方法 液体、气体及加压干散货罐式集装箱》(GB/T 16563—2017)的规定。

2 车况限制

道路危险品运输专用车辆的车况直接关系到运输的安全,专用车辆应当配备符合有关国家标准以及与所载运的危险货物相适应的应急处理器材和安全防护设备。因此,道路危险货物运输企业或者单位应当严格按照《道路运输车辆技术管理规定》中有关车辆管理的规定,对运输危险品的专用车辆进行维护、检测、使用和管理,确保专用车辆技术状况良好。设区的市级道路运输管理机构应当定期对运输危险品的专用车辆进行审验,每年审验一次。审验按照《道路运输车辆技术管理规定》进行,并增加以下审验项目:

(1)专用车辆投保危险货物承运人责任险情况;

(2)必需的应急处理器材、安全防护设施设备和专用车辆标志的配备情况;

(3)具有行驶记录功能的卫星定位装置的配备情况。

对于使用压力容器运输危险货物的,应当符合国家特种设备安全监督管理部门制定并公布的《移动式压力容器安全技术监察规程》(TSG R0005—2011)等有关技术要求。压力容器和罐式专用车辆应当在质量检验部门出具的压力容器或者罐体检验合格的有效期内承运危险货物。罐式专用车辆的常压罐体应当符合国家标准《道路运输液体危险货物罐式车辆 第 1 部分:金属常压罐体技术要求》(GB 18564.1—2006)、《道路运输液体危险货物罐式车辆 第 2 部分:非金属常压罐体技术要求》(GB 18564.2—2008)等有关技术要求。

《危险货物道路运输规则》(JT/T 617—2018)中规定危险品运输车辆技术状况应符合《道路运输车辆技术等级划分和评定要求》(JT/T 198—2016)规定的一

级车况标准。对于运输易燃易爆危险货物车辆的排气管,应安装隔热和熄灭火星装置,并配装符合《汽车导静电橡胶拖地带》(JT 230—1995)规定的导静电橡胶拖地带装置。运输危险货物的车辆还应配备消防器材并定期检查、维护,发现问题应立即更换或修理。

对于运输爆炸品的车辆,应符合国家爆破器材运输车辆安全技术条件规定的有关要求。运输爆炸品、固体剧毒品、遇湿易燃物品、感染性物品和有机过氧化物时,应使用厢式货车运输,运输时应保证车门锁牢;对于运输瓶装气体的车辆,应保证车厢内空气流通。

《危险货物道路运输规则 第6部分:装卸条件及作业要求》(JT/T 617.6—2018)和《危险货物道路运输规则 第7部分:运输条件及作业要求》(JT/T 617.7—2018)中规定运输危险货物车辆的车厢底板应平坦完好、栏板牢固,对于不同的危险货物,应采取相应的衬垫防护措施(如铺垫木板、胶合板、橡胶板等),车厢或罐体内不得有与所装危险货物性质相抵触的残留物。对于运输腐蚀品的罐体材料和附属设施应具有防腐性能。

❸ 车辆使用限制

《道路运输车辆技术管理规定》中规定禁止使用报废的、擅自改装的、检测不合格的、车辆技术等级达不到一级的和其他不符合国家规定的车辆从事道路危险货物运输。除铰接列车、具有特殊装置的大型物件运输专用车辆外,严禁使用货车列车从事危险货物运输;倾卸式车辆只能运输散装硫黄、萘饼、粗蒽、煤焦沥青等危险货物。禁止使用移动罐体(罐式集装箱除外)从事危险货物运输。运输危险品的专用车辆应当按照国家标准《道路运输危险货物车辆标志》(GB 13392—2005)的要求悬挂标志。

《危险货物道路运输规则》(JT/T 617—2018)中规定对于不可移动罐体车罐体永久性固定在车辆底盘上,不能与车辆分离。对于拖挂罐体车需永久性固定在挂车底盘上,与挂车不可分离。

❹ 车辆装载限制

《道路危险货物运输管理规定》对于运输剧毒化学品、爆炸品、强腐蚀性危险货物的非罐式专用车辆,核定载质量不得超过10吨,但符合国家有关标准的集装箱运输专用车辆除外。同时严禁专用车辆违反国家有关规定超载、超限运输。道路危险货物运输企业或者单位使用罐式专用车辆运输货物时,罐体载货后的总质量应当和专用车辆核定载质量相匹配;使用牵引车运输货物时,挂车载货后的总质量应当与牵引车的准牵引总质量相匹配。

第二节　道路危险货物运输车辆基本要求

由于危险品的种类不同,道路危险货物运输车辆技术要求、管理要求和安全要求,除了满足对普通货物运输的要求外,还需要满足特定危险品运输的要求。正确认识和掌握道路危险货物运输车辆和设备的特殊要求,并切实加强管理,对道路危险货物运输安全,提高运输效率和经济效益,具有十分重要的意义。

一、技术要求

《道路运输车辆技术管理规定》中对道路货物运输车辆的基本技术条件进行的规定,对于从事道路运输经营的车辆应当符合下列技术要求:

(1)运输车辆的外廓尺寸、轴荷和最大允许总质量应当符合《汽车、挂车及汽车列车外廓尺寸、轴荷及质量限值》(GB/T 1589—2016)的要求。

(2)运输车辆的技术性能应当符合《道路运输车辆综合性能要求和检验方法》(GB 18565—2016)的要求。

(3)运输车型的燃料消耗量限值应当符合《营运货车燃料消耗量限值及测量方法》(JT/T 719—2016)的要求。

(4)运输车辆技术等级应当达到二级以上。危险货物运输车辆技术等级应当达到一级。技术等级评定方法应当符合国家有关道路运输车辆技术等级划分和评定的要求。

(5)危险货物运输车辆应当符合《危险货物道路运输规则》(JT/T 617—2018)的要求。

(6)运输爆炸品的车辆,应符合国家爆破器材运输车辆安全技术条件规定的有关要求。

(7)运输爆炸品、固体剧毒品、遇湿易燃物品、感染性物品和有机过氧化物时,应使用厢式货车运输,运输时应保证车门锁牢;对于运输瓶装气体的车辆,应保证车厢内空气流通。

二、管理要求

道路危险货物运输车辆的管理对道路运输安全十分重要,因此,危险货物运输车辆必须满足以下管理要求:

(1)道路运输经营者应当定期到机动车综合性能检测机构,对道路运输车辆进行综合性能检测。

(2)道路运输经营者应当自道路运输车辆首次取得《道路运输证》当月起，按照下列周期和频次，委托汽车综合性能检测机构进行综合性能检测和技术等级评定。

(3)危险货物运输车辆自首次经国家机动车辆注册登记主管部门登记注册不满60个月的，每12个月进行1次检测和评定；超过60个月的，每6个月进行1次检测和评定。

(4)危险货物运输车辆的综合性能检测应当委托车籍所在地汽车综合性能检测机构进行。货车的综合性能检测可以委托运输驻在地汽车综合性能检测机构进行。

(5)道路运输经营者应当选择通过质量技术监督部门的计量认证、取得计量认证证书并符合《汽车综合性能检验机构能力的通用要求》(GB/T 17993—2017)等国家相关标准的检测机构进行车辆的综合性能检测。

(6)汽车综合性能检测机构对新进入道路运输市场车辆应当按照《道路运输车辆燃料消耗量达标车型表》进行比对。对达标的新车和在用车辆，应当按照《道路运输车辆综合性能要求和检验方法》《道路运输车辆技术等级划分和评定要求》实施检测和评定，出具全国统一式样的道路运输车辆综合性能检测报告，评定车辆技术等级，并在报告单上标注。车籍所在地县级以上道路运输管理机构应当将车辆技术等级在《道路运输证》上标明。汽车综合性能检测机构应当确保检测和评定结果客观、公正、准确，对检测和评定结果承担法律责任。

(7)汽车综合性能检测机构应当建立车辆检测档案，档案内容主要包括：车辆综合性能检测报告(含车辆基本信息、车辆技术等级)、客车类型等级评定记录。车辆检测档案保存期不少于两年。

三、安全要求

由于危险品的危险系数高、危害性大等特点，道路危险品运输车辆除了满足上述营运车辆的基本要求外还应满足以下要求：

(1)运输车辆安全技术状况应符合《机动车运行安全技术条件》(GB 7258—2017)的要求。

(2)危险货物运输车辆技术状况应符合《道路运输车辆技术等级划分和评定要求》(JT/T 198—2016)规定的一级车况标准。

(3)危险货物运输车辆应配置符合《道路运输危险货物车辆标志》(GB 13392—2005)规定的标志，并按规定使用。

(4)危险货物运输车辆应配置运行状态记录装置(如行驶记录仪)和必要的

通信工具。

(5)运输易燃易爆危险货物车辆的排气管,应安装隔热和熄灭火星装置,并配装符合《汽车导静电橡胶拖地带》(JT 230—1995)规定的导静电橡胶拖地带装置。

(6)车辆应有切断总电源和隔离电火花装置,切断总电源装置应安装在驾驶室内。

(7)车辆车厢底板应平整完好,周围栏板应牢固;在装运易燃易爆危险货物时,应使用木质底板等防护衬垫措施。

(8)各种装卸机械、工、属具,应有可靠的安全系数;装卸易燃易爆危险货物的机械及工、属具,应有消除产生火花的措施。

(9)根据装运危险货物性质和包装形式的需要,应配备相应的捆扎、防水和防散失等用具。

(10)运输危险货物的车辆应配备消防器材并定期检查、维护,发现问题应立即更换或修理。

四、特定要求

对于危害性比较大的危险品《危险货物道路运输规则》(JT/T 617—2018)中还对这些危险运输车辆的选择规定了特定要求如下:

(1)运输爆炸品的车辆,应符合国家爆破器材运输车辆安全技术条件规定的有关要求。

(2)运输爆炸品、固体剧毒品、遇湿易燃物品、感染性物品和有机过氧化物时,应使用厢式货车运输,运输时应保证车门锁牢;对于运输瓶装气体的车辆,应保证车厢内空气流通。

(3)运输液化气体、易燃液体和剧毒液体时,应使用不可移动罐体车、拖挂罐体车或罐式集装箱;罐式集装箱应符合《系列1集装箱 技术要求和试验方法 液体、气体及加压干散货罐式集装箱》(GB/T 16563—2017)的规定。

(4)运输危险货物的常压罐体,应符合《道路运输液体危险货物罐式车辆》(GB 18564—2006)规定的要求。

(5)运输危险货物的压力罐体,应符合《压力容器》(GB 150—2011)规定的要求。

(6)运输放射性物品的车辆,应符合《放射性物质安全运输规程》(GB 11806—2004)规定的要求。

(7)运输需控温危险货物的车辆,应有有效的温控装置。

(8)运输危险货物的罐式集装箱,应使用集装箱专用车辆。

第十三章 道路危险货物运输车辆防御性驾驶

近年来,日趋严峻的交通安全形势,成为制约道路危险货物运输安全生产的瓶颈。影响道路危险货物运输安全的因素既有车辆设备因素,也有驾驶员本身的驾驶素质与安全技能的因素,同时还受到外界环境条件的影响,其中驾驶员本身的驾驶素质与安全技能是一个相当重要的影响因素。防御性驾驶技术始于20世纪50年代,应用流行于英、美等国家,并逐渐成为世界性通用技术,成效显著。它不是教人开车的技术,而是一套技巧,系统地令驾驶者在道路行驶上面对不同环境,具备判断路上危机的能力,使自己处于一个安全有利位置。通俗地说,就是将不可能发生的事当作有可能发生,提前预防。道路危险货物运输驾驶员驾驶车辆时经常性遇到非机动车、"五小车辆"、行人横过马路于交叉路口抢行,机动车辆超速、强超、强会、超载、疲劳驾驶、占道行驶、违法乱停、交叉路口抢行等行为导致恶性事故发生,给我们带来了惨痛的教训和损失。因此,道路危险货物运输驾驶员在驾驶车辆时要有预见性,提前采取安全措施,在开车时给自己留下空间,避免意外情况的发生。

第一节 防御性驾驶的基本知识

一、防御性驾驶定义

防御性驾驶是指驾驶员在行车过程中更全面地观察并了解驾驶环境,随时针对路况、行人及环境与交通有关的迹象进行分析判断,更准确地预测不确定的潜在危险因素并做出预测估计,及时采取避让减速或停车等措施,避免发生交通事故。防御性驾驶要求驾驶员做到以下方面:

(1)要求驾驶员在驾驶时规范操作,尽量不犯错误和少犯错误,确保自己驾驶的车辆不会主动发生交通事故。

(2)在别人犯错误时要能够及时发现并宽容合理对待处理,提前采取措施进行避让确保不出现被动性的交通事故。

(3)通过有效的看、听等感觉预测及认识可能发生的情况而预先采取措施,预防因为别人的失误或环境因素而造成交通事故,保证行车安全。

(4)防御性驾驶是预测危险并远离危险的一种驾驶技术和哲学,也是驾驶员的驾驶态度、安全意识和技能的综合体现。

防御性驾驶的核心是预防措施、安全驾驶的意识、安全驾驶的习惯,不主动造成事故,不被动涉及事故,目标是安全导向而非责任导向。形成科学、安全的驾驶体系,驾驶员要了解自身的因素,全面观察了解环境及车辆的性能技术状况,预测不确定的、潜在的危险因素,及时采取有效措施,避免发生交通事故。

防御性驾驶培训的目标是让驾驶员养成良好的驾驶习惯,形成良好的安全理念,增强驾驶员防范意识,提高驾驶员行车过程中集中注意力,尽早识别并有意识的抉择准确而又迅速的动作,避免发生交通事故。

二、驾驶员分类

道路危险货物运输过程中的驾驶员主要分为三类:攻击性驾驶员、防御性驾驶员和平庸性驾驶员。

攻击性驾驶员驾驶车辆时的特点是:车速快猛,横冲直撞,频繁变道,制动急而次数多;攻击性驾驶员的动作快、车速快、注重操作,但不能全面考虑潜在的危险,在道路行驶过程中存在很大的危险性。

防御性驾驶员驾驶车辆时的特点是:车速稳当,遵章守法,注意力集中,操作平稳有序,车速快慢控制适当,有效抉择,避免危险,积累驾驶经验技术,不断提高熟练驾驶技巧,在道路行驶过程中能够最大限度地保证运输的安全。

平庸性驾驶员驾驶车辆时的特点是:该走不走、该停不停,行车无规律,顾前不顾后,看左管不了右,在道路行驶过程中也存在潜在的危险性。

三、驾驶过程中的风险评估

道路危险货物运输安全与人民群众的生产、生活密切相关,直接影响人民的利益和经济建设的发展。目前,随着经济的不断发展,道路危险货物运输行业有了跨越式发展,在道路运输过程中的安全风险越来越高,严重威胁着人民的生命财产安全。目前,大多数道路危险货物运输事故的发生主要是由于驾驶员操作不当造成。为避免道路危险货物运输安全事故的发生,行车过程中的风险评估非常重要。行车过程中的风险评估主要有三个方面:观察行驶环境、风险评估、确定危险源。

(1)观察行驶环境。驾驶员行车过程中必须随时观察和掌握前方情况、后方和两侧的情况,防范驾驶盲区的影像。

(2)风险评估。在驾驶车辆行驶过程中,迫使驾驶员调整行车速度或方向的任何障碍物都是危险源。在驾驶车辆的途中驾驶员同时要接收大量的信息(如:各种类型交通参与者,不同颜色的标志、建筑物、宣传广告、风情风貌等,且有很多东西会引起驾驶员关注,而真正的危险却被驾驶员忽略,驾驶员必须学会选择观察,过滤大量无关消息,辨识潜在危险进行风险评估,合理操作)。

(3)确定危险源。道路危险货物运输过程中主要有六大危险源:行人、电动车、摩托车等,道路隐藏性路口、小区出入口、窄路、交叉路口等,山路、弯路视线不良的道路超车、会车,红绿灯路口及违章停车、急制动、急打方向、急变道等。

在驾驶车辆行驶过程中,道路危险货物运输驾驶员要时刻观察行驶环境,快速辨别行驶环境中存在的危险源,有效抉择,避免危险源,不断提高熟练驾驶技巧,确证道路危险货物运输的安全。

第二节　防御性驾驶技术

一、防御性驾驶要领

防御性驾驶技术的五大要领:预估风险,放眼远方,顾全大局,留有余地,引人注意。

预估风险是根据路况、天气等情况提前估计可能造成事故的潜在危险。比如雨天驾驶,必然会遇到路面湿滑、积水的问题;通过十字路口时候,可能会遭遇行人、非机动车、甚至是机动车突然闯红灯的行为;临近高速公路出口时,会遇到前方车辆突然减速、变道的情况;超车时,会被右侧车辆遮挡住右前方的视线;车辆碰撞或失控后,驾乘人员经常会被甩出车外。类似这样的潜在危险还有很多,而且会经常反复出现在驾驶过程中。这就需要我们养成提前分析、预测风险的良好习惯,以便提前采取措施,防患于未然。

放眼远方是行车过程中,我们需要搜索前方至少 15s 范围以外的交通情况,以便提前分析和判断可能出现的、影响我们安全驾驶的各种情形,为我们采取下一步行动预留更多的时间和空间。在正常行驶中,从获得视觉线索,到判断是否有潜在危险,再到决定如何处置,这一"感知—分析—决定"的过程,一般需要 6~8s,而从决定到操控实现,还需要 6~8s。根据公式:距离=时速(km/h)×4,可计算出在特定速度下与前车保持的安全车距。比如,以 100km/h 的速度行驶,驾驶员至少需要看到 400m 远的地方。放眼远方是针对不可预见的风险,用目光搜索到 15s 范围以外的交通状况,往往可以让我们提前发现情况,从容应对,避免事故发生。

顾全大局是驾驶员在驾驶车辆时,需要保持不间断地、有序地搜索车周边 360°空间的交通环境,及时发现潜在危险,并有意识地避免被周边事物分散注意力。比如在过十字路口时,不要过度依赖信号灯,闯红灯的车辆和行人每天都有。在变更车道时,不要仅仅依靠后视镜,其他车辆往往就在我们两侧的盲区内。在减速停车时,要注意制动失控的车辆。在转弯时,不要只注意前轮周边的情况,而忽视观察后轮的周边情况。因此,驾驶车辆时,驾驶员要不断重复地看看前方,再看看左边车窗和左侧视镜,然后是仪表盘、后视镜、右边车窗、右侧视镜,再到前方。这样的循环 6~8s 进行一次。视觉搜索过程中还需要刻意避免被其他事物分散我们的注意力,做到眼睛在任何事物或方向上停留的时间不要超过 1s。否则,较长时间关注某一事物,会使我们和他人处于高度危险之中。

留有余地是指驾驶时车辆往往是在流动变化的车阵中前行,这就需要我们的车辆与周围的任何车辆时刻保持足够的安全空间,以便从容地应对各种危险的出现。在行驶过程中,会遇到正常行驶的前车突然减速、左右车道的车辆突然进入我们所在的车道,甚至这些情况同时出现。这就需要我们的车辆要与前车保持至少 4s 的安全距离。同时,应避免与两边的车辆并排行驶,使我们的前方和左右至少一侧始终留有足够的空间作为我们的逃生路线。

引人注意是指在驾驶过程中,驾驶员要经常有意识地让别人注意到我们。特别是在他人的行为可能影响到驾驶安全或者需要别人的帮助时,要及时传递出我们的意图,并确认其他人员是否理解、支持我们。否则,其他人员的行为往往会使驾驶员被动地涉及交通事故。面对这些情形,驾驶员需要通过灯光、喇叭、甚至手势提醒让其他人员注意。

防御性驾驶五大要领是相辅相成,缺一不可的。驾驶员要有预估风险存在的强烈意识,做到防患于未然;同时,要通过放眼远方和顾全大局,尽可能地提前全面搜索出各种危险源,并通过留有余地和引人注意来远离危险或者消除危险,做到不主动造成交通事故,不被动涉及交通事故。

二、防御性驾驶措施

为预防道路交通事故的发生,确保道路危险货物运输的安全,驾驶员应采取防御性驾驶方式,防御性驾驶的措施主要有以下几个方面。

(1) 突然横穿公路的方法。驾驶员提前多鸣喇叭;提前减速;尽可能拉开安全距离,加强观察,随时准备停车。

(2) 保持安全车距"三秒钟"法则。保持适当的安全车距能够预防追尾碰撞事故的发生。采用"三秒钟"法则判断前车和后车距离。在跟前车行进当中,前车与后车经过路边某一固定的同一参照物的时间间隔在三秒以上时,说明车距合适。当遇到雨天路滑等恶劣天气时,应预留更长的安全车距,跟车距离应为"五秒钟"或"六秒钟"。

(3) 交叉道路口防御行驶。车辆通过交叉路口时坚持走自己的车道,不要贴边压线,不要超车,做到"一看、二慢、三通过";注意交叉路口是否有行人,并注意观察行人、自行车和非机动车动向,且必须保持安全的间距;通过交叉路口时要注意鸣喇叭,会车、换道、转弯时,要提前发出示意信号,并按有关规定选择正确的路线或车道行驶;由支线驶入干线的车辆若出现视野死角,要在驶入干线前小心观察,在确保绝对安全时方可将车辆驶入干线,并要鸣喇叭以引起对方注意;行经路口时,遇有车辆抢道现象,必须提前做好减速或停车的准备;在跟车时保持足够的安全距离,行人或非机动车会突然绕过前车向道路中央移动,应注意避让;交叉路口转弯时应减速或停车,让直行的行人、非机动车、机动车先行。

(4) 雨天防御性行驶。雨天行车时必须减速慢行,与前车保持必要的安全距离,雨中行人手撑雨伞,骑车人头戴雨帽视线、听觉受到限制,要注意纵向、横向安全距离,小心避让;起步时加速不能过快,离合器应平稳接合,遇事尽量提前处理,不要猛踩制动踏板,以防车辆侧滑倾覆;视线不清时应降低车速,多鸣喇叭,打开刮水器、防雾灯,夜间、下大雨、暴雨时,要开启雾灯;为防侧滑,必须严格控制车速,严禁高速急转弯或紧急制动;会车时应加大侧向间距;涉水时若低洼路段有积水,应先下车试探查看,确认无危险时方可低速缓慢通过;转弯时应坚守自己车道,更不可因前车慢行,而加油超越前车,过弯道时打转向盘应慢打慢回,防止汽车出现侧滑的现象;在高速公路上更不可超速驾驶;行车中应随时注意选择路面,切莫太靠近路边行驶和停车。特别是在乡村道路、堤坝、低等级桥梁及山路上行车时,更应小心谨慎,尽量不超车;在窄道上会车时,应注意选择安全地段,以防路肩或路基松塌导致翻车。

(5) 转弯与弯道防御驾驶。提早开启转方向灯号信号;减速过中心线后才可转弯;注意内轮差;弯道切勿超车;预防对面车辆超越中心线。

(6) 会车预防。未分车道的路况应靠右行驶;减速并注意对面来车的速度及占用路面的宽度,避免突然让道操作;雨天会车时要注意路面积水情况,并预测会车点;使用近光灯;狭路相逢前要多看看两旁的情况。

三、防御性驾驶中驾驶员应具备的能力

驾驶员在道路危险货物运输过程中应采用防御性驾驶,防御性驾驶中驾驶员应具备以下能力。

(1)认识和掌握"信息处理特性"。驾驶员无论是在滩区或在路上行驶,驾驶员的行动过程首先是收集各种情报、并对情况予以预测,作出判断,然后才是行动,欲使行动无误,关键在于收集各种情况,在驾驶中做超出自己能力的驾驶行为。

(2)驾驶员要努力学习汽车安全行车的各种知识,以适应于交通安全的要求。驾驶员不但要掌握车辆行驶特性,还要熟悉自己车辆性能,随着国家经济建设的发展,道路条件发生了质的变化,汽车的各种特性、车速、动力、车身质量都相应提高,车辆的操纵性、稳定性和制动的方向性及惯性力都需要在思想上重视起来,在安全行车中养成良好的驾驶习惯,做到出车前想一想,看一看,坚持途中检查和回场后维护,掌握安全行车系统知识,增强安全行车意识。

(3)作为一名道路危险货物运输驾驶员要学习交通安全心理学,注重心理健康。从驾驶员——车辆系统的观点认识事故的实质,正确认识事故出现后的偶然性与必然性和预测行车事故的必要性和可能性关系,为消灭事故、增加信心,建立科学的依据。

(4)严格训练,提高技术水平。正确的驾驶操作是保证安全行车的前提,为此对所训驾驶员进行严格训练,严格要求,在实习期间要增强自我跟车训练实践,掌握车辆运动规律,提高自己独立处理各种情况的能力,避免"职业杀手"的出现。

四、防御性驾驶技术

为确保道路危险货物运输的安全,驾驶员必须牢记以下23种防御性驾驶技术。

1 驾驶员行车前的预防性自检

(1)检查三水:冷却液,玻璃水,蓄电池液。
(2)检查三油:汽(柴)油,机油,液压油。
(3)检查轮胎:胎压,胎纹,外观。
(4)检查灯号:远近灯,制动灯,转向灯(雾灯)。
(5)检查装备:灭火器、备胎、破窗小锤等。

(6)检查装载:有无超载超限、超员等。

(7)上车前检查:上车要从车头顺时针(从车尾时逆时针)转到左侧车门。大车要弯腰看车底是否有小孩等。

(8)上车后检查:仪表、车内物品、安全带等。

(9)根据驾驶员本人情况,围绕座椅与踏板的距离、转向盘、靠背、座椅高低等进行座椅调整。

(10)调整两侧反光镜和车内的后视镜。

(11)驾驶员在出行前,要做好以上项目的预防检查,发现车辆状况存在隐患以及乘车人员未系好安全带等情况,不能起动车辆,待整改后方可起动。

② 防御性起步和行驶

驾驶员上车起步前应环视汽车周围、上下情况,确保安全起步及行驶车道畅通,无障碍,无风险。行驶中要眼观六路耳听八方:

(1)前方:车辆、行人、车灯、标志;

(2)后方:车距、左右盲区、倒车障碍;

(3)上方:标志、信号、障碍、广告;

(4)下方:标线、坑洼、障碍、路面;

(5)左方:左并线转弯时的车、人、障碍;

(6)右方:右并线转弯时的车、人、障碍。

③ 保持安全车距

保持适当的安全车距能够预防追尾碰撞事故的发生。采用"3 秒钟"法则判断前车和后车距离。在跟前车行进当中,前车与后车经过路边某一固定的同一参照物的时间间隔在 3s 以上时,说明车距合适。当遇到雨天路滑等恶劣天气时,应预留更长的安全车距,跟车距离应为"5~6s"。具体方法:驾驶员可以选择路面或路边的某一固定物作参照物,当前车驶过路边某一固定的参照物时,后车驾驶员开始读秒,"1s、2s、3s",若数完,自己所驾车(后车)未到达该参照物体,说明跟车距离安全、合适。反之,还未数完 3s,车辆已经到达参照物,这时两车的间距不够安全,应立即减速。

④ 交叉路口防御行驶

(1)在设有标志的路口。减速,脚放在制动踏板上,观察左右方,预防冒失者或违规者。

(2)在没有标志的路口。松油门,脚放在制动踏板上,观察左右方,预防万一。

(3)在与机动车、脚踏车并行在道路口时,脚应放在制动踏板上,预防机动车、脚踏车起动时的左右摇摆及突然的转向。

❺ 变道与转弯防御行驶

(1)提早观察前方路况,变道前看后视镜并扭头看盲区,打转向灯,安全后才变道;

(2)转弯时左转大弯即减速过中心线后才可转弯,右转小弯;

(3)注意内轮差;

(4)弯道切勿超车;

(5)预防对向车辆超越中心线。

❻ 防御性会车

(1)未分车道的路况应靠右行驶;

(2)减速并注意来车之速度及占用路面宽度,避免突然之让道动作;

(3)雨天会车注意路面积水情况,并预测会车点;

(4)使用近光灯;

(5)狭路相逢前要多看看路旁情况,会车时要注意观察它的尾部盲区。

❼ 防御性超车

(1)在有禁止超车警告标志、路口、弯道、视野有障碍的路段,不准超车。

(2)前方车突然减速时,不宜超车;车后方45°左右的地方是左右后视镜的盲点,如果超车或换线,必须要略转一下头,以眼角的余光确保盲点位置没有车才能换线。如果你跟在别人的车后面,最好不要长时间待在前车的盲区,以免对方看不见你而突然转向。超车后换线时机,在后视镜中看到了后车的前轮才可以换线。

(3)超车前了解左方及后方道路车况,应注意视线盲区,并确认前方道路畅通。看后视镜,打左转向灯,扭头看盲区,确认安全后才变线并加速超车,超车后,在确保安全前提下,打右转向灯,变线回主车道。

(4)当你被超车时,应保持匀速或减速,不要加速,以免给正超车的驾驶员造成麻烦。

(5)当你被超车后,尽量减速并保证"3秒钟"原则,不应紧随其后,以防其突然并道(尽管他们可能是违章者)。

(6)记住(超车头、会车尾)。意思是在超越同向行驶的汽车时一定要注意它的前部,因为看似慢吞吞行驶的车,其实有可能正在避让从其车头经过的行人;而与对面来车会车时则需注意其尾部,因为那里也可能会突然蹿出横穿马路的行人。类似的情况还有很多,比如一辆正常行驶的汽车突然减速,那么你也要采取相应的举措,因为那辆车很有可能突然发现了一些情况,比如路中间的异物、大坑等,如果此时贸然加速很可能发生险情。

8 善用信号灯

在起动车辆或并道时,改变车道时,路边停车时,转弯或U形转弯时,躲避堆积物、动物、孔洞等时,车辆故障时,尘、雾、大雪、大雨的天气时,应使用好信号灯,预防意外事故发生。

9 远避大型车做到"四不跟"

由于大型车内轮差大,视角盲点多等,行驶中尽量远避大型车,避免开在大型车的前面,避免跟在大型车的后面,避免行驶在大型车的两侧。

"四不跟":不要紧跟在大客车、大货车、出租车和外地车后面行驶,如果迫不得已,请一定提高警惕,谨慎驾驶。大客车可能紧急制动靠站或者突然变道,而且那块头小车实在招惹不起;轿车千万别去追大货车高翘的车尾,吸能区可能根本没法起到作用,安全气囊在这种情况下可能形同虚设,而且很多货车车况较差,可能制动灯根本不亮;出租车驾驶员经常"即兴"停车变道,容易让你措手不及;外地车路况不熟,停车问路或者误入歧途的可能性比较本地车更大。

10 行人及儿童避让预防

(1)注意跑步的人;
(2)注意站在路中避车的人;
(3)注意雨天未撑伞的人;
(4)注意校车,公交车下车的人;
(5)注意小孩或幼童;
(6)注意突然滚出的球或玩具宠物等;
(7)注意防范大巴前方和后方。

11 预防行驶侧滑

(1)避免转弯不减速,要平稳柔和地转弯;
(2)避免骤然加速,或加速过猛,应平稳地加速;
(3)避免制动过猛或过快,应柔和地制动车辆。

12 应急驾驶

车辆行驶中可能遇到爆胎、转向失控、制动失灵、火灾、碰撞、天灾(地震、发大水等)等紧急情况,需要采取必要的应急技术措施,最大限度地减轻或化解事故带来的损失和伤亡。

⑬ 故障标志的摆放

一般道路 40km/h 速限以下路段应竖立在车后 20～30m 处,一般道路 40km/h 速限以上路段应竖立在车后 30～100m 处;高速公路应竖立在车后约 150m 之外。标志的放置距离可按所在道路允许最高时速的米数来确定,如最高时速 120km/h 则应放在 120m 外。

⑭ 爆胎应急程序

后轮爆胎时,车轮摇摆,但不会失控,只要双手握紧转向盘,车辆还能保持直线行驶;前轮爆胎时,危险较大,一定要双手握紧转向盘并极力控制使车保持原行驶方向。

(1)握紧转向盘尽可能保持原行车方向;
(2)慢制动减速,松加速踏板,显双闪信号,减速;
(3)驶离行车道,停在明显的路肩;
(4)乘客下车并到路肩外;
(5)摆放故障标志;
(6)排除故障或求救;
(7)不要采取紧急制动,绝对不可急踩制动踏板,也不能猛打转向盘。而应缓慢放松加速踏板,降低速度,避免翻车或他车追尾。

⑮ 制动失灵应急程序

重复踩踏制动踏板,如果还是无法恢复制动时:
(1)使用驻车制动器;
(2)握紧转向盘,如果有可能,抢挂低挡;
(3)如有必要以车身摩擦路肩减速;
(4)避让障碍物要掌握"先避人,后避物"的原则。

⑯ 加速踏板卡死应急程序

(1)以脚重击加速踏板;
(2)挂入空挡;
(3)踩制动踏板;
(4)打开右转向灯;
(5)停到路肩。

⑰ 转向盘失效应急程序

如果车辆转向盘突然失效无法左右转。

(1)放松加速踏板;

(2)如果车辆没有偏离原有的车道,使用行车制动甚至驻车制动,减速滑行直到停止,切勿紧急制动;

(3)如果车辆偏离车道并朝向危险,应果断制动,立即急踩制动踏板。

⑱ 前照灯失效应急程序

(1)如有路灯,应尽可能靠路肩或较空的车道减速行驶,并提高警觉;

(2)如在漆黑的道路上,打开故障信号灯或雾灯,并驶离车道;

(3)如果所有的灯都失效,应在原车道减速慢行,并安全地离开车道停到路边。

⑲ 防御性停车

当需要减速或停止时,要提前点刹,让后面的车子知道你要减速了,提醒他也减速,或者让其有机会换道超车。绝对避免到最后时间才紧急制动。所以主动防御就是提前点刹,避免追尾。

(1)避免无预警的紧急停车;

(2)善用灯信号;

(3)保持与前车的距离;

(4)挂挡上锁;

(5)勿留置贵重物品于车上;

(6)收后视镜;

(7)稍打开车门并扭头往后看,安全后才开车门下车;

(8)坡道停车时,采用驻车制动器制动,并将变速器挂入 P 挡,并采取轮挡;停于右侧时转向盘打向右边,停于左侧时转向盘打向左边。

⑳ 特殊环境防御驾驶

(1)恶劣天气:在恶劣条件下驾驶,行车视线受阻,道路状况变差,往往出现平时道路上从未出现过的、不可预见的异常情况。通过广播和电视了解道路和天气状况;根据可能遇到的天气状况给车辆配备合适的轮胎,牵引绳,电筒,食物及饮用水等;配备好应急设备(圆锹,求救通信设备等)。

(2)雨天驾驶:车辆在潮湿的路面上行驶时,车轮的附着力随车速的增加而急剧变小,很容易发生"水滑"现象,因此,驾驶员不能急踩制动踏板或猛打转向盘。

(3)雾天驾驶:雾天能见度降低,视野变窄,视线模糊。要防范行驶中不能及时发现前方交通状况(行人、慢行车、故障车、事故车、凹坑等),并防范其他驾驶员未发现自车而导致事故,因此,必须及时开启防雾灯、减速,并保持安全车距。

(4)冰雪路驾驶:融雪在零度以下时凝结成薄冰,路面极滑。要防范行驶中因紧急制动而侧滑、与其他车辆发生接触等,必须降低车速、加大安全距离缓慢行车。

(5)泥泞路驾驶:因路面松软黏稠,行驶阻力大。要防范行驶中车辆侧滑而引发交通车祸,驾驶员必须停车察看、控制车速,并掌握匀速一次性通过等技能。

(6)涉水驾驶:因水流作用,路桥可能受到损坏,此时事故隐患极大。要防范因冒险涉水行驶而酿成重大车祸,驾驶员必须预先对险情调查,并掌握一定的涉水驾驶要领,不能快速行进。过沙漠时由于沙地松软,容易陷车,车辆通过松软的沙土地时,要尽量快速通过,以免车辆熄火。另外,在路过沙地时尽量不要换挡减速,更不应该停车。过漫水路段则恰恰相反,车速越快,水的阻车越大,越容易熄火。挂上低挡,缓缓行车是涉水的最佳选择。

(7)山路驾驶:因山区道路地形复杂,路面崎岖不平、坡陡弯急和气候变化无常,进入山区道路要注意主动避让、适时鸣喇叭、灵活应用发动机牵引,以确保山路行车安全。

2 防御性驾驶习惯

(1)勿单手开车。

(2)勿将杂物置于仪表板。

(3)不可抢行未完成的倒车或回转。

(4)勿空挡滑行。

(5)长下坡道勿持续踩制动踏板,应利用发动机牵引来控制车速。

(6)倒车前先按喇叭并看清后方。

(7)养成观察路标的习惯。

(8)避免行车方向的突然改变。

(9)开阔视野,对车辆的前、后及两侧随时进行观察,随时注意四周车况及盲区。

(10)随时掌控车况。

(11)加油站加油时,勿使用移动电话。

(12)勿与疲劳斗争,好好休息后再出发。

(13)决不可以酒后开车。

(14)不带情绪开车,尽量避免恼怒或兴奋状态。

(15)服用药品或治感冒头疼过敏的处方药导致睡意或晕觉时,不开车。

(16)避免开车分心分神:不边开车边吃东西,不打扮整理仪容,不拿远距的物品,不使用手机。分心开车是祸根,一切以安全驾驶为主,不要分心去调空调或音响开关及吸烟和吃零食。开车中不要让眼光离开前方路面超过1s,往往分心去调空调或音响开关的一瞬间事故就突然降临。开车分心是车祸发生的重要原因之一,资料显示,有些人因开车时驱赶飞进车内的蜜蜂,有些人因一边开车一边看地图,有些人因一边开车一边找录音带而造成车子失去控制,或有突发状况时来不及反应而发生车祸。报告也指出,驾车时听电话,会影响判断力及反应力,因为它会使驾驶员分心。永远记住,开车分心亦导致车祸。

(17)安全驾驶:一切以安全驾驶为主,开车中不要让眼光离开前方路面超过1s,记住"安全到达比准时到达重要"。驾驶员在行车中要保持安全车速、安全距离;进入路口、隧道、弯道前要采取预防性制动,降低车速安全通过;超车时要留出足够的超车视距,谨慎超车;进入弯道应坚持在本方车道内行驶,避免占用对方车道。严守交规、谨慎驾驶,宁等一分,不抢一秒;淡定行驶,快慢自如,不闯红灯,不违规超车;早判断,早处理,做到百米预见。

22 错觉防御

由于受身体、年龄、心理、环境等因素的影响,驾驶员在行车过程中往往会产生各种错觉。这些错觉与错看、漏看不同,它是人类知觉的一种特性,驾驶员应掌握这一特性,行车中注意预防。

(1)距离错觉:对于路上各种类型的车辆,驾驶员有时会对来车的车长、会车距离及跟车距离产生错觉。路上参照物少时感觉距离远;雨雪天气中感觉距离远;前面是小车时感觉距离远。反之,则感觉距离近。

(2)速度错觉:主要表现在速度惯性错觉。因为驾驶员是根据观察到的景物的移动相对参照物来估计车速的,景物移动的多少和丰富程度会导致对车速的不同判断。在市区道路上对车速易于估高,在原野道路上易于估低;在加速时易于将车速估高,减速时易于估低。长时间以某一速度行驶后会对该速度适应;对其余速度感觉不适,从而产生速度错觉。

(3)弯度错觉:驾驶员在公路上行驶的快慢,经常随公路的弯度而改变。变速的程度如何也会造成错觉。一般对于未超过半圆的圆弧,感觉到曲率半径总是比实际的小,圆的长度越短越感到曲率半径小,在弯曲的道路上,即使同一曲率半径,也会感到山区比平地容易转弯,所以高速急转弯是很危险的。

(4)坡度错觉:在既长又陡的坡道上下坡,当坡度变得越来越小的时候,实际上汽车还在下坡,却有变成上坡之感,这时若误以为是上坡而去踩加速踏板,那么很有可能大祸临头。

(5)颜色错觉:在市区等交通复杂路段,周围景物五颜六色,相互交错,容易分散驾驶员的注意力,特别是夜间,容易将路口红绿灯当成霓虹灯,或把停驶车辆的尾灯当成行驶车辆的尾灯。另外,夏季戴墨色太阳镜时易将浅色物体"滤"掉,产生错觉。

(6)光线错觉:太阳光、反射物体的亮光、车头迎光、夜间远光灯强光等会使驾驶员的视觉一时难以适应,形成光线错觉。如平头车的明亮车窗、阳光下人行道树木交替变幻的阴影、原野的积雪等,易使人产生眩晕;进出隧道时眼睛一时不能适应光线的变化,都会产生光线错觉。

(7)时间错觉:驾驶员心情愉快时,感觉时间过得很快;心情烦躁时,感觉时间过得很慢。另外,在任务紧急、急于赶路时,也会产生时间长的念头,以至于盲目开快车。

23 交通事故的防御性处理

有经验的驾驶员可以根据自己的经验,预先觉察到某些不易发现或尚未出现的危险信息,能够产生充分的思想准备,使某些本来比较突然、比较隐蔽的信息变得不太突然、不太隐蔽,能够及时采取措施,防范交通事故的发生或再发生,有效地保证行车安全。

五、三层空间驾驶法

三层空间驾驶是将相关的驾驶技能和驾驶习惯进行系统的总结和归纳,形成一套简单明了、科学系统的安全驾驶体系,它能帮助驾驶员更清楚地了解人类的"生理缺陷";更全面地观察并了解驾驶环境;更准确地预测不确定的潜在的危险因素;更及时地采取预防措施避免交通事故。当驾驶员掌握了如何有效、及时地观察、预测和行动,并逐渐形成良好的驾驶习惯和安全理念时,就可以防止在复杂多变的驾驶环境中发生交通事故,如图13-1所示。

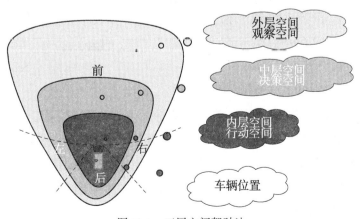

图13-1 三层空间驾驶法

三层空间驾驶法是将驾驶时车辆所处的环境分为三个同心的空间:我们把外层空间称作为"观察空间",把中层空间称作为"决策空间",把内层空间称作为"行动空间"。以此来研究安全驾驶车辆的技巧和行为习惯,非常直观且易记忆,便于驾驶员理解和掌握。

1 外层空间

视觉引导时间(图13-2)是指驾驶员在驾驶车辆时能看到的前方最远距离与当前的驾驶速度之比,即车辆自当前速度到达最远能看到的物体所需要的时间。一般中等水平的驾驶员的视觉引导时间为3~6s。"三层空间驾驶法"要求视觉引导时间为15s,如图13-3所示。

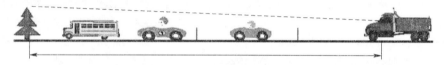

图13-2 视觉引导时间

图13-3 15s视觉引导距离

道路危险货物驾驶员在行车过程中获得15s视觉引导时间技巧有以下几种方法:①眼向高处看,"坐的高"不等于"看得远",看的高才能看得远;②应用雷达的工作原理快速扫描周围环境;③对左右两侧的外层空间,应该使用边缘视觉;④学会忽略较为次要或不重要的一侧;⑤后方的外层空间通过后视镜来观察。

视觉引导可以使驾驶员观察空间并识别风险源,确保行车安全,视觉引导的作用主要有:①观察并区别出前方道路上是否存在潜在的危险;②注意前方信号灯的变化情况(2~3个信号灯),调整车速以免停车;③观察并找出前方阻力最小车道,视野最好,危险最小,速度最快,符合法规;④观察前方的悬挂物体,交通指示牌,隧道高度,桥梁承重等信息;⑤夜间行驶时,目光应尽量观察车灯光覆盖以外的地方;⑥注意观察交通标志。

在某些特殊条件下,如上坡、弯道、山间公路、城市街道、下雨或浓雾等不良路况和气候下,无法达到15s视觉引导时间的,这时驾驶员应降低车速,直至能达到15s视觉引导时间;如仍不能,驾驶员需小心翼翼地前行,并重点关注中层空间。

❷ 中层空间

(1) 中层空间决策的时间和频率。

由于驾驶员每行驶1km的路程,大脑要作80个决定。当车速为60km/h,驾驶员要做出一个决定的时间为0.75s;若车速为90km/h,则驾驶员要做出一个决定的时间为0.5s;当车速大于90km/h时,决策时间小于0.5s。由此可见,车速越快驾驶员决策的时间越少,所以要更早地预见并做出决策,要么加速大脑的运转,仓促收集信息,草率做出决策,其结果是大脑高负荷运转,极易疲劳,并且仓促间会遗漏关键信息,从而做出低质量甚至错误的决策。

(2) 中层空间范围定义的原则。

①每秒钟做一个决定的频率会使人感觉轻松自如,不会产生紧张和疲劳的感觉。

②决策做出以后需要一个时间间隔去确认其他部位(如左、右、后),均无危险后才可能采取行动,故需有1~2s的间隔较适宜。

③4~8s之间,是可供驾驶员决策的最佳时段,即不会过分紧张,手忙脚乱,又不会判断错误。

④即便有某个错误的决策,驾驶员也有足够的时间去纠正它而不至于造成危害。

⑤三层空间驾驶法要求驾驶员必须5~8s看一次后视镜。因为驾驶员要了解周围360°的信息源,正常情况下车后和两侧环境变化频率为5~10s,大脑需要连续的图像而信息留存时间为6s。

⑥沟通:有声、光、手势、眼神接触等。使用声音(喇叭)友好地提醒而非愤怒地警告;充分使用灯光沟通,尽早开启灯光(如转向、制动等);是沟通结果不确定时使用手势,驾驶员要主动进行眼神接触。沟通的目的是让对方知道你的存在,领会你的意图,但不一定按你意图行动表明自己,知道对方的存在,愿意领会对方的意图达成一致后才行动。沟通的对象是进入你的前方的人或车,进入你的左右或后方的人,不要行驶在别人的盲区内。

(3) 中层空间观察及决策技巧。

技巧一:观察前方时,利用中心视觉进行外层空间观察时的余光(边缘视觉),初步预测出中层空间内状况;用中心视觉仔细观察中层空间,并及时与对方沟通,以便做出决策。

技巧二:观察左右及后方时,每5~8s扫视重要一侧的后视镜,或两侧及内视镜。

技巧三:在通过前方路口时,要左右左观察后才能通过。因为,通常情况下,危险来自左侧;过路口要求:提前左右左观察,主动沟通,过交叉路口中心后,才可提速。

技巧四:眼神接触时,若有可能,应主动与对方进行眼神接触并领会对方意图;注意,不可凝视超过2s。

技巧五:转弯时,提前50m进入转弯车道,并开启转向灯,进入弯道前减挡,(忌空挡或转弯后减挡),转弯半径合理。

技巧六:变道时,正常变道先看后视镜,确认无危险,开转向灯(响3~5声),再看后视镜平缓变道进入。防止紧急变道。

技巧七:制动时,先轻踏制动踏板以使制动灯亮起,提示或警告后面的车你在减速,若需要在逐渐加重制动力度,不让后车急制动。

(4)作用

中层空间是一个"共享的空间",因此,同时有多个危险源存在;提前对所有处于中层空间的危险源制订对策,以防措手不及;主动沟通,让对方尽早知道你的存在并领会你的下一个动作;准确及时地做出正确决策,避免增加大脑的负担,消耗精力,造成疲劳。

3 内层空间

车辆制动距离影响因素包括车辆的制动性能,轮胎状况,路面状况,车辆的重量,车辆所载物体的形态与状态,驾驶员的反应速度,车辆行驶速度。车辆在行驶过程中采用"4s规则","4s规则"的理论基础是在跟车一起前进过程中,前车与后车经过路边某一固定的同一参照物的时间间隔在4s以上,这就说明车距合适。驾驶员在驾驶过程中可以选择路面或路边的某一固定物(如大树、交通指示牌等)作为参照物,当前车辆驶过路边某一固定的参照物时,后车驾驶员开始读秒,"1s、2s、3s、4s",若数完,自己所驾驶的车辆(后车)未达到该参照物,说明跟车距离安全。反之,若还未数完4s,车辆已经到达参照物,这时的前后车距是不安全的,应该立即减速。如果当遇到雨天路滑时,驾驶员应该预留更长的跟车距离,如"5~6s"。如果是冰雪路况,一般预留"8~10s"。

行车过程中,驾驶员进行内层空间的观察、判断及决策技巧主要有以下7个方面。①最易控制的是前方空间,坚持做到15s视觉引导时间;4s或更长跟车距离;有人加塞时不气恼,不愤怒,继续按你的意图营造空间;②利用你在观察外层空间时寻找到的"阻力最小车道",适当的时候变道进入;③尽量远离最危险区域,如一般公路上的行人和非机动车群。尽量保持一侧的内层空间不被占用;④鼓励后面的车超车,尤其是攻击性车辆;⑤避免"并驾齐驱",超车时或被超车时避免"三车一线";⑥若停在其他车辆的后面,以驾驶员能看到前车的后轮接地点为宜;此时,起动时应比前车慢一拍起动(1~2s),会更有效地营造前方空间;⑦除非万不得已,永远不要行驶在车阵中。

第十四章 道路危险货物运输事故典型案例分析

案例一　车辆超载引发的事故

一、事故概况及经过

××年××月××日××时许,在××高速公路××段处,一辆装运40.44t液氯(核载15t)罐式半挂货车因左前轮突然爆胎,方向失控撞毁中央护栏,冲入对向车道并发生侧翻,与对向驶来的半挂车碰撞,液氯罐车所载液氯泄漏。事故造成29人中毒死亡,456人中毒住院治疗,1867人门诊留治,同时液氯泄漏造成大量家畜、农作物死亡,环境污染严重,造成直接经济损失1739.4万元。

二、事故发生暴露的问题

(1)肇事液氯重型罐式半挂货车严重超载,核定载质量为15t,事发时实际运载液氯多达40.44t,超载169.6%。

(2)车辆违规使用报废轮胎,导致左前轮爆胎,在行驶的过程中车辆侧翻,致使液氯泄漏。

(3)肇事车驾驶员、押运人员在事故发生后逃离现场,失去最佳救援时机,直接导致事故后果的扩大。

(4)车辆没有办理危险品道路运输通行证,属于违法运输。

(5)管理不严。运输中心未履行监督和检查职责,未及时纠正车主使用报废轮胎和车辆超载行为。押运人员无工作资质,未参加相关培训考核,不具备押运危险货物的资质,不具备危险化学品运输知识和相应的应急处置能力,导致伤亡损失扩大。

案例二　客运车辆违规运输危险货物引发的事故

一、事故概况及经过

××年××月××日××时××分,××高速××省××段处,一辆大型卧铺客车在行驶过程中突然发生爆燃,客车继续前行145m至××高速××公里××米处,与道路中央隔离护栏剐蹭碰撞后停车。事故造成41人死亡、6人受伤,客车烧毁,直接经济损失2342.06万元。

二、事故发生暴露的问题

(1)事故大型卧铺客车不是危险货物专用车辆,不具备运输危险货物资格。

(2)在没有任何安全防护的情况下,违法运输了15箱共300kg的易燃危险化学品偶氮二异庚腈。

(3)××集团以包代管,默许事故车辆长期违规站外经营。

(4)××公司多次违规运输危化品,没有化学品安全技术说明书,未按照规定加贴危化品安全标签和包装标识。

案例三　使用违规车辆运输危险货物引发的事故

一、事故概况及经过

××年××月××日××时××分许,××高速××段××公里××米处,一辆自东向西行驶运载乙醇的轻型货车,与前方停车排队等候的大型普通客车发生追尾碰撞,轻型货车运载的乙醇瞬间大量泄漏起火燃烧,致使大型普通客车、轻型货车等5辆车被烧毁。事故造成54人死亡、6人受伤(其中4人因伤势过重医治无效死亡),直接经济损失5300余万元。

二、事故发生暴露的问题

(1)轻型货车未取得危险货物《道路运输证》,属于违法运输危险货物。

(2)轻型货车《公告》车辆类型为蓬式运输车,注册登记时载明车辆类型为轻型仓栅式货车。

（3）轻型货车存在非法改装和伪装。非法加装可移动的塑料罐体用于运输乙醇；在车辆前部和车身货箱两侧有"洞庭渔业"字样，用于伪装运输乙醇。

（4）轻型货车核定载货量1.58t，实际装载乙醇6.52t，属于严重超载运输。

（5）××化工有限公司一直使用非法改装的无道路危险货物运输许可证的肇事轻型货车运输乙醇。

（6）××公司对承包经营车辆管理不严格，对事故大客车在实际运营中存在的站外发车、不按规定路线行驶。

（7）××汽车销售有限公司不具备二类底盘销售资格，超范围经营出售车辆二类底盘，并违规提供整车合格证。

（8）××机动车辆检测有限公司和××汽车检测站有限公司对机动车安全技术性能检验工作不规范，检验过程中无送检人签字，检验报告批准人不具备授权签字资格。

案例四　使用不合格罐式容器车辆运输危险货物引发的事故

一、事故概况及经过

××年××月××日××时××分许，××高速××段岩后隧道内××公里加××米处，两辆运输甲醇的半挂货车发生追尾相撞，碰撞致使后车前部与前车尾部铰合在一起，造成前车尾部的防撞设施及卸料管断裂、甲醇泄漏，后车正面损坏。为关闭主卸料管根部球阀，前车向前移动1.18m后停住。此时后车发生电气短路，引燃地面泄漏的甲醇，形成流淌火迅速引燃了两辆事故车辆（后车罐体没有泄漏燃烧）及隧道内的其他车辆。事故共造成40人死亡、12人受伤和42辆车烧毁，直接经济损失8197万元。

二、事故发生暴露的问题

（1）两辆事故危险化学品罐式半挂车实际运输介质均与设计充装介质、《公告》和《合格证》签注的运输介质不相符。

（2）不同介质化学特性有差异，在计算压力、卸料口位置和结构、安全泄放装置的设置要求等方面均存在差异，不按出厂标定介质充装，造成安全隐患。

（3）两辆事故危险化学品罐式半挂车未按国家标准要求安装紧急切断装置，属于不合格产品。

(4)被追尾碰撞车辆未经过检验机构检验销售出厂,不符合《危险化学品安全管理条例》的规定。

(5)被追尾碰撞车辆罐体壁厚为4.5mm,不符合国家标准(GB 18564.1—2006)的规定,属于不合格产品。

(6)肇事车辆(后车)行车记录仪有故障不能使用。

(7)两辆事故车辆都存在明显安全缺陷,但相关检验机构违规出具"允许使用"的检验报告。

(8)××物流有限公司对从业人员安全培训教育制度不落实,驾驶员和押运人员习惯性违章操作,罐体底部卸料管根部球阀长期处于开启状态。

(9)肇事车辆在行车记录仪发生故障后,仍然继续从事运营活动。

(10)××汽车运输有限责任公司存在"以包代管"问题。

案例五 行驶前驾驶员未关闭紧急切断阀引发的事故

一、事故概况及经过

××年××月××日××时××分许,××高速××段××公里处,一辆小型面包车因桥面结冰侧滑失控,与路中心护栏碰撞。后方驶来的一辆重型罐式货车行至事故路段采取避让措施时车辆侧滑失控,右前部与小型面包车左后部相撞后,又与路中心护栏碰撞后斜停在快车道内。后方同向驶来的大型普通客车也侧滑失控,右前部与重型罐式货车左后部相撞,导致重型罐车后下部防护装置及卸料管损坏,所载汽油发生泄漏,在重型罐车驾驶员下车手工操作关闭罐体紧急切断装置时,泄漏的汽油起火燃烧并顺桥面向西南方向漫延。此时,后方同向驶来的一辆小型越野客车(核载5人,实载2人)制动不及与大型客车左侧中前部碰撞后,反弹至火场中。事故造成12人死亡6人受伤。

二、事故发生暴露的问题

(1)车辆上道路行驶前没有关闭紧急切断阀,导致发生追尾碰撞事故后大量汽油泄漏。

(2)车辆罐体实际容积与《公告》不一致,超过《公告》容积约6m³。

(3)车辆核载16.23t,实载19.5t,超载运输。

(4)××运输有限公司危险货物运输安全管理制度形同虚设,对挂靠车辆挂而不管,对挂靠车辆驾驶员未进行安全教育培训,致使肇事重型罐式货车长期存在重大安全隐患。

(5)××公司取得强制性产品认证,非法生产并销售肇事重型罐式货车罐体,且罐体实际容积大于《公告》的容积,属"大罐小标"。

(6)××集团有限公司装卸管理人员不具备从业资格,未严格落实危险化学品充装查验制度,违规为肇事重型罐式货车超载充装汽油。

上述五个案例引发每一位道路危险货物从业人员对运输安全的思考。安全无小事,危险品运输安全更是大事中的大事。虽然每一起事故都由不同的客观原因诱发,但是,践行危险品运输安全,要从教训与经验的吸取和学习中做起。只有充分认识危险化学品运输的危险所在,并加强对设备、从业人员和应急救援等方面的管理,才能有效控制、减少危险化学品事故发生。

第四篇

押运人员篇

本篇是针对道路危险货物运输押运人员的培训而编写的。为了便于押运人员的学习，本篇从道路危险货物运输押运人员基本素质和道路危险货物运输押运人员操作规程出发，结合道路危险货物运输押运安全基本要求、道路运输各类危险货物押运安全要求以及其他法律法规的要求，对道路危险货物运输押运过程中发生的事故进行剖析并给出应急解决措施。本篇的主要内容有：道路危险货物运输押运人员概述、道路危险货物运输押运过程安全及事故应急措施两部分。

第十五章 道路危险货物运输押运人员概述

道路危险货物运输押运人员是指在道路危险货物运输中押送危险货物车辆的人员。与道路危险货物运输驾驶员、装卸管理人员形成了道路危险货物运输的岗位链。从而在制度上,确保危险货物的无缝隙监管。《危险化学品安全管理条例》第四十三条规定,"通过公路运输危险化学品,必须配备押运人员,并随时处于押运人员的监管之下,不得超装、超载,不得进入危险化学品运输车辆禁止通行的区域;确需进入禁止通行区域的,应当事先向当地公安部门报告,由公安部门为其指定行车时间和路线,运输车辆必须遵守公安部门规定的行车时间和路线。"道路危险货物运输营运车押运人员必须接受相关法规、安全知识、专业技术、职业卫生防护和应急救援知识的培训,掌握危险货物性质、危害特征、包装容器的使用特性和发生意外时的应急措施;由此可见,在道路危险货物运输时配备营运车押运人员是十分重要,也是我国法律规定的。

第一节 道路危险货物运输押运人员素质要求

《道路危险货物运输管理规定》第三条规定:"本规定所称危险货物,是指具有爆炸、易燃、毒害、感染、腐蚀等危险特性,在生产、经营、运输、储存、使用和处置中,容易造成人身伤亡、财产损毁或者环境污染而需要特别防护的物质和物品。危险货物以列入国家标准《危险货物品名表》的为准,未列入《危险货物品名表》的,以有关法律、行政法规的规定或者国务院有关部门公布的结果为准。"掌握危险品货物的基本性质,正确开展道路危险货物运输押运工作,避免发生爆炸、易燃、毒害、感染、腐蚀的危险货物运输事故,确保在运输、装卸和处置中,不至于造成人身伤亡、财产损毁或者环境污染,所以危险货物运输押运人员必须具备一定的文化素质、职业道德和技术水平。

一、押运人员的要求

❶ 身体条件

从事道路危险货物运输的押运人员要具备健康的身体条件，同时还要具备良好的心理素质和正常的工作心态，能够承受押运人员岗位的工作强度，并能在押运状态下正常履行岗位职责。按照国家法律以及《道路运输从业人员管理规定》，并结合道路危险货物运输行业的特点，男性年龄不超过60周岁，女性年龄不超过55周岁。

❷ 文化程度

道路危险品运输大多具有爆炸性、易燃性、毒性、氧化性、腐蚀性等特性，在运输、储存过程中容易造成人身伤亡和财产损失，必须采用特殊防护设施与措施的货物。而且危险品的化学反应科学性知识复杂，因此要求从事危险货物运输的押运人员，需具备基本的文化知识，要求押运人员具备初中毕业以上的学历，能够接受道路危险货物运输管理和企业规范管理要求。

❸ 资质要求

《道路运输从业人员管理规定》中规定国家对经营性道路客货运输驾驶员、道路危险货物运输从业人员实行从业资格考试制度。从业资格是对道路运输从业人员所从事的特定岗位职业素质的基本评价。经营性道路危险货物运输从业人员必须取得相应从业资格，方可从事相应的道路运输活动。对于从事道路危险货物运输的押运人员需经所在地设区的市级人民政府交通运输主管部门考试合格，取得注明从业资格类别为"道路危险货物运输"的道路运输从业资格证，方能上岗作业。道路危险货物运输从业人员从业资格考试由设区的市级人民政府交通主管部门组织实施，每季度组织　次考试。

❹ 职业素养

从事道路危险货物运输的押运人员，应具有良好的思想素质和职业道德水平，不得有犯罪记录，具备良好的心理素质、工作素质和社会责任感，有较强的自制能力，不计较个人得失，善于与他人协调沟通，能服从工作安排，临危冷静，具备应急处置能力。

❺ 专业技能

《道路运输从业人员管理规定》中规定道路危险货物运输装卸管理人员和

押运人员必须接受相关法规、安全知识、专业技术、职业卫生防护和应急救援知识的培训,了解危险货物性质、危害特征、包装容器的使用特性和发生意外时的应急措施;道路危险货物运输的押运人员还需接受其所属企业或单位安排的有关运输安全生产和基本应急知识等方面的考核;考核合格后方能从事相关工作。

二、押运人员的岗位要求

道路危险货物押运人员需熟悉危险货物的基本概念、类别和品名等基本知识,并掌握危险货物的运输限制以及紧急情况下的处置。这样有利于押运人员在押运过程中正确面对,从容面对,有效地开展工作。道路危险货物押运人员必须掌握危险货物的分类、特性、危害等特性;还要掌握危险货物的储运要求、包装要求、运输要求、泄漏处置、灭火方法和应急处置措施等知识;同时还要熟悉危险货物运输的安全知识和安全运行要求。从而增强道路危险货物运输的安全性和从业人员的责任感。道路危险货物运输押运人员的岗位职责主要包括:

(1)道路危险货物运输押运人员应遵守劳动纪律,遵守各项规章制度,持证上岗。押运人员应当按照《危险货物道路运输规则》(JT/T 617—2018)的要求,随车携带《道路运输危险货物安全卡》。

(2)道路危险货物运输押运岗位是国家法规规定必须设置的重要岗位,肩负着道路危险货物运输全过程的监管,为切实加强和规范道路危险货物运输的安全监督管理,预防危化品在运输过程中因燃烧、泄漏、爆炸等造成的人员伤亡和环境污染,根据《危险化学品管理条例》《道路运输条例》等法律法规,确保下述"七不上路"的规定落实到位:

①车况不好不上路;

②驾驶员、押运人员的手续不齐、身体不适不上路;

③缺员(缺押运人员)不上路;

④天气状况恶劣不上路;

⑤危险货物容器或包装存在问题不上路;

⑥驾驶员、押运人员对所运输的危险货物性质不清、情况不明不上路;

⑦对承运的危险化学品无《安全技术说明书》和安全标签不上路。

道路危险货物押运人员是危险货物运输安全运行的保障者,应随时牢记自身的岗位职责并认真履行。

(3)道路危险货物押运人员必须经交通部门专业培训,考试合格后领取资格证后持证上岗从事相关工作。同时,道路危险货物押运人员应定期或不定期参加企业或单位安排的有关运输安全生产和基本应急知识等方面的培训和考核;考核不合格的,不得从事相关工作。

（4）道路危险货物运输押运人员必须熟悉有关安全生产的法规、技术标准和安全生产规章制度、安全操作规程,了解所装运危险货物的性质、危害特性、包装物或者容器的使用要求和发生意外事故时的处置措施,并严格执行《危险货物道路运输规则》(JT/T 617—2018)、《危险货物道路运输规则 第 6 部分:装卸条件及作业要求》(JT/T 617.6—2018)、《危险货物道路运输规则 第 7 部分:运输条件及作业要求》(JT/T 617.7—2018)等标准,不得违章作业。

（5）道路危险货物押运人员应定期或不定期的参加道路危险货物运输企业或者单位组织的岗前培训、例会、定期学习、安全生产、职业道德、业务知识、操作规程等方面的教育培训。

（6）道路危险货物押运人员应参加道路危险货物运输企业或者单位组织的应急救援演练,加强安全生产管理。

（7）驾驶员和押运人员应当严格按照道路危险货物运输企业或者单位的运输要求,严格遵守有关部门关于危险货物运输线路、时间、速度方面的有关规定,并遵守有关部门关于剧毒、爆炸危险品道路运输车辆在重大节假日通行高速公路的相关规定。

（8）运输危险化学品时,必须配备必要的应急处理器材和防护用品,掌握发生意外时的应急措施。道路危险货物押运人员应严格监管危险化学品的运输,坚决制止驾驶员将车辆驶入危险化学品车辆禁止通行的区域,配合督促驾驶员做好危险化学品及行车安全工作,安全到达目的地。在危险货物运输过程中发生燃烧、爆炸、污染、中毒或者被盗、丢失、流散、泄漏等事故,驾驶员、押运人员应当立即根据应急预案和《道路运输危险货物安全卡》的要求采取应急处置措施,并向事故发生地公安部门、交通运输主管部门和本运输企业或者单位报告。运输企业或者单位接到事故报告后,应当按照本单位危险货物应急预案组织救援,并向事故发生地安全生产监督管理部门和环境保护、卫生主管部门报告。

（9）运输危险货物过程中,押运人员应密切注意车辆所装载的危险货物,根据危险货物性质定时停车检查,发现问题会同驾驶员及时采取措施妥善处理。驾驶员、押运人员不得擅自离岗、脱岗。运输过程中如发生事故时,驾驶员人和押运人员应立即向当地公安部门及安全生产管理部门、环境保护部门、质检部门报告,并应看护好车辆、货物,共同配合采取一切可能的警示、救援措施。

（10）装载危险货物时,应督促按照操作流程有序堆码、捆扎,并同时与客户核对品名、数量、规格,装载完成后,应按照企业操作规程办理货物交接手续。罐体车辆的充装量必须按照国家标准《道路运输液体危险货物罐式车辆　第 1 部分:金属常压罐体技术要求》(GB 18564.1—2006)、《道路运输液体危险货物罐式车辆 第2部分:非金属常压罐体技术要求》(GB 18564.2—2008)等有关技术要求充装,运输轻质燃油符合《运油车、加油车技术条件》(QC/T 653—2000)规定,其他类介质应当按照常压罐体设计温度下,其罐体至少留有5%,且不大于10%的气相空间及该温度下的介质密度来确定充装量。运输气瓶应当按照《气瓶直立道路运输技术要求》(GBT 30685—2014)的要求,气瓶或集装格、集装篮需在运输车辆上采用机械式结构或捆绑带等进行固定。各接触面应紧密牢靠,不应松动。置于集装篮内的散装气瓶,应根据不同形式固定牢靠。厢式车辆运输散装气瓶时,应根据车厢结构和气瓶编组形式采用捆绑带固定。牢靠,其上下固定带的数量不应少于两条。

(11)货物到达卸货地点后,应与收货人核对,确认到货时间、货物品名、数量、规格等信息,办理交接手续。因故不能及时卸货,应当按照操作规程要求将车辆停放在安全位置,在待卸期间,应会同驾驶员负责看管货物。卸货后,应督促装卸人员按照操作规程安全有序的卸载危险货物。

(12)危险货物在运输、装卸过程中,一旦放生事故,应立即组织抢救及负责维护现场,并及时向当地有关部门如实报告。

第二节　道路危险货物运输押运人员操作规程

目前,大多数危险货物运输企业已经将安全教育放在日常管理当中,对驾驶员的安全教育率已经达到了100%,但是却忽视了对押运人员的安全教育。甚至对于一些企业来说,押运人员的安全教育根本就是可有可无,以至于押运人员自己也认不清该承担的责任,最终因工作中的"渎职、失职"而酿成了惨剧。《危险货物道路运输规则》(JT/T 617—2018)中明确规定危险货物从业人员应了解所运危险货物的特性、包装容器的使用特性、防护要求和发生事故时的应急措施,熟练掌握消防器材的使用方法。运输危险货物应配备押运人员。押运人员应熟悉所运危险货物特性,并负责监管运输全过程。《道路运输从业人员管理规定》中也规定道路危险货物运输押运人员应当对道路危险货物运输进行全程监管。由此可见,道路危险货物押运人员的责任非常重大,故需要押运人员明确危险货物运输前的安全检查、装载作业过程的监督和检查、启运前准备工作、运输途中的监督与检查、卸载时监督检查和回场后的监督、检查的职责。

一、出车前的安全检查

(1)持证上岗。道路危险货物押运人员在押运危险货物时应带齐证件(从业资格证、押运证等)。《危险货物道路运输规则》(JT/T 617—2018)规定运输危险货物的押运人员应持证上岗。

(2)检查运输车辆是否携带所运危险货物的"道路运输危险货物安全卡"。

(3)道路危险货物押运人员应检查运输车辆的车厢底板应平坦完好,栏板牢固;车厢或罐体内不得有与所装危险货物性质相抵触的残留物。同时,根据危险货物的特性,采取相应的衬垫防护措施(如铺垫木板、橡胶板等)。

(4)检查运输车辆是否配备必要的消防器材以及是否进行定期检查、维护,如若发现问题应立即更换或处理。

(5)根据所运危险货物不同,道路危险货物押运人员检查运输车辆是否携带遮盖、捆扎、防潮、防火、防毒等工具和应急处理设备、劳动防护用品。

(6)会同驾驶员领取、收存本次运输任务的相关单据,并听取企业管理人员的安全告知。

(7)装车结束后,道路危险货物押运人员还应检查货物的堆码、遮盖、捆扎等安全措施是否到位,同时检查是否有影响车辆起动的其他不安全因素进,确认安全后方可起步。

二、装载作业过程的监督和检查

(1)车辆在进入危险货物装卸作业区时,道路危险货物押运人员应监督驾驶员按安全作业规定驶入,并监督其将车辆停放在容易驶离作业现场的方位。车辆停靠货垛时,应听从作业区指挥人员指挥,使车辆与货垛保持安全距离。押运人员需切记待装、卸车辆与装卸车辆应保持足够安全距离,不得堵塞安全通道。

(2)装卸过程中,押运人员应确保车辆发动机熄火,并要求驾驶员切断总电源。在有坡度的场地装卸货物时,必须要求驾驶员采取防止车辆溜走的有效措施。装卸过程中需要移动车辆时,应先关上车厢门或栏板。若原地关不上时,应有人监护,在保证好安全的情况下方可移动车辆。切记:起步要慢,停车要稳。

(3)装卸过程中,驾驶员和押运人员不得远离车辆,应负责监装、监卸。

(4)装卸操作时,押运人员应核对货物名称、规格、数量是否与托运单相符,并认真检查货物包装是否破损及货物包装的完整状况。货物与运单不符或包装不符合有关规定的应拒绝装车。

(5)装卸操作时应根据货物包装的类型、体积、质量、件数的情况,并根据《包装储运图示标志》(GB 191—2008)的要求,监督装卸人员轻拿轻放,谨慎操作,严防跌落、摔碰、泄漏,禁止撞击、拖拉翻滚、投掷。

（6）车上不得混装与所装货物性质相抵触的物品。装车完毕后车辆起步前，押运人员应对货物的堆码、遮盖、捆扎等安全措施及对影响车辆起动的不安全因素进行检查，确认安全后方可起步。在高温季节或时段内，运输易燃、易爆危险货物的车辆不得上路。

（7）托盘和手推车尽量专用，装卸机具应有防止发生火花的防护装置。装卸前，押运人员应要对装卸机具进行检查，装卸爆炸品、有机过氧化物、一级毒性物质，装卸机具应按额定负荷降低25%使用。

（8）押运人员应要确保装卸作业场所要远离热源，通风良好；电气设备符合规定，严禁使用明火照明，照明灯需具有防爆性；有防静电和避雷装置。

（9）危险货物运输押运人员应监督所装载危险货物质量必须在车辆核定载质量范围内，严禁超限超载。

（10）危险货物装卸后，押运人员应监督工作人员将作业场所彻底清扫干净，装过剧毒品的车辆和受到危险货物污染的车辆、工具必须洗刷和除污。危险货物的撒漏和污染物必须送到当地环保部门指定地点集中处理。禁止在装卸区内维修车辆。

（11）危险货物送达地点后，因故不能及时卸货时，在待卸期间，驾驶员应协同押运人员负责看管货物。对于爆炸品、剧毒品、放射性物质，应报告当地公安部门。

三、启运前准备工作

（1）车辆启动运输前，道路危险货物押运人员再次核实随身携带《道路运输从业资格》《道路运输证》、运单、《道路运输危险货物安全卡》等单证，以及需要的相关手续办理情况。

（2）熟悉本次运输任务所确定的运输路线、运输实践、运行时间和运行速度，途中停靠点、加油点、岔路口等信息。

（3）再次协助驾驶做好启运前的车辆、运输容器等技术状况的检查。

四、运输途中的监督与检查

（1）押运人员在运输过程中应严格遵守国家有关危险货物运输的法律、法规。

（2）危险货物运输过程中，需随车配备押运人员，且货物应处在押运人员的监管之下。押运人员要时刻注意车辆所装的危险货物情况，并依据危险货物的性质定时停车检查。当发现问题后，应及时会同驾驶员采取措施妥善处理，不得擅自离岗、脱岗。切记:危险货物运输途中,严禁搭乘无关人员。

(3)运输途中,押运人员应监督驾驶员不得进入危险货物运输车辆禁止通行的区域,如繁华街区、居民住宅区、名胜古迹和风景名胜区等。确需进入上述区域的,应及时向当地公安部门申报,并遵守公安部门规定的行车时间和路线。

(4)当车辆从桥梁、涵洞、隧道经过时,押运人员要提醒驾驶员注意限高,并慢速行驶。在行经隧道出入口时,严格控制车速。

(5)运输途中临时停车,押运人员应确保运输车辆与其他车辆、高压线、名胜古迹、居民区等人口聚集地保持一定的安全距离,并停放在有利于安全防护的位置,不得随意停在行车道上或路边。在车辆临时停放过程中,押运人员要注意货物应始终在驾驶员和押运人员的监控之下。运输危险性大的货物,途中需要停车住宿或遇有无法运输的情况,应向当地公安部门报告。

(6)运输途中遇天气发生变化及路面状况发生变化时,应根据所装载危险货物特性,及时采取好安全防护措施。如:遇雷雨天,不得在树下、电线杆等地停车;避雨时,应选择安全地点停放;遇泥泞、冰冻、山崖等路段时,应低速行驶等。

(7)车辆发生故障需要修理时,应选择安全地点和具有相关资质的汽车修理企业。对装有易燃易爆危险品的车辆不得动火修理。在车辆修理过程中,应根据所装危险货物性质,采取可靠防护措施。

(8)当危险货物运输车辆遇险时,应立即拨打110向当地公安部门报告,同时向本单位事故应急指挥中心报告,按照"道路运输危险货物安全卡"载明的内容详细描述事故情况、发生地点、危险货物品名、危害和应急措施,并针对危险货物特性采取必要的应急处理措施和警示,阻止无关人员和车辆接近;若需要进一步的应急处置措施,拨打"道路运输危险货物安全卡"载明的紧急救助电话,寻求指示。

五、卸载时的监督检查

(1)联系收货人,落实货物运达卸货地点;核对客户单位、货物品种、数量是否与"运单"相符。

(2)监视卸载作业区的安全,监督作业人员穿戴安全防护用具。

(3)监督装卸作业人员按照《危险货物道路运输规则 第6部分:装卸条件及作业要求》(JT/T 617.6—2018)的规定卸货作业。

(4)检查卸载危险货物的包装是否完好无损,堆垛码放是否符合危险货物特性的要求。

(5)配合相关人员做好货物的点交点收及单据交接工作。

（6）检查车厢内是否有危险货物泄漏、残留。

六、回场后的监督、检查

（1）协助驾驶员做好车辆维护。检查车辆标志、标识、消防器具、导静电拖地带，以及车厢、栏板的固定、连接、锁口装置的安全完好状态，罐车的装卸阀门完好状态，若有不符合安全要求的状况及时与驾驶员沟通并进行维护。

（2）会同驾驶员交清当班作业单据。

（3）归还装卸工具及安全防护用品。

（4）运输任务完成回场后，要及时向管理人员报告运输作业过程中的有关客户、运输安全、质量方面的情况。

（5）道路危险货物运输车辆，在每次完成运输任务后，若发现车辆被污染，应及时进行清洗，消除污染。

第十六章 道路危险货物运输押运过程安全及事故应急措施

危险货物的理化性质不同,在包装、装卸、运输过程中要求的作业环境、作业方法以及安全防护措施也不尽相同,因此,要采取不同的安全防护措施保证货物以及人民的财产的安全。但是由于各种原因,在作业过程中仍不可能完全避免发生火灾、爆炸、泄露以及人员伤亡的事故。因此,道路危险货物的押运人员必须掌握押运过程安全及事故应急措施,一旦发生危险货物运输事故,能第一时间采取正确的应急安全措施,使事故损失降到最低,为后续救援工作赢得时间和做好准备。

第一节 道路危险货物运输押运安全基本要求

道路危险货物押运过程中的安全要求可分为基本安全要求和作业要求两个部分,其中押运过程中的作业要求又涉及出车前、运输和装卸三个方面的要求。

一、基本安全要求

(1)危险货物应符合《危险货物道路运输规则》(JT/T 617—2018)的规定。
(2)危险货物的装卸应在装卸管理人员的现场指挥下进行。
(3)在危险货物装卸作业区应设置警告标志。无关人员不得进入装卸作业区。
(4)进入易燃、易爆危险货物装卸作业区应:
①禁止随身携带火种;
②关闭随身携带的手机等通信工具和电子设备;
③严禁吸烟;

④穿着不产生静电的工作服和不带铁钉的工作鞋。

（5）雷雨天气装卸时，应确认避雷电、防潮湿措施有效。

（6）运输危险货物的车辆在一般道路上最高车速为60km/h，在高速公路上最高车速为80km/h，并应确认有足够的安全车间距离。如遇雨天、雪天、雾天等恶劣天气，最高车速为20km/h，并打开示警灯，警示后车，防止追尾。

（7）运输过程中，应每隔2h检查一次。若发现货损（如丢失、泄漏等），应及时联系当地有关部门予以处理。

（8）驾驶员一次连续驾驶4h应休息20min以上；24h内实际驾驶车辆时间累计不得超过8h。

（9）运输危险货物的车辆发生故障需修理时，应选择在安全地点和具有相关资质的汽车修理企业进行。

（10）禁止在装卸作业区内维修运输危险货物的车辆。

（11）对装有易燃易爆的和有易燃易爆残留物的运输车辆，不得动火修理。确需修理的车辆，应向当地公安部门报告，根据所装载的危险货物特性，采取可靠的安全防护措施，并在消防员监控下作业。

二、作业要求

1 出车前

（1）运输危险货物车辆的有关证件、标志应齐全有效，技术状况应为良好，并按照有关规定对车辆安全技术状况进行严格检查，发现故障应立即排除。

（2）运输危险货物车辆的车厢底板应平坦完好、栏板牢固，对于不同的危险货物，应采取相应的衬垫防护措施（如铺垫木板、胶合板、橡胶板等），车厢或罐体内不得有与所装危险货物性质相抵触的残留物。

（3）检查运输危险货物的车辆配备的消防器材，发现问题应立即更换或修理。

（4）驾驶员、押运人员应检查随车携带的"道路运输危险货物安全卡"是否与所运危险货物一致。

（5）根据所运危险货物特性，应随车携带遮盖、捆扎、防潮、防火、防毒等工、属具和应急处理设备、劳动防护用品。

（6）装车完毕后，驾驶员应对货物的堆码、遮盖、捆扎等安全措施及对影响车辆起动的不安全因素进行检查，确认无不安全因素后方可起步。

2 运输

(1)驾驶员应根据道路交通状况控制车速,禁止超速和强行超车、会车。

(2)运输途中应尽量避免紧急制动,转弯时车辆应减速。

(3)通过隧道、涵洞、立交桥时,要注意标高、限速。

(4)运输危险货物过程中,押运人员应密切注意车辆所装载的危险货物,根据危险货物性质定时停车检查,发现问题及时会同驾驶员采取措施妥善处理。驾驶员、押运人员不得擅自离岗、脱岗。

(5)如运输过程中发生事故,驾驶员和押运人员应立即向当地公安部门及安全生产管理部门、环境保护部门、质检部门报告,并应看护好车辆、货物,共同配合采取一切可能的警示、救援措施。

(6)运输过程中需要停车住宿或遇有无法正常运输的情况时,应向当地公安部门报告。

(7)运输过程中遇有天气、道路路面状况发生变化,应根据所载危险货物特性,及时采取安全防护措施。遇有雷雨时,不得在树下、电线杆、高压线、铁塔、高层建筑及容易遭到雷击和产生火花的地点停车。若要避雨时,应选择安全地点停放。遇有泥泞、冰冻、颠簸、狭窄及山崖等路段时,应低速缓慢行驶,防止车辆侧滑、打滑及危险货物剧烈震荡等,确保运输安全。

(8)工业企业厂内进行危险货物运输,应按《工业企业厂内铁路、道路运输安全规程》(GB 4387—2008)执行。

3 装卸

(1)装卸作业现场要远离热源,通风良好;电器设备应符合国家有关规定要求,严禁使用明火灯具照明,照明灯应具有防爆性能;易燃易爆货物的装卸场所要有防静电和避雷装置。

(2)运输危险货物的车辆应按装卸作业的有关安全规定驶入装卸作业区,应停放在容易驶离作业现场的方位上,不准堵塞安全通道。停靠货垛时,应听从作业区业务管理人员的指挥,车辆与货垛之间要留有安全距离。待装卸的车辆与装卸中的车辆应保持足够的安全距离。

(3)装卸作业前,车辆发动机应熄火,并切断总电源(需从车辆上取得动力的除外)。在有坡度的场地装卸货物时,应采取防止车辆溜坡的有效措施。

(4)装卸作业前应对照运单,核对危险货物名称、规格、数量,并认真检查货物包装。货物的安全技术说明书、安全标志、标识、标志等与运单不符或包装破损、包装不符合有关规定的货物应拒绝装车。

(5)装卸作业时应根据危险货物包装的类型、体积、重量、件数等情况和包装储运图示标志的要求,采取相应的措施,轻装轻卸,谨慎操作。同时应做到:

①堆码整齐,紧凑牢靠,易于点数。

②装车堆码时,桶口、箱盖朝上,允许横倒的桶口及袋装货物的袋口应朝里;卸车堆码时,桶口、箱盖朝上,允许横倒的桶口及袋装货物的袋口应朝外。

③装卸平衡;堆码时应从车厢两侧向内错位骑缝堆码,高出栏板的最上一层包装件,堆码超出车厢前挡板的部分不得大于包装件本身高度的二分之一。

④装车后,货物应用绳索捆扎牢固;易滑动的包装件,需用防散失的网罩覆盖并用绳索捆扎牢固或用毡布覆盖严密;需用多块毡布覆盖货物时,两块毡布中间接缝处须有大于15cm的重叠覆盖,且货厢前半部分毡布需压在后半部分的毡布上面。

⑤包装件体积为450L以上的易滚动危险货物应紧固。

⑥带有通气孔的包装件不准倒置、侧置,防止所装货物泄露或混入杂质造成危害。

(6)装卸过程中需要移动车辆时,应先关上车厢门或栏板。若车厢门或栏板在原地关不上时,应有人监护,在保证安全的前提下才能移动车辆。起步要慢,停车要稳。

(7)装卸危险货物的托盘、手推车应尽量专用。装卸前,要对装卸机具进行检查。装卸爆炸品、有机过氧化物、剧毒品时,装卸机具的最大装载量应小于其额定负荷的75%。

(8)危险货物装卸完毕,作业现场应清扫干净。装运过剧毒品和受到危险货物污染的车辆、工具应按《危险货物道路运输规则》(JT/T 617—2018)中车辆清洗消毒方法洗刷和除污。危险货物的撒漏物和污染物应送到当地环保部门指定地点集中处理。

第二节 道路运输各类危险货物押运安全要求

为了加强对化学危险物品的安全管理,保证安全生产,保障人民生命财产的安全,保护环境。《危险货物分类和品名编号》(GB 6944—2012)中对危险货物进行了分类和编号。由于不同种类的危险品在包装、装卸、运输、处置等操作规程要求各不相同,因此,各类危险货物在押运过程中的要求也不同。本节内容从各类危险货物押运安全要求以及不同运输方式押运要求分别介绍。

一、各类危险货物押运安全要求

1 爆炸品

（1）出车前。

①运输爆炸品的车辆应使用厢式货车，车厢底板应平坦完好、栏板牢固，对于不同的危险货物，应采取相应的衬垫防护措施（如铺垫木板、胶合板、橡胶板等），且厢式货车的车厢内不得有酸、碱、氧化剂等残留物。

②核实公安部门爆炸物质运输许可手续上载明的收获单位、销售企业、承运人，熟悉一次性运输有效期限、起始地点、运输线路、经停地点，民用爆炸物质的种类、数量；包装材料和包装方式；运输爆炸物质的特性、出现险情的应急处置方法。

③不具备有效的避雷电、防潮湿条件时，雷雨天气应停止对爆炸品的运输、装卸作业。根据所运输的爆炸品特性，随车携带捆扎、防潮、降温、防火、防毒等工具和应急设备。

④主动接受出车前教育，穿戴规定的防护用品。

（2）运输。

①运输过程中押运人员应监督驾驶员按照公安部门核发的道路通行证所指定的时间、运输路线、经停地点和运行速度进行行驶。

②运输过程中发生火灾时，押运人员应与驾驶员协同配合应尽可能将爆炸品转移到危害最小的区域或进行有效隔离。不能转移、隔离时，应组织人员疏散。

③施救人员应戴防毒面具。扑救时禁止用沙土等物压盖，不得使用酸碱灭火剂。

（3）装卸。

①严禁接触明火和高温；严禁使用会产生火花的工具、机具。

②车厢装货总高度不得超过1.5m。无外包装的金属桶只能单层摆放，以免压力过大或撞击摩擦引起爆炸。

③火箭弹和旋上引信的炮弹应横装，与车辆行进方向垂直。凡从1.5m以上高度跌落或经过强烈震动的炮弹、引信、火工品等应单独存放，未经鉴定不得装车运输。

④任何情况下，爆炸品不得配装；装运雷管和炸药的两车不得同时在同一场地进行装卸。

⑤装卸过程中，押运人员与驾驶员不得离开车辆，并负责监装、监卸，办理货

物交接签证手续时要点收、点交。

❷ 压缩气体和液化气体

此条款特指包装件为气瓶装的压缩气体和液化气体。

(1)出车前。

①车厢内不得有与所装货物性质相抵触的残留物。

②夏季运输应检查并保证瓶体遮阳、瓶体冷水喷淋降温设施等安全有效。除另有限运的规定外,当运输过程中瓶内气体的温度可能高于40℃时,应对瓶体实施遮阳、冷水喷淋降温等措施。

(2)运输。

①运输中,低温液化气体的瓶体及设备受损、真空度遭破坏时,驾驶员、押运人员应站在上风处操作,打开放空阀泄压,注意防止灼伤。一旦出现紧急情况,驾驶员应将车辆转移到距火源较远的地方。

②压缩气体遇燃烧、爆炸等险情时,应向气瓶大量浇水使其冷却,并及时将气瓶移出危险区域。

③从火场上救出的气瓶,应及时通知有关技术部门另做处理,不可擅自继续运输。

④发现气瓶泄漏时,应确认拧紧阀门,并根据气体性质做好相应的人身防护:

a. 施救人员应戴上防毒面具,站在上风处抢救;

b. 易燃、助燃气体气瓶泄漏时,严禁靠近火种;

c. 有毒气体气瓶泄漏时,应迅速将所装载车辆转移到空旷安全处。

⑤除另有限运规定外,当运输过程中瓶内气体的温度高于40℃时,应对瓶体实施遮阳、冷却喷淋降温等措施。

(3)装卸。

①装卸人员应根据所装气体的性质穿戴好防护用品,必要时戴好防毒面具。用起重机装卸大型气瓶或气瓶集装架(格)时,应戴好安全帽。

②装车时要拧紧瓶帽,注意保护气瓶阀门,防止撞坏。车下人员须待车上人员将气瓶放置妥当后,才能继续往车上装瓶。在同一车厢内不准有两人以上同时单独往车上装瓶。

③气瓶应尽量采用直立运输,直立气瓶高出栏板部分不得大于气瓶高度的四分之一。不允许纵向水平装载气瓶。水平放置的气瓶均应横向平放,瓶口朝向应统一;水平放置最上层气瓶不得超过车厢栏板高度。

④妥善固定瓶体,防止气瓶窜动、滚动,保证装载平衡。

⑤卸车时,要在气瓶落地点铺上铅垫或橡皮垫;应逐个卸车,严禁溜放。

⑥装卸作业时,不要把阀门对准人身,注意防止气瓶安全帽脱落,气瓶应直立转动,不准脱手滚瓶或传接,气瓶直立放置时应稳妥牢靠。

⑦装运大型气瓶(盛装净重0.5t以上的)或气瓶集装架(格)时,气瓶与气瓶、集装架与集装架之间需填牢填充物,在车厢栏板与气瓶空隙处应有固定支撑物,并用紧绳器紧固,严防气瓶滚动,重瓶不准多层装载。

⑧装卸有毒气体时,应预先采取相应的防毒措施。

⑨装货时,漏气气瓶、严重损坏瓶(报废瓶)、异型瓶不准装车。收回漏气气瓶时,漏气气瓶应装在车厢的后部,不得靠近驾驶室。

⑩装卸氧气瓶时,工作服、手套和装卸工具、机具上不得沾有油脂;装卸氧气瓶的机具应采用氧溶性润滑剂,并应装有防止产生火花的防护装置;不得使用电磁起重机搬运。库内搬运氧气瓶应采用带有橡胶车轮的专用小车,小车上固定氧气瓶的槽、架也要注意不产生静电。

⑪配装时应做到:

a. 易燃气体中除非助燃性的不燃气体、易燃液体、易燃固体、碱性腐蚀品、其他腐蚀品外,不得与其他危险货物配装;

b. 助燃气体(如,空气、氧气及具有氧化性的有毒气体)不得与易燃、易爆物品及酸性腐蚀品配装;

c. 不燃气体不得与爆炸品、酸性腐蚀品配装;

d. 有毒气体不得与易燃易爆物品、氧化剂和有机过氧化物、酸性腐蚀物品配装;

e. 有毒气体液氯与液氨不得配装。

3 易燃液体

(1)出车前。

根据所装货物和包装情况(如,化学试剂、油漆等小包装),随车携带好遮盖、捆扎等防散失工具,并检查随车灭火器是否完好,车辆货厢内不得有与易燃液体性质相抵触的残留物。

(2)运输。

装运易燃液体的车辆不得靠近明火、高温场所。装运易燃液体的罐车应有导除静电拖地带,罐内影射有孔隔板以减少震荡产生静电。

(3)装卸。

①装卸作业现场应远离火种、热源。操作时货物不准撞击、摩擦、拖拉;装车堆码时桶口、箱盖一律向上,不得倒置;集装货物,堆码整齐;装卸完毕,应罩好网

罩,捆扎牢固。

②钢桶盛装的易燃液体,不得从高处翻滚溜放卸车。装卸时应采取措施防止产生火花,周围需有人员接应,严防钢桶撞击致损。

③钢制包装件多层堆码时,层间应采取合适衬垫,并应捆扎牢固。

④对低沸点或易聚合的易燃气体,若发现其包装容器内装物有膨胀(鼓桶)现象时,不得装车。

❹ 易燃固体、自燃物品和遇湿易燃物品

(1)出车前。

①运输危险货物车辆的货厢、随车工、属具不得沾有水、酸类和氧化剂。

②运输遇湿易燃物品,应采取有效的防水、防潮措施。

(2)运输。

①运输过程中,应避开热辐射,通风良好,防止受潮。

②雨雪天气运输遇湿易燃物品,应保证防雨雪、防潮湿措施切实有效。

(3)装卸。

①装卸场所及装卸用工、属具应清洁干燥,不得沾有酸类和氧化剂。

②搬运时应轻装轻卸,不得摩擦、撞击、震动、摔碰。

③装卸自燃物品时,应避免与空气、氧化剂、酸类等接触;对需用水(如,黄磷)、煤油、石蜡(如,金属钠、钾)、惰性气体(如,三乙基铝等)或其他稳定剂进行防护的包装件,应防止容器受撞击、震动、摔碰、倒置等造成容器破损,避免自燃物品与空气接触发生自燃。

④遇湿易燃物品,不宜在潮湿的环境下装卸。若不具备防雨雪、防潮湿的条件,不准进行装卸作业。

⑤装卸容易升华、挥发出易燃、有害或刺激性气体的货物时,现场应通风良好、防止中毒;作业时应防止摩擦、撞击,以免引起燃烧、爆炸。

⑥装卸钢桶包装的碳化钙(电石)时,应确认包装内有无填充保护气体(氮气)。如未填充的,在装卸前应侧身轻轻地拧开桶上的通气孔放气,防止爆炸、冲击伤人。电石桶不得倒置。

⑦装卸对撞击敏感,遇高热、酸易分解、爆炸的自反应物质和有关物质时,应控制温度;且不得与酸性腐蚀品及有毒或易燃脂类危险品配装。

⑧配装时还应做到:

a.易燃固体不得与明火、水接触,不得与酸类和氧化剂配装;

b.遇湿易燃物品不得与酸类、氧化剂及含水的液体货物配装。

5 氧化剂和过氧化物

（1）出车前。

①有机过氧化物应选用控温厢式货车运输；若车厢为铁质底板，需铺有防护衬垫。车厢应隔热、防雨、通风，保持干燥。

②运输货物的车厢与随车工具不得沾有酸类、煤炭、砂糖、面粉、淀粉、金属粉、油脂、磷、硫、洗涤剂、润滑剂或其他松软、粉状可燃物质。

③性质不稳定或由于聚合、分解在运输中能引起剧烈反应的危险货物，应加入稳定剂；有些常温下会加速分解的货物，应控制温度。

④运输需要控温的危险货物应做到：

a. 装车前检查运输车辆、容器及制冷设备；

b. 配备备用制冷系统或备用部件；

c. 驾驶员和押运人员应具备熟练操作制冷系统的能力。

（2）运输。

①有机过氧化物应加入稳定剂后方可运输。

②有机过氧化物的混合物按所含最高危险有机过氧化物的规定条件运输，并确认自行加速分解温度（SADT），必要时应采取有效控温措施。

③运输应控制温度的有机过氧化物时，要定时检查运输组件内的环境温度并记录，及时关注温度变化，必要时采取有效控温措施。

④运输过程中，环境温度超过控制温度时，应采取相应补救措施；环境温度超过应急温度，应启动有关应急程序。其中，控制温度低于应急温度，应急温度低于自行加速分解温度（SADT）。

（3）装卸。

①对加入稳定剂或需控温运输的氧化剂和有机氧化物，作业时应认真检查包装，密切注意包装有无渗漏及膨胀（鼓桶）情况，发现异常应拒绝装运。

②装卸时，禁止摩擦、震动、摔碰、拖拉、翻滚、冲击。防止包装及容器损坏。

③装卸时发现包装破损，不能自行将破损件改换包装，不得将撒漏物装入原包装内，而应另行处理。操作时，不得踩踏、碾压撒漏物，禁止使用金属和可燃物（如，纸木等）处理撒漏物。

④外包装为金属容器的货物，应单层摆放。需要堆码时，包装物之间应有性质与所运货物相容的不燃材料衬垫并加固。

⑤有机过氧化物装卸时严禁混有杂质，特别是酸类、重金属氧化物、胺类等物质。

⑥配装时还应做到：

a. 氧化剂不能和易燃物质配装运输,尤其不能与酸、碱、硫磺、粉尘类(炭粉、糖粉、面粉、洗涤剂、润滑剂、淀粉)及油脂类货物配装;

b. 漂白粉及无机氧化物中的亚硝酸盐、亚氯酸盐、次亚氯酸盐不得与其他氧化剂配装。

6 毒害品和感染性物品

1)毒害品

(1)出车前。

除有特殊包装要求的剧毒品采用化工物品专业罐车运输外,毒害品应采用厢式货车速输。根据所装卸货物的毒性、状态及包装,应携带好相应的防护用品、防散失、防雨、捆扎等工属具。

(2)运输。

运输毒害品过程中,押运人员要严密监视,防止货物丢失、撒漏。行车时要避开高温、明火场所。

(3)装卸。

①装卸作业前,对刚开启的仓库、集装箱、封闭式车厢要先通风排气,驱除积聚的有毒气体。当装卸场所的各种毒害品浓度低于最高容许浓度时方可作业。

②作业人员应根据不同货物的危险特性,穿戴好相应的防护服装、手套、防毒口罩、防毒面具和护目镜等。

③认真检查毒害品的包装,应特别注意剧毒品、粉状的毒害品的包装,外包装表面应无残留物。发现包装破损、渗漏等现象,则拒绝装运。

④装卸作业时,作业人员尽量站在上风处,不能停留在低洼处。

⑤避免易碎包装件、纸质包装件的包装损坏,防止毒害品撒漏。

⑥货物不得倒置;堆码要靠紧堆齐,桶口、箱口向上,袋口朝里。

⑦对刺激性较强的和散发异臭的毒害品,装卸人员应采取轮班作业。

⑧在夏季高温期,尽量安排在早晚气温较低时作业;晚间作业应采用防爆式或封闭式安全照明。积雪、冰封时作业,应有防滑措施。

⑨忌水的毒害品(如,磷化铝、磷化锌等),应防止受潮。装运毒害品之后的车辆及工、属具要严格清洗消毒,未经安全管理人员检验批准,不得装运食用、药用的危险货物。

⑩配装时应做到:

a. 无机毒害品不得与酸性腐蚀品、易感染性物品配装;

b. 有机毒害品不得与爆炸品、助燃气体、氧化剂、有机过氧化物及酸性腐蚀物品配装;

c.毒害品严禁与食用、药用的危险货物同车配装。

2)感染性物品

(1)出车前。

①应穿戴专用安全防护服和用具。

②认真检查盛装感染性物品的每个包装件外表的警示标识,核对医疗废物标签,标签内容包括:医疗废物产生单位、产生日期、类别及需要的特别说明等。标签、封口不符合要求时,拒绝运输。

(2)运输。

①运输感染性物品,应经有关卫生检疫机构特许。

②运输医疗废物,应符合《危险货物道路运输规则》(JT/T 617—2018)的要求。

③运输医疗废物,应按照有关部门规定的时间和路线,从产生地点运送至指定地点。

④车厢内温度应控制在所运医疗废物要求的温度范围之内。

(3)装卸。

①根据不同的医疗废物分类,作业人员在工作中应穿戴好相应的防护服装、手套、防毒口罩、面具和护目镜等。

②作业人员受到医疗废物刺伤、擦伤等伤害时,应采取相应的处理措施,并及时报告相关部门。

7 放射性物品

放射性物品属于危险品中的第七类,具有很强的放射性和穿透性,有些放射性物品具有很强的辐射性对人体的伤害很大如铀、镭等。所以在运输、储存、包装过程中都要严格遵守相关规定,放射性物品的运输装卸应按《放射性物质安全运输规程》(GB 11806—2004)的有关规定执行,以下是放射性物品运输要求及注意事项。

(1)根据管理条例规定在运输放射性物品时要使用专业的放射性物品运输包装容器,容器要符合国家放射性物品运输的安全标准。为检验和检验不合格的容器都不能使用。

(2)从业人员必须具有辐射防护和安全防护知识,驾驶员具有相关危险品运输资格证。

(3)有伤口、孕妇、哺乳妇女和有放射性工作禁忌证者,不能参加放射性货物的储存与运输。

(4)放射性强的物质周围放放射性弱的物品。

(5)运输放射性物品必须要通过公安机关批准,按照公安机关规定的时间线路、速度行驶。

(6)运输途中要配备具有相关资格证和知识的押运人员,并且时刻监管。

放射性物品的危害性很大,运输、储存都是要谨慎进行的,具体详细的放射性物品运输要求和注意事项可以参考《放射性物质安全运输规程》,或者咨询相关危险品运输公司。

❽ 腐蚀品

(1)出车前。

根据危险货物性质配备相应的防护用品和应急处理器具。

(2)运输。

①运输过程中发现货物撒漏时,要立即用干砂、干土覆盖吸收;货物大量溢出时,应立即向当地公安、环保等部门报告,并采取一切可能的警示和消除危害措施。

②运输过程中发现货物着火时,不得用水柱直接喷射,以防腐蚀品飞溅,应用水柱向高空喷射形成雾状覆盖火区;对遇水发生剧烈反应,能燃烧、爆炸或放出有毒气体的货物,不得用水扑救;着火货物是强酸时,应尽可能抢出货物,以防止高温爆炸、酸液飞溅;无法抢出货物时,可用大量水降低容器温度。

③扑救易散发腐蚀性蒸气或有毒气体的货物时,应穿戴防毒面具和相应的防护用品。扑救人员应站在上风处施救。如果被腐蚀物品灼伤,应立即用流动自来水或清水冲洗创面 15min~30min,之后送医院救治。

(3)装卸。

①装卸作业前应穿戴具有防腐蚀的防护用品,并穿戴带有面罩的安全帽。对易散发有毒蒸气或烟雾的,应配备防毒面具。并认真检查包装、封口是否完好,要严防渗漏,特别要防止内包装破损。

②装卸作业时,应轻装、轻卸,防止容器受损。液体腐蚀品不得肩扛、背负;忌震动、摩擦;易碎容器包装的货物,不得拖拉、翻滚、撞击;外包装没有封盖的组合包装件不得堆码装运。

③具有氧化性的腐蚀品不得接触可燃物和还原剂。

④有机腐蚀品严禁接触明火、高温或氧化剂。

⑤配装时应做到:

a. 腐蚀品不得与普通货物配装;

b. 酸性腐蚀品不得与碱性腐蚀品配装;

c. 有机酸性腐蚀品不得与有氧化性的无机酸性腐蚀品配装;

d.浓硫酸不得与任何其他物质配装。

❾ 杂类

杂类危险货物汽车运输,应按货物特性采取相应措施。

二、不同运输方式押运安全要求

❶ 散装货物运输、装卸要求

(1)散装固体。

①运输散装固体车辆的车厢应采取衬垫措施,防止撒漏;应带好装卸工、属具和苫布。

②易撒漏、飞扬的散装粉状危险货物,装车后应用苫布遮盖严密,必要时应捆扎结实,防止飞扬,包装良好方可装运。

③行车中尽量防止货物窜动、甩出车厢。

④高温季节,散装煤焦沥青应在早晚时段进行装卸。

⑤装卸硝酸铵时,环境温度不得超过40℃,否则应停止作业。装卸现场应保持足够的水源以降温和应急。

⑥装卸会散发有害气体、粉尘或致病微生物的散装固体,应注意人身保护并采取必要的预防措施。

(2)散装液体。

①运输易燃液体的罐车应有阻火器和呼吸阀,应配备导除静电装置;排气管应安装熄灭火星装置;罐体内应设置防波挡板,以减少液体振荡产生静电。

②装卸作业可采用泵送或自流灌装。

③作业环境温度要适应该液体的储存和运输安全的理化性质要求。

④作业中要密切注视货物动态,防止液体泄漏、溢出。需要换罐时,应掀开空罐,后关满罐。

⑤易燃液体装卸始末,管道内流速不得超过1m/s,正常作业流速不宜超过3m/s。其他液体产品可采用经济流速。

⑥装卸料管应专管专用。

⑦装卸作业结束后,应将装卸管道内剩余的液体清扫干净;可采用泵吸或氮气清扫易燃液体装卸管道。

❷ 集装箱货物运输、装卸要求

①装箱作业前,应检查集装箱,确认集装箱技术状态良好并清扫干净,去除无关标志和标牌。

②装箱作业前,应检查集装箱内有无与待装危险货物性质相抵触的残留物。发现问题,应及时通知发货人进行处理。

③装箱作业前,应检查待装的包装件。破损、撒漏、水湿及沾污其他污染物的包装件不得装箱,对撒漏破损件及清扫的撒漏物交由发货人处理。

④不准将性质相抵触、灭火方法不同或易污染的危险货物装在同一集装箱内。如符合配装规定而与其他货物配装时,危险货物应装在箱门附近。包装件在集装箱内应有足够的支撑和固定。

⑤装箱作业时,应根据装载要求装箱,防止集重和偏重。

⑥装箱完毕,关闭、封锁箱门,并按要求粘贴好与箱内危险货物性质相一致的危险货物标志、标牌。

⑦熏蒸中的集装箱,应标贴有熏蒸警告符号。当固体二氧化碳(干冰)用作冷却目的时,集装箱外部门端明显处应贴有指示标记或标志,并标明"内有危险的二氧化碳(干冰),进入之前务必彻底通风!"字样。

⑧集装箱内装有易产生毒害气体或易燃气体的货物时,卸货时应先打开箱门,进行足够的通风后方可装卸作业。

⑨对卸空危险货物的集装箱要进行安全处理;有污染的集装箱,要在指定地点、按规定要求进行清扫或清洗。

⑩装过毒害品、感染性物品、放射性物品的集装箱在清扫或清洗前,应开箱通风。进行清扫或清洗的工作人员应穿戴适用的防护用品。洗箱污水在未作处理之前,禁止排放。经处理过的污水,应符合《污水综合排放标准》(GB 8978—1996)的排放标准。

第三节 道路危险货物运输押运事故应急措施

由于危险货物本身的理化性质不同,危险货物在运输中可能由于人为原因或者其他意想不到的原因,导致泄漏、着火、爆炸或者中毒等重大人身伤亡或重大经济损失事故的发生,不同种类的危险货物处置方法不同,若处置不当,极可能造成事故的进一步扩大。为迅速、有效地控制突发性危险货物事故的发生,抢救受害人员,指导群众防护和组织撤离,努力消除危害后果,最大限度地减少事故造成的损失,押运人员作为事故当事人,身处事故现场,应在能力范围内采取必要的应急处理措施,使损失降到最低。

一、应急救援工作的主要任务

危险货物在运输过程中发生事故时,押运人员应快速反应、沉着冷静地面对事故,第一时间明确事故救援的任务,以下是危险货物事故应急救援工作的主要任务。

(1)控制抢修危险源,分析、查明事故原因。
(2)组织消防灭火、消除泄漏、抢救受害人员。
(3)指导群众防护和撤离危险区,维护救援现场秩序。
(4)抢救、转移危险货物及物资设备。
(5)消除危害后果,恢复正常秩序。
(6)协调救援的指挥通信、交通运输、设备器材、物资气象等相关工作。
(7)查明人员伤亡情况,估算危险程度。
(8)调查事故原因和追究事故责任。

二、应急救援工作的基本原则

在危险货物救援时,应建立严格的应急处理责任制和有效的危险货物事故应急预案,押运人员切实履行各自职责,保证危险货物事故应急救援工作的正常进行。危险货物事故应急救援工作的基本原则如下:

(1)集中领导、统一指挥。
(2)各尽其责、协同作战。
(3)充分准备、快速反应。
(4)科学分析、措施果断。
(5)自救与社会救援相结合。

三、事故报告程序与现场保护

1 事故报告程序

当危险货物发生事故后,押运人员应立即做到:
(1)迅速采取有效措施,积极组织抢救,防止事故蔓延扩大。
(2)立即按本单位应急预案要求,各部门迅速拨打110、119、120报警,同时如实向当地政府、铁路行政管理部门和安全生产监督管理局等有安全生产监管职责的部门报告事故情况。
(3)事故报告应包括以下内容:
①发生事故单位、时间、地点。
②事故简要经过,伤亡情况。
③事故原因和性质的初步判断。
④事故抢救处理的情况和采取的措施。

⑤事故的报告单位、报告人和报告时间。

❷ 事故现场的保护

事故发生后应努力保护好事故现场,如果因抢救人员、防止事故扩大、恢复生产以及疏通交通等原因,需要移动现场物件的,有关职能部门应当作好标志,采取拍照、摄像、绘图等方法详细记录事故现场原貌,并妥善保存现场主要痕迹、物证等。

四、应急救援装备

道路危险货物运输企业应当配备应急救援装备。应急救援装备要根据所运危险货物的性质和运输车辆的特性配备。以下介绍常用的应急救援装备。

❶ 应急电源、照明

各生产班组均配置一只强光探射灯,作为现场紧急撤离时照明用,当发生事故时,单个生产系统必须完全断电或者突然断电时,所有岗位人员由当班班长负责使用应急照明灯有序撤离。

❷ 应急物资

应急救援的主要装备、物资及药品:自给式空气呼吸器、头盔式防飞溅面罩、灭火器、便携式氢、氧分析仪、止痛片、云南白药喷剂、碘伏、纱布、绷带、消毒酒精、担架等。对应急救援物资要纳入日常检查内容,定期检查、维护和更新,保证始终处于完好状态。

❸ 应急资料

应急资料包括应急物资清单、应急队伍组成表、社会救援力量联络表。社会救援部门主要有公安部门、消防队、环保部门、电信部门、医疗部门和其他部门等。

五、应急预案的启动与实施

危险货物事故发生后,事故发生单位主要负责人或现场人员应当积极采取有效的自救措施,进行全方位的抢险救援和应急处理。事故发生单位确定危险货物事故未能有效控制,应当向当地行政管理部门提出启动危险货物事故应急预案的建议。启动危险货物事故应急预案由总指挥批准后实施。预案启动后,各部门各单位应根据预案规定的职责要求,服从总指挥部的统一指挥,立即到达规定岗位,采取有效的控制措施。各项救援均以单位自救为基础,当地政府、系统主管、行业管理等各方救助联合进行应急救援。在应急抢险救援过程中需要紧急调用物资、设备、人员和占用场地,任何单位和个人不得阻拦和拒绝。

六、应急预案相应条件

1 请求外部救援响应条件

(1)氢气火灾的响应。当氢气发生泄漏起火乃至爆炸,企业无法控制时,必须向消防队请求支援灭火。

(2)容器的爆炸事故。当企业盛装各类气体的容器、管道发生爆炸,且现场情况复杂,无法进行有效控制时,必须向消防队及其他应急机构请求支援。

2 企业救援响应条件

(1)氢气发生泄漏且已起火时,火势在企业范围内能得以控制。

(2)氧气、惰性气体发生大量泄漏,现场已经无法控制时。

(3)硫酸罐、制氢装置中氢氧化钾溶液发生严重泄漏而无法控制时。

3 部门救援响应条件

(1)发生一般性的气体泄漏,可通过关闭阀门等措施处理时。

(2)制氢装置中氢氧化钾溶液发生少量泄漏。

七、事故应急救援终止

当事故得以控制,经应急救援指挥部组织人员对现场进行检查,检查项目包括未熄灭的火源、高温或低温物体、未扩散的产品、所有人员的下落已清楚、生产现场的剩余产品已经被转移、地下设施(包括地下沟、渠内的氧含量检测)、由于事故导致存在安全隐患的各项设施(如建筑物)等,确认事故复发的隐患、工厂存在的其他安全隐患及环境污染和危害已消除,并已经进行取证工作后,由总指挥下达解除应急救援的命令,安全质量部门通知解除警报,保安队通知警戒人员撤离。

在涉及周边社区和单位的疏散时,由总指挥通知周边单位负责人员或者社区负责人解除警报,并及时通知上级相关部门。

第五篇

信息技术应用推广篇

　　本篇依据管理部门对道路危险货物运输车辆动态监控管理的相关规定和企业监控管理系统建设标准及要求，展示国家级、省级和企业监控平台新技术；在此基础上进一步介绍了道路集装箱运输的产生、发展和现阶段道路集装箱运输信息技术应用等。

第十七章 道路危险货物运输车辆安全实时监控管理系统

第一节 道路危险货物运输车辆安全实时监控管理要求

为加强道路运输车辆动态监督管理,预防和减少道路交通事故,2014年1月28日,交通运输部、公安部、国家安全生产监督管理总局发布《道路运输车辆动态监督管理办法》(以下简称《办法》),并根据2016年4月20日《交通运输部 公安部 国家安全生产监督管理总局关于修改〈道路运输车辆动态监督管理办法〉的决定》进行修正。《办法》对道路运输车辆安装、使用具有行驶记录功能的卫星定位装置(以下简称卫星定位装置)以及相关安全监督管理活动进行了详细规定。主要内容包括:

(1)道路危险货物运输企业作为动态监控主体,应按照要求购置带有车载终端的营运车辆(已有未安装的车辆应加装),参照规定标准建设企业车辆监控平台,配备专职监控人员,对营运车辆进行实时监控,对发现的安全问题及时进行纠正,对相关人员进行处理。

具体规定详见以下条款:

第九条 道路危险货物运输企业应当按照标准建设道路运输车辆动态监控平台,或者使用符合条件的社会化卫星定位系统监控平台(以下统称监控平台),对所属道路运输车辆和驾驶员运行过程进行实时监控和管理。

第十三条 道路运输经营者应当选购安装符合标准的卫星定位装置的车辆,并接入符合要求的监控平台。

第二十一条 道路运输企业是道路运输车辆动态监控的责任主体。

第二十二条 道路旅客运输企业、道路危险货物运输企业和拥有 50 辆及以上重型载货汽车或牵引车的道路货物运输企业应当配备专职监控人员。专职监控人员配置,原则上按照监控平台每接入 100 辆车设 1 人的标准配备,最低不少于 2 人。监控人员应当掌握国家相关法规和政策,经运输企业培训、考试合格后上岗。

(2)企业动态监控平台建成后应向行业管理部门申请标准服务审查,其建设应作为获取《道路运输经营许可证》的要件之一。

具体规定详见以下条款:

第十条 道路运输企业新建或者变更监控平台,在投入使用前应当通过有关专业机构的系统平台标准符合性技术审查,并向原发放《道路运输经营许可证》的道路运输管理机构备案。

第十六条 道路运输管理机构在办理营运手续时,应当对道路运输车辆安装卫星定位装置及接入系统平台的情况进行审核。

(3)企业动态监控平台应正常使用,录入相关数据并联网,保证日常使用,对车辆规定、违规记录、监控处理等内容应存档备查。

具体规定详见以下条款:

第十四条 道路运输企业应当在监控平台中完整、准确地录入所属道路运输车辆和驾驶员的基础资料等信息,并及时更新。

第二十五条 道路运输企业应当根据法律法规的相关规定以及车辆行驶道路的实际情况,按照规定设置监控超速行驶和疲劳驾驶的限值,以及核定运营线路、区域及夜间行驶时间等,在所属车辆运行期间对车辆和驾驶员进行实时监控和管理。

设置超速行驶和疲劳驾驶的限值,应当符合客运驾驶员 24h 累计驾驶时间原则上不超过 8h,日间连续驾驶不超过 4h,夜间连续驾驶不超过 2h,每次停车休息时间不少于 20min,客运车辆夜间行驶速度不得超过日间限速 80% 的要求。

第二十六条 监控人员应当实时分析、处理车辆行驶动态信息,及时提醒驾驶员纠正超速行驶、疲劳驾驶等违法行为,并记录存档至动态监控台账;对经提醒仍然继续违法驾驶的驾驶员,应当及时向企业安全管理机构报告,安全管理机构应当立即采取措施制止;对拒不执行制止措施仍然继续违法驾驶的,道路运输企业应当及时报告公安机关交通管理部门,并在事后解聘驾驶员。

动态监控数据应当至少保存 6 个月,违法驾驶信息及处理情况应当至少保存 3 年。对存在交通违法信息的驾驶员,道路运输企业在事后应当及时给予处理。

第二十七条　道路运输经营者应当确保卫星定位装置正常使用,保持车辆运行实时在线。

卫星定位装置出现故障不能保持在线的道路运输车辆,道路运输经营者不得安排其从事道路运输经营活动。

第二十九条　卫星定位系统平台应当提供持续、可靠的技术服务,保证车辆动态监控数据真实、准确,确保提供监控服务的系统平台安全、稳定运行。

(4)企业动态监控平台应接入省级、国家级监管平台,接受上级管理部门的监管。

具体规定详见以下条款:

第十五条　道路危险货物运输企业监控平台应当接入全国重点营运车辆联网联控系统(以下简称联网联控系统),并按照要求将车辆行驶的动态信息和企业、驾驶员、车辆的相关信息逐级上传至全国道路运输车辆动态信息公共交换平台。

道路货运企业监控平台应当与道路货运车辆公共平台对接,按照要求将企业、驾驶员、车辆的相关信息上传至道路货运车辆公共平台,并接收道路货运车辆公共平台转发的货运车辆行驶的动态信息。

第十七条　除危险货物运输车辆接入联网联控系统监控平台时按照有关标准要求进行相应设置以外,不得改变货运车辆车载终端监控中心的域名设置。

第二十八条　任何单位和个人不得破坏卫星定位装置以及恶意人为干扰、屏蔽卫星定位装置信号,不得篡改卫星定位装置数据。

第二节　道路危险货物运输车辆安全实时监控系统建设情况

一、管理部门监控平台

1 全国重点营运车辆联网联控平台

2009年,交通运输部以上海世博会安保为契机,统一标准,整合行业现有动态监控资源,建设全国重点营运车辆联网联控系统,解决各省道路运输管理部门对外省车辆无法有效监管的问题,为实现车辆跨区域、跨部门联合监管提供支撑手段;2010年4月14日,全国重点营运车辆联网联控系统如期开通。

1)系统特点

该系统具有如下特点:

(1)实现了分离系统互联互通。

(2)有效整合了动静态数据。

(3)形成了部级层面的数据大融合。

(4)实现与全国31个省级监管平台的联网,系统入网车辆数近360万辆,其中可以识别为"两客一危"的车辆达60万辆,形成世界最大的营运车辆监管网络。

(5)每天产生10亿条数据,需近200GB数据存储。

2)车载终端建设标准

具有驾驶员身份识别功能;具有电子运单上报功能;熄火状态识别,上线率考核。

3)系统平台建设标准

对基本功能进行规定,允许个性化开发;政府监管平台定位为管平台的平台,对车辆的监控由企业平台来负责;监管平台对违章报警自动进行处理。

基于全国重点营运车辆联网联控系统实现了车辆动态定位数据、车辆运政静态数据、车辆货物运输数据、从业人员基础数据、电子地图数据的有效整合。

基于现有系统,联网联控系统建设期间,实现了车辆监控服务运营商及运输企业自有监控平台,实现了各省级平台间车辆动态数据的不间断传输与交换。

2 全国道路货运车辆公共监管与服务平台

全国道路货运车辆公共监管与服务平台(简称道路货运车辆公共平台),见图17-1,是实现货运车辆数据汇总、信息交互和第三方监管的公益性平台。将货运车辆通过车载卫星定位装置接入"道路货运车辆公共监管与服务平台",可为个体货运车辆及小型货运企业提供动态监控服务,也可为大中型货运企业的监控平台提供所属车辆的动态数据接入服务,这既可有效解决个体货运车辆及小型货运企业的车辆监控主体缺失的问题,也有利于引导大中型货运企业提升动态监控水平。

1)平台定位

平台的主要定位是:

(1)提供第三方监控的公益性平台。

图 17-1　全国道路货运车辆公共监管与服务平台情况

（2）实现全国货运车辆数据汇总、信息交互。

（3）对个体运输车辆实施自动监控，同时为货运企业监控提供有效的数据接入服务。

（4）这些数据会同时被公安、交通、安监部门进行管理。

2）服务商主要功能

（1）添加车辆。服务商登陆道路货运车辆公共平台后，可录入车辆基本数据，当道路货运车辆公共平台添加车辆后，终端即可进行注册鉴权。

（2）车辆管理。服务商可在车辆管理页面进行车辆的添加、删除及修改等功能。

（3）车辆查询。服务商可按照车牌号、终端号、SIM 卡号三个条件进行车辆查询,查询结果显示在列表中。

(4)车辆新增。服务商通过道路货运车辆公共平台录入车辆基本信息实现车辆的上线。

(5)车辆编辑。在车辆修改界面,修改相关内容。修改后点击保存即可。

(6)车辆导入。服务商可以通过 Excel 文件,将车辆数据导入道路货运车辆公共平台。

(7)信息补全。服务商可通过道路货运车辆公共平台实现车辆基本信息录入、上线及信息补全。

(8)车辆转网。服务商可通过道路货运车辆公共平台实现车辆转入转出的功能。

3)行业管理功能

(1)审车管理。行业管理用户通过道路货运车辆公共平台对所有进入运输市场的重型载货汽车和半挂牵引车进行审查,在道路货运车辆公共平台上线定位后进行审查操作。

(2)行驶记录仪查询。行业管理用户通过道路货运车辆公共平台根据车牌号与时间查询行驶记录仪状态。

(3)车辆信息查询。行业管理用户通过道路货运车辆公共平台根据车牌号对管辖内的车辆进行车辆信息查看。通过车牌号、终端定位模式、籍贯地,查询车辆的以下信息:车牌号码、业户名称、籍贯地、所属服务商、终端厂商、终端定位模式、第一次入网时间、上线天数。

(4)车辆报警查询。行业管理用户通过道路货运车辆公共平台根据车牌号、籍贯地、报警类型、报警时间对车辆进行超速报警、疲劳报警、碰撞/侧翻报警等报警信息查询。

(5)服务商查询。行业管理用户通过道路货运车辆公共平台根据服务商名称、省城,进行服务商查询。

(6)车辆入网统计。行业管理用户通过道路货运车辆公共平台根据日期、年、季、月对货运车辆的入网数进行统计,计算上线率、环比差异值、同比差异值、环比差异率、同比差异率。

(7)车辆报警统计。行业管理用户通过道路货运车辆公共平台根据日期、年、季、月对管辖车辆发生的各类报警数进行统计。

(8)信息发布统计。行业管理用户通过道路货运车辆公共平台根据日期、年、季、月对用户下发的政策法规、通知通告、预警信息进行统计。

(9)用户管理。行业管理用户可修改道路货运车辆公共平台当前账号的用户信息。

(10) 密码管理。行业管理用户提供用户名及邮箱后可对道路货运车辆公共平台密码重置。

(11) 个人信息管理。行业管理用户可修改道路货运车辆公共平台当前账号的个人信息。

4) 使用情况

根据《国务院关于加强道路交通安全工作的意见》(国发〔2012〕30号)和《交通运输部关于贯彻落实国务院关于加强道路交通安全工作的意见的通知》(交运发〔2012〕490号)文件精神,于2013年1月1日正式上线接入道路货运车辆;根据《道路运输车辆动态监督管理办法》(中华人民共和国交通运输部、中华人民共和国公安部、国家安全生产监督管理总局令2014年第5号)的要求,进入运输市场的重型载货汽车和半挂牵引车,应当于2015年12月31日前全部安装、使用卫星定位装置,并接入道路货运车辆公共平台。

国发〔2012〕30号文之后,交通、公安、安监要求在2015年上线率达到90%以上。道路货运车辆公共平台2014年12月19日达到50万车辆,2015年4月接入货运车辆80万辆。车辆接入以后,首先对驾驶员的超速行为进行提醒,道路货运车辆公共平台上线以来的数据上可以看到,超速月报警率包括疲劳驾驶月报警率都呈逐月下降趋势。

道路货运车辆公共平台上线后,车辆一旦发生超速,道路货运车辆公共平台会在10s之内给它发送提示信息,大约会有95%的超速行为以及25%的疲劳驾驶行为被纠正。在提供基本安全提示的基础上,道路货运车辆公共平台也会对车辆的速度、方向、包括天气等提供动态提醒服务。

同时值得一提的是,根据《道路运输车辆动态监督管理办法》内容,道路货运车辆公共平台对交通行业监管部门提出三大要求:

(1) 各地的运管机构利用道路货运车辆公共平台,对所有进入运输市场的重型载货汽车和半挂牵引车进行审查,所有符合要求的货运车辆必须接入到道路货运车辆公共平台并上线后才会允许发放合法道路运输证。如果不能在道路货运车辆公共平台上正常显示,则不予发放合法道路运输证。

(2) 安监部门会重新利用道路货运车辆公共平台上的数据和分析结果对安全事故责任予以认定,并追究行业主管部门或运输企业的相关责任。

(3) 多地公安机关已逐步开展在路面上对上路营运车辆进行检查,如果检查的时候发现设备不可用、损坏,或者在道路货运车辆公共平台上看不到上路营运车辆,最终认定是安全生产设备缺失,会责令这辆车停车,设备安装解决以后才允许开走。

3 道路运输车辆动态信息公共服务平台

《办法》第十八条规定:"道路运输管理机构负责建设和维护道路运输车辆动态信息公共服务平台,落实维护经费,向地方人民政府争取纳入年度预算。道路运输管理机构应当建立逐级考核和通报制度,保证联网联控系统长期稳定运行。"因此,各省级行业管理部门积极构建本地区道路运输车辆动态信息公共服务平台建设。

省级平台构建要注意道路运输车辆动态监督管理遵循企业监控、政府监管、联网联控的原则,且要按规定会同公安机关交通管理部门和安全监管部门依据法定职责对道路运输车辆动态监控工作实施联合监督管理。

因此,构建省、市、县、(区)、企业四级联动的重点营运车辆日常运营规范性监管系统,应具备平台考核管理、安全监管系统发布、重点运输车辆实时监管、车辆事故预警与预情处理等功能。动态信息监管系统框架如图17-2所示。

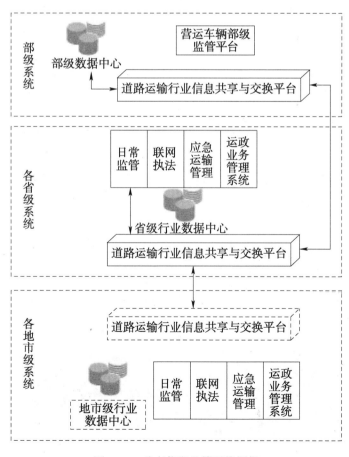

图17-2 动态信息监管系统框架

二、企业监控平台

1 企业车辆卫星定位系统平台

《道路运输车辆动态监督管理办法》规定,道路危险货物运输企业车辆卫星定位系统平台应当符合《道路运输车辆卫星定位系统 终端通讯协议及数据格式》(JT/T 808—2011)、《道路运输车辆卫星定位系统 平台数据交换》(JT/T 809—2011)等标准要求。标准主要对平台的建设框架、政府及企业平台的具体功能和平台的性能及技术要求等内容进行了要求。企业在符合上述标准的情况下,可以根据自身情况进行适当改进和功能扩充。系统架构和登录界面如图17-3和图17-4所示。

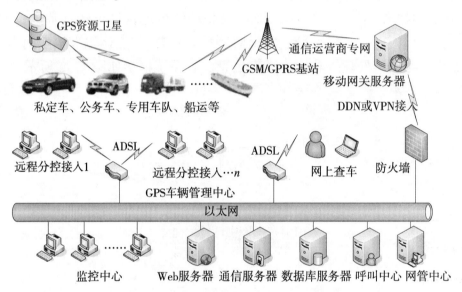

图17-3 企业车辆卫星定位系统架构示意

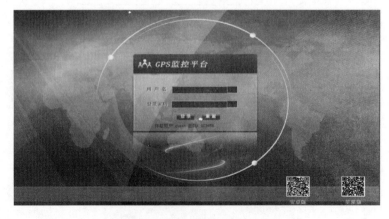

图17-4 系统登录界面示意

❷ 车辆卫星定位装置

在道路运输车辆上安装的卫星定位装置应符合以下标准要求：《道路运输车辆卫星定位系统 车载终端技术要求》（JT/T 794—2011）、《道路运输车辆卫星定位系统 终端通讯协议及数据格式》（JT/T 808—2011）、《机动车运行安全技术条件》（GB 7258—2017）、《汽车行驶记录仪》（GB/T 19056—2012）。标准主要对终端组成及其最低功能要求和性能等内容进行要求。企业在符合上述标准的情况下，可以根据自身情况进行适当改进和功能扩充。系统架构如图 17-5，终端设备如图 17-6 所示。

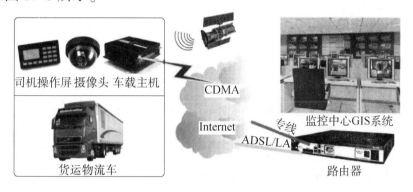

图 17-5 车辆卫星定位系统架构

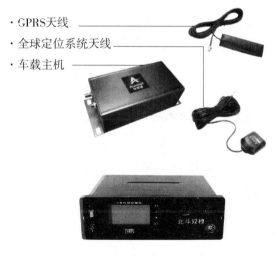

图 17-6 车辆卫星定位终端设备

第十八章
公路集装箱运输的发展与信息技术应用

第一节　我国公路集装箱运输的发展情况

集装箱运输的产生具有很长的历史,但其发展壮大的时间并不长,早在1801年英国人安德森(James Anderson)博士首先提出了集装箱运输的设想,到了1848年,在美国开展了"驼背运输"(Piggy-back system)。后来,由于种种原因集装化没有得到顺利进展。但是到20世纪50年代后期,特别是美国以降低运输费用为最终目标,在各种不同运输业者得共同努力下,采用集装箱进行复合直达运输之后,集装箱运输才得到复兴。从集装箱运输的发展实践来看,它是社会经济发展的必然结果,也是交通运输发展的重要方向之一。集装箱运输的发展壮大是建立在大规模生产方式的基础上,而且在多式联运中其优势更为明显。因此,随着多式联运的开展,集装箱运输得到了更快的发展。同时,集装箱运输的快速发展又促进了多式联运的发展。

20世纪50年代中国的集装箱开始了开创性的运营,但中国的集装箱运输没有迅速进入发展期,而是呈现出一种曲折发展的态势,大体上可以分为试运、创业和发展三个时期。

❶ 第一个时期:试运期(20世纪50~70年代)

1955年,铁道部成立了集装箱运输营业所,有关单位也成立了专门机构负责集装箱业务。当时,曾试办了上海—大连、沈阳的水陆联运,开辟了天津、广安门站集装箱国际联运,并掌握有700多辆汽车开展"门到门"运输服务。但是由于对集装箱运输认识不足,运输所需场地装卸机械等配套设施没跟上,在以后的20年里集装箱运输处于无人管理、徘徊停滞的状态。直到20世纪70年代,我国开始了在水运企业组织集装箱运输的试验。1973年开辟了海上国际集装箱运输。这一时期组织、港航基础设施和技术设备等方面的发展,为以后水运集装箱运输的正式运营做了初步的准备工作。

❷ 第二个时期:创业期(20世纪80年代)

20世纪80年代初,伴随着国际集装箱船舶大型化,我国航运业开始启用大型集装箱船。与此同时,我国各主要港口步入大力推进集装箱码头建设时期。这一时期,建立起了专门的组织机构,在制定规章制度、培养专业人才、建设集装箱船队和专用码头、配置大型专用机械设备等方面均具有了一定的规模,同时也开辟了一批集装箱班轮航线。

❸ 第三个时期:发展期(20世纪90年代至今)

进入20世纪90年代,集装箱运输有了快速发展,特别是港口吞吐量有了大幅度增长,港口集装箱化比重有了很大提高。上海、青岛、深圳、天津、广州港已经跻身于世界50大集装箱港口之列。这时期已初步建立了较为通畅的集疏运系统,建立了全球集装箱运输的干支线网络。然而,在水路集装箱运输快速发展的同时,也暴露出铁路、公路集装箱运输发展缓慢这一缺陷,特别是在以国际集装箱为主导的集装箱多联运业务中,铁路、公路虽然在运量上有所增加,但增长速度仍极为缓慢。

我国的公路集装箱运输最早开始于1977年。为了疏港的需要,由交通部在天津组建了第一家集装箱运输专业车队,并通过技术改造建成了第一座集装箱公路中转站,此后经过20年的逐步推广,公路集装箱运输逐渐发展起来。回顾我国公路集装箱发展历程,大致可分为三个发展阶段。

第一阶段是起步初创阶段(1977年~1982年)。在这一时期,所有工作都是从零开始。自1977年国内第一支集装箱运输专业车队组建之后,天津、上海、大连、青岛等港口地区或其腹地陆续组建了集装箱汽车运输企业,并规划建设了相应的中转站作业基地。此后,公路集装箱运输标准化,起草和制定公路集装箱运输的政策法规,改装试制引进集装箱运输车辆及装卸机械,组织公铁水集装箱联运及公路直达集装箱运输试点线等工作陆续展开。短短的5年时间,在各项工作毫无基础的情况下,我国的公路集装箱运输有了良好的开端并快速发展起来。截至1982年底,开展公路集装箱运输、装卸业务的省市达20余个,公路运输承担了当年上海、天津、青岛等8个港口集装箱集疏运任务量的2/3。

第二阶段是推广发展阶段(1983年~1990年)。在此期间,交通部4路司组建了"集装箱运输处"专职管理机构,加强了对全国公路集装箱运输的推广发展工作。在沿海省份和东北—华北地区组建了一批公路集装箱运输企业,重点建设了上海、天津、广州、青岛、大连口岸的内陆国际集装箱公路中转站;企业改装、引进了一批集装箱运输车、牵引车、大型装卸机械;组织制订了国际、国内《集装箱汽车运输收费规则》《集装箱公路中转站站级划分及设备配备》等专业规章和技术标准;扩大了对公路专用集装箱直达运输和甩挂运输试运线的试点范围等,公路集装箱运输得到了进一步发展和壮大。1990年,当年通过公路完成的港口国际集装箱集疏运量为84.7万TEU,占港口吞吐总数的79.5%,比1982年的集疏运量提高了12.3倍。

　　第三阶段是巩固提高阶段(1991年~2000年)。这一时期是我国公路集装箱运输能力持续发展和经营管理水平全面提高时期。国家在沿海等重点省市继续组建专业集装箱运输企业,兴建不同规模的公路集装箱中转站或货运站,并加速站场技术装备配套工作。到2000年,全国从事集装箱业务的汽车运输企业有1600多户,集装箱公路中转站有250座,拥有国际集装箱专用汽车2万余辆,各种集装箱装卸机械1600余台。同时,公路运输部门陆续修订、制定并颁布了多项综合性、系统性的公路集装箱运输的管理规章、规程和技术标准,并且依托技术进步与科技创新,成功实现了EDI系统的开发与应用等。这些成果推动了公路装箱运输的持续发展,使我国集装箱运输的经营管理水平提高到一个新的发展阶段。

第二节　公路集装箱运输信息技术及应用

　　公路集装箱运输是依据有关部门规定的标准集装箱和国际标准集装箱规定,运用公路运输介质进行运输,在集装箱多式联运中发挥了重要作用,利用公路运输进行转换的集装箱运输形式,有效地连接海港、铁路、航空港集装箱运输,使点对点运输服务效率极大提升。现在,公路集装箱运输可以承接短、中途的内陆货物运,为客户提供标准化运输服务,为货主提供货物运输服务,可以作为一个独立的运输系统单独运行。公路集装箱运输无论是在公路运输系统、海路运输系统和铁路运输系统中,都起到非常重要的作用。

　　作为集装箱运输的重要子系统,公路集装箱运输新技术及应用主要受信息化技术在集装箱运输系统的总体影响。

一、RFID技术及其应用

❶ RFID技术介绍

　　射频识别(Radio Frequency Identification,RFID)技术是从20世纪80年代走

向成熟的一项自动识别技术。俗称电子标签,广泛用于零售业。它利用射频方式进行非接触式双向通信交换数据以达到识别目的。而现在的世界海运系统存在明显的缺陷,无法满足世界运输界对集装箱运输的安全性日益提高的要求。基于射频识别技术的集装箱的智能化为这一现状提供了很好的契机,所以基于射频识别技术的智能集装箱成为新的发展趋势。

RFID 系统是利用感应、无线电波或微波能量进行非接触双向通信、实现识别和交换数据目的的自动识别技术。它通过射频信号自动识别目标对象并获取相关数据,识别工作无须人工干预。最基本的 RFID 系统由三部分组成,即电子标签、阅读器和微型天线。

(1)电子标签(Tag)。由耦合元件及芯片组成,每个标签具有唯一的电子编码,附着在物体上标识目标对象;当受无线电射频信号照射时,能反射回携带有数字字母编码信息的无线电射频信号,供阅读器处理识别。

(2)阅读器(Reader)。有时也被称为查询器、通信器或读出装置,用以产生、发射无线电射频信号并接收由电子标签反射回的无线电射频信号,经处理后获取标签数据信息,有时还可以写入标签信息的设备,可设计为手持式或固定式。

(3)微型天线(Antenna)。在标签和阅读器间传递射频信号。

❷ RFID 技术的优点

与其他自动识别技术,如条形码识别技术相比,RFID 技术主要有以下几个优点。

(1)RFID 的阅读器能透过泥浆、污垢、油漆涂料、油污、木材、水泥、塑料、水和蒸汽等非金属材料阅读标签,不必一定与标签直接接触,这使电子标签成为脏污、潮湿和刺目等恶劣环境下阅读的理想选择。

(2)RFID 的数据存储容量大,标签上数据可以加密、可随时更新,特别适合于储存大量数据或在所需储存的数据经常需要改变的情况下使用。

(3)RFID 和条形码的主要区别是数据被电子化储存于 RFID 标签的存储单元内。采用专用芯片的 RFID 读卡机能根据每件货物唯一的序列标识号来进行识别,并可以进行密钥认证,保障数据安全。

(4)RFID 实现了"免接触",不需要直线瞄准扫描操作,读写速度快,读取距离大。因此,RFID 技术可识别高速运动物体并可同时识别多个标签,操作快捷方便。例如,可用于工厂的流水线上跟踪部件或产品,长距射频产品可用于自动收费或识别车辆身份、集装箱的信息等情况,识别距离达十几米。

(5)RFID 的体积小、易封装,外形多样(如卡状、环状、笔形等),可以隐藏或者嵌入在大多数材料或产品内,使被标记的货品更加美观。可应用于不同场合,使用非常方便。

(6) RFID 的使用寿命可长达 10 年以上,读写 10 万次,无机械磨损、无机械故障,可在恶劣环境下使用,工作温度在 -25℃ ~ +70℃ 之间。

(7) RFID 的编号独一无二,而且可以加入防伪识别码(如编码的最后一位可以设置防伪数位,它需要使用前面编码数字,通过一种加密运算得出),只要通过联网或生产厂的防盗识别设备扫描,立即可以分辨产品的真伪。

RFID 具有读写速度快,读取距离远,数据容量大等特点,这一技术如应用在物流过程和供应链管理中,将会带来流通、交易成本的减少和管理水平的提高,对于实现智能集装箱将发挥重大作用。

3 RFID 系统的工作原理

RFID 系统在实际应用中,电子标签附着在待识别物体的表面,电子标签中保存有约定格式的电子数据。阅读器可无接触地读取并识别电子标签中所保存的电子数据,从而达到自动识别物体的目的。阅读器通过天线发送出一定频率的射频信号,当标签进入磁场时产生感应电流从而获得能量,发送出自身编码等信息,被读取器读取并解码后送至电脑主机进行有关处理。

RFID 感应技术的基本原理如图 18-1 所示。在电磁场系统中,阅读器发出一个电磁波(EM),电磁波以一个球形波向前传播。电子标签位于电磁场中,淹没在这样传播的电磁波中并从电磁波中收集一些能量。在任何一个点上,可用能量的大小与该点距发射机的距离有关。

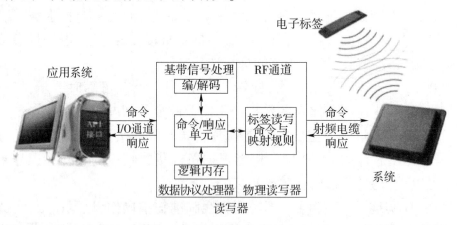

图 18-1　RFID 感应技术基本原理

由上可知,阅读器必须在可阅读的距离范围内产生一个合适的能量场以激励电子标签。在当前有关的射频约束下,欧洲的大部分地区各向同性有效辐射功率限制在 500mW,这样的辐射功能在 870MHz,可近似达到 0.7m。在美国、加拿大及其他一些国家,无须授权的辐射约束各向同性辐射功率为4W,这样的功率将会达到2m的阅读距离。在获得授权的情况下,在美国发射30W的功率将使阅读距离增大到5.5m左右。

❹ RFID系统的工作流程

读写器(阅读器)上电复位后,首先对各功能模块进行初始化,然后发出询卡/应答的指令。当标签芯片位于读写器(阅读器)的有效工作范围之外,标签芯片处于无电状态,不能进行任何操作。当其进入读写器(阅读器)的有效工作范围,标签芯片上电复位,进入等待状态,在此状态下,标签芯片可以正确接收和响应读写器(阅读器)所发送的询卡/应答指令,并进行相互认证。

如果在询卡/应答认证过程中发生错误,读写操作将不能进行。

相互认证通过之后,读写器向电子标签发出读、写、增加、减少、恢复、传输、停止等指令。

电子标签一方面接受、识别读写器的指令,另一方面对当前的工作状态进行分析,发现满足指令执行的条件,就经过指令译码,执行读写器指定的操作,并返回相应的处理结果,最后将工作状态返回至初始状态。

如果电子标签发现指令不满足执行条件,电子标签将向读写器发出错误的信息,并将工作状态返回至初始状态。

读写器要再对该卡进行操作,只有从发送询卡/应答指令开始,直到所有的步骤满足条件并执行为止。读写器与电子标签之间的通信主要包括如下内容。

(1)复位应答。标签的通信协议和通信的波特率是定义好的,通过这两项内容,读写器与标签相互验证,当标签进入读写器的操作范围时,读写器以特定的协议与它通信,从而确定卡片的类型。

(2)防冲突闭合机制。当有多张卡在读写器的操作范围内时,防冲突闭合电路首先从众多卡中选择其中的一张作为下一步处理的对象,而未选中的卡则处于空闲模式以等待下一次被选择,该过程返回一个被选中的卡的序列号。

(3)选择卡片。选择被选中的卡的序列号。

(4)相互确认。读写器与卡片相互认证,然后进行通信。

(5)指令操作。相互确认后可以进行读、写、加、减、传输、存储、暂停操作。

❺ RFID技术的应用

RFID技术和现代信息技术的结合将是集装箱运输行业的一个发展契机。基于RFID的集装箱管理系统能够对集装箱运输的物流和信息流进行实时跟踪,从而消除集装箱在运输过程中可能产生的错箱、漏箱事故,加快通关速度,提高运输安全性和可靠性,从而全面提升集装箱运输的服务水平。典型的基于 RFID 的应用方案应该包括硬件系统和软件系统两个方面,硬件系统由 RFID 自动识别系统和通信系统组成,软件系统包括 RFID 信息管理系统与港口集装箱管理系统。集装箱上的电子标签可以记录固定信息,包括序列号、箱号、持箱人、箱型、尺寸等;还可以记录、改写信息,如货品信息、运单号、起运港、目的港、船名航次等。集装箱 RFID 技术能完成装箱点数据输入、集装箱信息实时采集和自动识别;通信系统完成数据无线传输;集装箱信息管理系统完成对集装箱信息的实时处理和管理,能完成数据统计与分析,向客户提供集装箱信息查询服务。而港口集装箱管理系统可以监测、记录经过道口的集装箱、拖运车辆、事件发生时间、操作人员、集装箱堆放位置等信息;具有形象的 2D 集装箱堆场地图和放箱、找箱功能。

二、GPS 技术及其应用

1 GPS 含义

全球定位系统(Global Positioning System,GPS),简单地说,是一个由覆盖全球的 24 颗卫星组成的卫星系统。这个系统可以保证在任意时刻,地球上任意一点都可以同时观测到 4 颗卫星,以保证卫星可以采集到该观测点的经纬度和高度,以便实现导航、定位、授时等功能。这项技术可以用来引导车辆及个人,安全、准确地沿着选定的路线,准时到达目的地。

GPS 是目前最为先进的精密卫星导航定位系统,并且已由原来的纯军事技术发展成了一种被广泛应用的民用技术。现在,GPS 与现代通信技术相结合,使得测定地球表面三维坐标的方法从静态发展到动态,从数据后处理发展到实时的定位与导航,极大地扩展了它的应用广度和深度。

2 GPS 组成

全球定位系统是美国第二代卫星导航系统,是在子午仪卫星导航系统的基础上发展起来的,它采纳了子午仪系统的成功经验。和子午仪系统一样,GPS 系统包括三大部分:间部部分——GPS 卫星星座;地面控制部分——地面监控系统;用户设备部——GPS 信号接收机。

(1)GPS 卫星星座。

GPS 卫星星座由 21 颗工作卫星和 3 颗在轨备用卫星组成,记作(21 + 3)GPS 星座。24 颗卫星均匀分布在 6 个轨道平面内,轨道倾角为 55°,轨道的升交点赤经各相差 60°(升交点赤经为卫星轨道的升交点与春分点之间的角距,所谓升交点为卫星由南向北运行时,与地球赤道面的交点)。每个轨道平面内各颗卫星之间的升交角距相差 90°,一轨道平面上的卫星比西边相邻轨道平面上的相应卫星超前 30°。

(2)地面监控系统。对于导航定位来说,GPS 卫星是一动态已知点。卫星的位置是依据卫星发射的星历、描述卫星运动及其轨道的参数算得的。每颗 GPS 卫星所播发的星历由地面监控系统提供。卫星上的各种设备是否正常工作及卫星是否一直沿着预定轨道运行都要由地面设备进行监测和控制。地面监控系统另一重要作用是保持各颗卫星处于同一时间标准——GPS 时间系统。这就需要地面站监测各颗卫星的时间求出钟差。然后由地面注入站发给卫星,卫星再由导航电文发给用户设备。GPS 工作卫星的地面监控系统包括一个主控站、三个注入站和五个监测站。

(3)GPS 信号接收机。GPS 信号接收机的任务是:能够捕获到按一定卫星高度截止角所选择的待测卫星的信号并跟踪这些卫星的运行,对所接收到的 GPS 信号进行变换、放大和处理,以便测量出 GPS 信号从卫星到接收机天线的传播时间,解译出 GPS 卫星所发送的导航电文,实时地计算出测站的三维位置甚至三维速度和时间。

GPS 卫星发送的导航定位信号是一种可供无数用户共享的信息资源。对于陆地、海洋和空间的广大用户,只要拥有能够接收、跟踪、变换和测量 GPS 信号的接收设备即 GPS 信号接收机,就可以在任何时候用 GPS 信号进行导航定位测量。根据使用目的的不同,用户要求的 GPS 信号接收机也各有差异。目前世界上已有几十家工厂生产,GPS 接收机产品也有几百种。这些产品可以按照原理、用途、功能等来分类。

3 GPS 系统的特点

GPS 系统具有以下主要特点:

(1)定位精度高。

应用实践已经证明,GPS 相对定位精度在 50km 以内可达 10^{-6} m,100 ~ 500km 可达 10^{-7} m,1000km 可达 10^{-9} m。在 300 ~ 1500m 工程精密定位中,1h 以上观测的解,其平面位置误差小于 1mm,与 ME - 5000 电磁波测距仪测定的边长比较,其边长校差最大为 0.5mm,校差中误差为 0.3mm。

(2)观测时间短。

随着 GPS 系统的不断完善,软件的不断更新,目前 20km 以内相对静态定位仅需 15 ~ 20min;快速静态相对定位测量时,当每个流动站与基准站相距在 15km 以内时,流动站观测时间只需 1 ~ 2min,然后可随时定位,每站观测只需几秒。

（3）测站间无须通视。

GPS 测量不要求测站之间互相通视，只需测站上空开阔即可，因此可节省大量的费用。由于无须点间通视，点位位置根据需要可稀可密，使选点工作甚为灵活，也可省去经典大地网中的传算点、过渡点的测量工作。

（4）可提供三维坐标。

经典大地测量将平面与高程采用不同方法分别施测。GPS 可同时精确测定测站点的三维坐标。目前 GPS 水准可满足四等水准测量的精度。

（5）操作简便。

随着 GPS 接收机不断改进，自动化程度越来越高，有的已达"傻瓜化"的程度；接收机的体积越来越小，重量越来越轻，极大地减轻了测量工作者的工作强度，使野外工作变得轻松愉快。

（6）全天候作业。

目前 GPS 观测可以在一天 24h 内的任何时间进行，不受阴天黑夜、起雾刮风、下雨下雪等气候的影响，功能多、应用广。

从这些特点中可以看出 GPS 系统不仅可用于测量、导航，还可用于测速、测时。测速的精度可达 0.1m/s，测时的精度可达几十毫微秒。其应用领域不断扩大。当初设计 GPS 系统的主要目的是用于导航，收集情报等军事目的，但是后来的应用开发表明 GPS 系统不仅能够达到上述目的，而且用 GPS 卫星发来的导航定位信号能够进行厘米级甚至毫米级精度的静态相对定位米级至亚米级精度的动态定位，亚米级至厘米级精度的速度测量和毫微秒级精度的时间测量。因此，GPS 系统展现了极其广阔的应用前景。

4 GPS 技术的应用

GPS 在集装箱的应用领域主要有作业机械监控、箱位管理、安全管理、作业机械辅助导航、RTG 大车自动纠偏、RMG/QC 同步控制、RTG/RMG/QC 大车自动行走和时间同步。

三、OCR 技术及其应用

1 OCR 含义

OCR 是英文 Optical Character Recognition 的缩写，意思为"光学字符识别"，是指通过扫描等光学输入方式将各种票据、报刊、书籍、文稿及其他印刷品的文字转化为图像信息，再利用文字识别技术将图像信息转化为可编辑的文本文件的过程。即对文本资料进行扫描，然后对图像文件进行分析处理，获取文字及版面信息的过程。

OCR 是计算机输入技术的一种,它的出现彻底改变了计算机纸介质资料传统的输入方式,实现了文字自动输入。只要用扫描仪将文本图像输入计算机,就可转化为可修改的文本文件,这比手工输入速度快了几十倍。因此,它是一种快捷、省力、高效的文字输入方法。

❷ OCR 系统工作过程

OCR 系统的核心工作是把影像作一个转换,使储存在计算机内的图像文件转化为可编的文本文件。从影像到结果输出,须经过影像输入、影像前处理、文字特征抽取、比对识别,最后经人工校正、结果输出等过程。

(1)影像输入。影像输入是指将需要经 OCR 处理的标的物通过光学仪器,如影像扫描仪、传真机或任何摄影器材,将影像转入计算机的过程。随着科技的进步,扫描仪等的输入装置制作得越来越精致,品质也越来越好,这对 OCR 有相当大的帮助,如扫描仪的分辨率提高会使影像更清晰、扫描速度提升将更增进 OCR 处理的效率。

(2)影像前处理。影像前处理是 OCR 系统中需解决问题最多的一个模块,从得到一个不是黑就是白的二值化影像,或灰阶、彩色的影像,到独立出一个个的文字影像的过程,都属于影像前处理。它包含了影像正规化、去除噪声、影像矫正等的影像处理,及图文分析、文字行与字分离的文件前处理。目前,在影像处理方面,在学理及技术方面都已达成熟阶段,因此,在市面网站上有不少可用的链接库;在文件前处理方面,则凭各家本领了。

(3)文字特征抽取。单以识别率而言,特征抽取可以说是 OCR 的核心,用什么特征、怎么抽取,直接影响识别的好坏,所以在 OCR 研究初期,特征抽取的研究报告特别多,而特征可以说是识别的筹码。简单区分可分为两类:一类为统计的特征,如文字区域内的黑、白点数比,当文字区分成好几个区域时,这一个个区域黑、白点数比之联合,就成了空间的一个数值向量,在比对时,基本的数学理论就足以应付了;而另一类特征为结构的特征,如文字影像细线化后,取得字的笔画端点、交叉点之数量及位置,或以笔画段为特征,配合特殊的比对方法,进行比对,市面上手写输入软件的识别方法多以此结构方法为主。

(4)对比数据库。当抽取文字特征后,不论是统计或结构的特征,都需有一对比数据库或特征数据库来进行比对,数据库的内容应包含所有欲识别的字,根据与输入文字一样的特征抽取方法所得的特征群组。

(5)对比识别。这是可充分发挥数学运算理论的一个模块,根据不同的特征特性,选用不同的数学距离函数,较有名的比对方法有,欧式空间比对法、松弛对比法、动态程序比对法以及类神经网络的数据库建立及比对、HMM(Hidden Markov Model)等著名的方法,为了使识别的结果更稳定,也有所谓的专家系统被提出,利用各种特征比对方法的相异互补性,使识别出的结果信心度特别高。

(6)字词后处理。由于OCR的识别率无法达到百分之百,或想加强对比的正确性及信心值,一些除错或帮忙更正的功能,也成为OCR系统中必要的一个模块。字词后处理就是一例,利用比对后的识别文字找出最合乎逻辑的词,完成更正的功能。

(7)字词数据库。为字词后处理所建立的词库。

(8)人工校正。OCR最后的关卡,在此之前,使用者可能只是拿鼠标,跟着软件设计的节奏操作或仅是观看,而在此有可能需要使用者花精力和时间,去更正甚至找寻可能是OCR出错的地方。一个好的OCR软件,除了有一个稳定的影像处理及识别核心,以降低错误率外,人工校正的操作流程及其功能,亦影响OCR的处理效率。因此,文字影像与识别文字的对照及其屏幕信息摆放的位置,还有每一识别文字的候选字功能、拒认字功能及字词处理后特意标示出可能有问题的字词,都是为使用者设计尽量少使用键盘而提供的。

(9)结果输出。其实输出是一件简单的事,但却需要看使用者用OCR到底是为了什么。有人只要使用文本文件作部分文字之用,所以只要一般的文字文件;有人要漂漂亮亮的和输入文件一模一样的文件,所以有原文重现的功能;有人注重表格内的文字,所以要和Excel等软件结合。无论怎么变化,都只是输出档案格式的变化而已。如果需要还原成原文一样的格式,则在识别后,需要人工排版,耗时耗力。

3 OCR识别率决定因素

(1)图片的质量,一般建议150dpi以上。

(2)颜色,一般对彩色识别能力很差。

(3)最重要的就是字体,如果是手写,识别率很低。国内OCR识别简体差错率为万分之三,如果要求更高的精度,则需要投入更大的人工干预。繁体识别由于繁体字库不统一,导致识别困难,在人工干预下,精度能达到90%以上(图文清晰情况下)。

随着OCR技术的进一步成熟,依靠OCR识别正确率的提高和应用的扩展,未来OCR产业将走进自己的黄金时代。各类OCR产品不断推出并获得广泛应用,OCR产品形态日益丰富,应用领域不断扩展,OCR市场容量逐步扩大。

❹ OCR 技术的应用

OCR 技术在集装箱领域的主要应用是基于智能终端和信息系统,实现集装箱箱号自动采集。

四、GIS 技术及其应用

❶ GIS 概念

GIS(Geographic Information System,地理信息系统)是多种学科交叉的产物,它以地理空间为基础,采用地理模型分析方法,实施提供多种空间和动态的地理信息,是一种为地理研究和地理决策服务的计算机技术系统。其基本功能是将表格型数据(无论它来自数据库、电子表格文件或直接在程序中输入)转换为地理图形显示,然后对显示结果进行浏览、操作和分析。其显示范围可以从洲际地图到非常详细的街区地图,现实对象包括人口、销售情况、运输线路及其他内容。

经过了 40 年的发展,GIS 地理信息系统到今天已经逐渐成为一门相当成熟的技术,并且得到了极广泛的应用。尤其是近些年,GIS 更以其强大的地理信息空间分析功能,在 GPS 及路径优化中发挥着越来越重要的作用。

❷ GIS 构成

1)应用角度分类

从系统论和应用的角度出发,地理信息系统由四个子系统构成,即计算机硬件和系统软件、数据库系统、数据库管理系统、应用人员和组织机构。

(1)计算机硬件和系统软件。这是开发、应用地理信息系统的基础。其中,硬件主要包括计算机、打印机、绘图仪、数字化仪、扫描仪;系统软件主要指操作系统。

(2)数据库系统。系统的功能是完成对数据的存储,它又包括几何(图形)数据库和属性数据库。几何和属性数据库也可以合二为一,即属性数据库存在于几何数据库中。

(3)数据库管理系统。这是地理信息系统的核心。通过数据库管理系统,可以完成对地理数据的输入、处理、管理、分析和输出。

(4)应用人员和组织机构。专业人员,特别是那些复合型人才(既懂专业又熟悉地理信息系统)是地理信息系统成功应用的关键,而强有力的组织是系统运行的保障。

2)数据处理角度分类

从数据处理的角度出发,地理信息系统又被分为数据输入子系统、数据存储与检索子系统、数据分析和处理子系统、数据输出子系统。

（1）数据输入子系统。负责数据的采集、预处理和数据的转换。

（2）数据存储与检索子系统。负责组织和管理数据库中的数据，以便于数据查询、更新与编辑处理。

（3）数据分析与处理子系统。负责对数据库中的数据进行计算和分析、处理。如面积计算，储量计算、体积计算、缓冲区分析、空间叠置分析等。

（4）数据输出子系统。以表格、图形、图像方式将数据库中的内容和计算、分析结果输出到显示器、绘图纸或透明胶片上。

3 GIS 功能

（1）数据采集与输入。数据采集与输入，即在数据处理系统中将系统外部的原始数据传输给系统内部，并将这些数据从外部格式转化为系统便于处理的内部格式的过程。对于多种形式、多种来源的信息，可实现多种方式的数据输入。主要有图形数据输入、栅格数据输入、测量数据输入和属性数据输入。

（2）数据编辑与更新。数据编辑主要包括图形编辑和属性编辑。属性编辑主要与数据库管理结合在一起完成，图形编辑主要包括拓扑关系建立、图形编辑、图形整饰、图形拼接、图形变换、投影变化等功能。数据更新即以新的数据项或记录来替换数据文件或数据库中相对应的数据项或记录，它是通过删除、修改、插入等一系列操作来实现的。由于空间实体都处于发展着的时间序列中，人们获取的数据只反映某一瞬时或一定时间范围内的特征。随着时间的推进，数据会随之改变。数据更新可以满足动态分析的需要，对自然现象的发生和发展做出合乎规律的预测预报。

（3）数据存储与管理。数据存储，即将数据以某种格式记录在计算机内部或外部存储介质上。其存储方式与数据文件的组织密度相关，关键在于建立记录的逻辑顺序，即确定存储的地址，以便提高数据存取的速度。属性数据管理一般直接利用商用关系数据库软件。空间数据管理是 GIS 数据管理的核心，各种图形或图像信息都以严密的逻辑结构存放在空间数据库中。

（4）空间查询与分析。空间查询与分析主要包括数据操作运算、数据查询检索与数据综合分析。数据查询检索即从数据文件、数据库或存储装置中，查找和选取所需的数据，是为了满足各种可能的查询条件而进行的系统内部数据操作。综合分析功能可以提高系统评价、管理、决策的能力，主要包括信息量测、属性分析、统计分析、二维模型分析、三维模型分析及多要素综合分析等。

（5）数据显示与输出。数据显示是中间处理过程和最终结果的屏幕显示，通常以人机交互方式来选择显示的对象与形式,对于图形数据根据要素的信息量和密集程度,可选择放大或缩小显示。GIS 不仅可以输出全要素地图,还可以分解用户需要,分层输出各种专题图、各类统计图、图表数据等。

❹ GIS 技术的应用

箱多式联运中,进行系统规划十分重要。在 GIS 技术的基础上,利用 TransCAD 软件进行多式联运系统规划,可做到科学、有效、准确。集装箱多式联运主要解决两方面的问题,一是预测未来的集装箱运输需求情况,二是了解与分析现有运输资源状况。不管是运输需求还是运输资源都具有很强的空间特性,并有丰富的社会属性,所有这些都涉及大量的空间数据与属性数据,如果仅靠人工手段处理这些数据将是非常繁重而低效率的。GIS 具有强大的空间与属性数据综合处理能力,借助 GIS 技术处理集装箱多式联运系统规划中的海量数据,运输规划工作将大大简化,并更加具有高效性与科学性。

五、EDI 技术及其应用

❶ EDI 概念

EDI 是英文 Electronic Data Interchange 的缩写,中文名译为"电子数据交换",也有的地区称作"电子资料联通"。它是一种在公司之间传输订单、发票等作业文件的电子化手段。它通过计算机通信网络将贸易、运输、保险、银行和海关等行业信息用一种国际公认的标准格式,实现各有关部门或公司与企业之间的数据交换与处理,并完成以贸易为中心的全部过程。它是 20 世纪 80 年代发展起来的一种新颖的电子化贸易工具,是计算机、通信和现代管理技术相结合的产物。国际标准化组织(ISO)将 EDI 描述成"将贸易(商业)或行政事务处理按照一个公认的标准变成结构化的事务处理或信息数据格式——从计算机到计算机的传输。"而 ITU - T(原 CCITT)将 EDI 定义为"从计算机到计算机之间的结构化的事务数据交换"。又由于使用 EDI 可以减少甚至消除贸易过程中的纸面文件,因此,EDI 又被人们通俗地称为"无纸贸易"。

从上述 EDI 定义不难看出,EDI 包含了三个方面的内容,即计算机应用、通信环境和数据标准化。其中计算机应用是 EDI 的条件,通信环境是 EDI 应用的基础,数据标准化是 EDI 的特征。这三个方面相互衔接、相互依存,构成 EDI 的基础框架。

30 年来,EDI 作为一种电子化的贸易工具和方式,广泛应用于商业贸易伙伴之间,特别是从事国际贸易的贸易伙伴之间,它将标准协议规范化的、格式化的贸易信息通过网络,在相互的计算机系统之间进行自动交换和处理,成为全球具有战略意义的贸易手段和信息交换的有效方式。主要应用于与国际贸易有关的行业和部门,如外贸企业、对外运输企业、银行、海关、商品检验、对外经贸管理部门等。

❷ EDI 的特点

(1) EDI 是用电子方法传递信息和处理数据的。

(2) EDI 是采用统一标准编制数据信息的。

(3) EDI 是计算机应用程序之间的连接。

(4) EDI 系统采用加密防伪手段。

❸ EDI 的作用

(1) 简化了工作流程和环节。

(2) 缩短了业务处理周期。

(3) 降低了人工成本。

(4) 减少了单据差错遗漏造成的经济损失。

(5) 能够与企业管理信息系统紧密衔接。

(6) 促进了社会信息化的进程。

(7) 加强了企业市场竞争地位。

❹ EDI 系统工作过程

下面以订单与订单回复为例对 EDI 应用过程作一个简单的介绍。

制作订单→发送订单→接收订单→签发回执→接收回执。

EDI 的实现过程就是用户将相关数据从自己的计算机信息系统传送到有关交易方的计算机信息系统的过程,该过程因用户应用系统及外部通信环境的差异而不同。在有 EDI 增值服务的条件下这个过程分为以下几个步骤。

(1) 发送方将要发送的数据从信息系统数据库提出,转换成平面文件(也称中间文件)。

(2) 将平面文件翻译为标准的 EDI 报文,并组成 EDI 信件。接收方从 EDI 信箱收取信件。

(3) 将 EDI 信件拆开并翻译成平面文件。

(4) 将平面文件转换并送到接收方信息系统中进行处理。

❺ EDI 技术的应用

EDI 技术是国际贸易、结算通关、数据处理等最佳通道,具有很好的应用前景。目前国际集装箱运输已广泛地应用了这一先进的科技成果。采用 EDI 技术后,带来了如下变化:提高处理速度,减少雇员;准确程度提高;功能趋向多样化。在集装箱管理中,采用电子数据交换技术,把所有描绘的常用数据,如重量、号码、尺寸等存储后,再输入所有与信息相关的集装箱营运情况,尤其是集装箱运行及修理情况,就很容易获悉集装箱在各地的数量,利用这些信息能使运力调配最优化。此外,利用 EDI 还可以进行统计工作,计算出成本、净利润、周转率、总收入,并进行收益分析,进而对托运人、集装箱或运输距离做出评价。

附录A 道路危险货物运输企业安全生产责任制编制格式

危险货物道路运输企业安全生产责任制封面、目录、正文首页和附件的格式示例分别参见下图。

×××× - ×× - ××××

安全生产责任制

编　　号：
实施日期：
签 发 人：　　　　　　（签字）
　　　　　　　　　　　（公章）

企业全称

目 录

前言
1 总则
　1.1 制订依据
　1.2 适用范围
　1.3 基本原则
2 安全生产目标
　2.1 目标设定
　2.2 目标分解
　2.3 目标执行
　2.4 目标监督检查
3 安全生产管理机构
　3.1 安全生产管理机构设置
　3.2 安全生产决策机构安全职责
　3.3 安全生产管理部门安全职责
　3.4 其他职能部门安全职责
4 安全生产岗位
　4.1 主要负责人安全职责
　4.2 分管安全的企业负责人安全职责
　4.3 安全管理部门负责人安全职责
　4.4 专职安全管理人员安全职责
　4.5 驾驶员安全职责
　4.6 押运人员安全职责
　4.7 装卸管理人员安全职责
　4.8 其他岗位人员安全职责
5 安全生产责任考核
6 安全生产责任奖惩
7 附则
　7.1 解释权归属
　7.2 实施日期
　7.3 其他
附件

安全生产责任制

1　总则
　1.1　制订依据

附件×
附件标题

××。

附录 B 道路危险货物运输企业安全生产操作规程

1. 安全生产操作规程分类

1.1 驾驶员操作规程；

1.2 押运人员操作规程；

1.3 装卸管理人员操作规程。

2. 驾驶员安全生产操作规程

2.1 制定依据：

本规程根据《汽车运输、装卸危险货物作业规程》(JT 618—2004)和公司实际情况制定。包括出车前、运输中和运输过程结束后的操作要求。

2.2 出车前检查操作要求：

2.2.1 必备的证件和文件，包括驾驶证、身份证、从业资格证、行驶证、营运证等相关证件；

2.2.2 车辆的技术状况；

2.2.3 车辆的标志标牌；

2.2.4 安全设施设备和消防器材；

2.2.5 劳动保护用品；

2.2.6 门锁以及防散失装备。

2.3 运输中的操作要求：

2.3.1 车辆行驶过程中要求，遵守交通规则、按规定路线和限速行驶、车辆停放区域、中途住宿、严禁搭乘无关人员以及其他安全驾驶注意事项；

2.3.2 行车中安全检查操作要求，包括运输车辆的车况和货物状况检查，长途车每 2 个小时进行一次检查并做好检查记录；

2.3.3 突发事件及事故报告操作要求：

a. 现场处置：事故发生后，及时将发动机熄火并切断所有电源，同时在来车方向150m处设置警告牌,设置隔离区并在主要道路和出入口的隔离区外设立明显标识,安排人员巡查,禁止无关人员和车辆进入隔离区,消除隔离区内所有火种;携带安全卡紧急撤离。

b.信息报告:事故发生后,一名车辆作业人员(驾驶员、押运人员)应根据安全卡上的单位紧急联系方式立即向企业应急救援办公室报告,另一名作业人员在事故现场进行监控,并防止无关人员靠近;同时,驾驶员或押运人员还应向事故发生地的110、119、120、安全监督管理等政府有关部门报告。

2.4 运输结束后操作要求:

2.4.1 车辆收车后的技术检查;

2.4.2 车辆清洗;

2.4.3 相关证件和文件交接;

2.4.4 行车过程汇报;

2.4.5 填写完善相关行车记录。

3. 押运人员安全生产操作规程

3.1 制定依据:

本规程根据《汽车运输、装卸危险货物作业规程》(JT 618—2004)和公司实际情况制定。包括监督和检查装卸作业、出车前、运输中和运输过程结束后的操作要求。

3.2 监督和检查装卸作业要求:

3.2.1 监督驾驶员驶入和停放在装卸作业区按照要求操作;

3.2.2 监督装卸作业前的货物核对、相关文件审查及交接手续;

3.2.3 监督装卸、堆放作业按规定要求进行。

3.3 出车前检查要求:

3.3.1 检查押运需要的各种证件,包括身份证、押运从业资格证、货物运输证、运输单据等;

3.3.2 掌握本次运输任务要求;

3.3.3 危险货物的性质和危害性以及突发事件的处置措施等知识;

3.3.4 领取相关劳动保护用品;

3.3.5 协助驾驶员做好出车前的证件和文件、车辆技术状况、标志标牌、安全设施设备、门锁以及防散失装备检查。

3.4 运输中的操作要求:

3.4.1 监督驾驶员的行车操作,包括遵守交通规则、按规定线路和限速行驶、车辆停放区域、中途住宿、严禁搭乘无关人员及其他安全驾驶注意事项；

　　3.4.2　行车中监管操作要求，包括货物检查（长途车每2小时检查一次）、协助驾驶员进行车况检查等；

　　3.4.3　突发事件及事故报告操作要求：

　　a.现场处置：事故发生后，及时将发动机熄火并切断所有电源，同时在来车方向150m处设置警告牌，设置隔离区并在主要道路和出入口的隔离区外设立明显标识，安排人员巡逻禁止无关人员和车辆进入隔离区，消除隔离区内所有火种；携带安全卡紧急撤离。

　　b.信息报告：事故发生后，一名车辆作业人员（驾驶员、押运人员）应根据安全卡上的单位紧急联系方式立即向企业应急救援办公室报告，另一名作业人员在事故现场进行监控，并防止无关人员靠近；同时，驾驶员或押运人员还应向事故发生地的110、119、120、安全监督管理等政府有关部门报告。

3.5　货物送到后操作要求：

　　3.5.1　与客户进行货物交接，现场核对货物数量并签字交接；

　　3.5.2　如果一车运送多个客户，卸车后要清点剩余货物是否相符；

　　3.5.3　将返回的票据签收好；

　　3.5.4　运输作业过程相关情况汇报；

　　3.5.5　协助相关证件、文件、劳动保护用品交接。

4.装卸管理人员安全生产操作规程

4.1　制定依据：

本规程根据《汽车运输、装卸危险货物作业规程》（JT 618—2004）和公司实际情况制定。包括装运前、装卸过程中及装卸后的操作要求。

4.2　装运前的操作要求：

　　4.2.1　掌握本次装卸任务及要求；

　　4.2.2　掌握危险货物性质、危害特性以及应急处置措施等知识；

　　4.2.3　运输相关证件及资料检查；

　　4.2.4　装卸作业场所安全检查；

　　4.2.5　装卸机具设备的技术状况及其操作方法要求；

　　4.2.6　车辆状况及货物匹配情况；

　　4.2.7　标志标牌情况；

　　4.2.8　安全设施设备；

　　4.2.9　门锁以及防散失装备检查。

4.3 装卸过程的操作要求：

4.3.1 装卸、堆放、装配、捆扎等作业及安全防护符合国家相关规定；

4.3.2 突发事件处置及事故报告操作要求：

a. 现场处置：事故发生后，立即停止装卸作业，设置隔离区并在主要道路和出入口的隔离区外设立明显标识安排人员巡逻，禁止无关人员和车辆进入隔离区，消除隔离区内所有火种。

b. 信息报告：事故发生后，一名车辆作业人员应立即向公司应急救援办公室报告，另一名作业人员在事故现场进行监控，并防止无关人员靠近；同时，还应向事故发生地的110、119、120、安全监督管理等政府有关部门报告。

4.4 装卸后的操作要求：

4.4.1 作业现场处理，装卸机具收归原存放位置；

4.4.2 做好相关证件及文件交接，做好票据签字检验工作；

4.4.3 装卸机具清洗及现场卫生清扫；

4.4.4 作业过程相关情况汇报。

附录 C 安全教育培训大纲

道路危险货物运输企业安全管理人员安全教育培训大纲

为了全面贯彻落实《中华人民共和国安全生产法》《危险化学品安全管理条例》《中华人民共和国道路运输条例》《生产经营单位安全培训规定》等法律法规的要求,进一步加强湖南省道路危险货物运输企业安全管理人员安全教育培训工作,提高其安全管理的能力和水平,切实减少、杜绝道路危险货物运输企业重大责任事故的发生,保障运输安全,特制订湖南省道路危险货物运输企业安全管理人员安全教育培训大纲。

一、培训对象

湖南省道路危险货物运输企业安全管理人员。

二、培训目的

通过培训,使道路危险货物运输企业安全管理人员了解我国道路危险货物运输安全管理有关的法律、法规和技术标准等方面的基本知识;了解各类危险货物的基本特性;熟悉所运危险货物的安全管理知识及应急措施;掌握常见火灾事故防范措施及医疗急救常识;掌握企业安全生产规章制度建设内容及事故隐患的排查治理;掌握事故应急预案的编制内容与方法。

三、课程内容

1 道路危险货物运输企业概述

(1)道路危险货物运输企业资质要求;

(2)道路危险货物运输企业人员的基本要求;

(3)道路危险货物运输企业营运车辆的基本要求。

2 道路危险货物运输企业安全生产相关的法规及标准

(1)《中华人民共和国安全生产法》《中华人民共和国道路交通安全法》等国

家法律；

(2)《危险化学品安全管理条例》《道路危险货物运输管理规定》《中华人民共和国道路运输条例》等行政法规；

(3)《危险货物分类和品名编号》《危险货物品名表》等危险货物技术标准；

(4)《营运车辆综合性能要求和检验方法》《营运车辆技术等级划分和评定要求》等营运车辆技术标准；

(5)《危险货物道路运输规则》等危险货物运输作业技术标准。

❸ 危险货物的分类与相关特性

(1)货物物理及化学特性；

(2)危险货物分类及品名编号；

(3)各类危险货物定义及特性。

❹《危险货物品名表》及其适用

(1)《危险货物品名表》的结构和作用；

(2)危险货物运输的限制与相关免除。

❺ 危险货物运输包装常识

(1)危险货物运输包装基本要求；

(2)危险货物运输包装分类；

(3)危险货物运输包装标志；

(4)危险货物运输包装英文标识。

❻ 道路危险货物运输安全及事故应急措施

(1)爆炸品运输安全及应急措施；

(2)压缩气体和液化气体运输安全及应急措施；

(3)易燃液体运输安全及应急措施；

(4)易燃固体、自燃物品和遇湿易燃物品运输安全及应急措施；

(5)氧化剂和有机过氧化物运输安全及应急措施；

(6)毒害品和感染性物品运输安全及应急措施；

(7)放射性物品运输安全及应急措施；

(8)腐蚀品运输安全及应急措施；

(9)其他危险货物运输安全及应急措施。

❼ 道路危险货物运输常见事故处理及医疗急救常识

(1)常见火灾事故及其防范措施；

（2）医疗急救常识。

⑧ 道路危险货物运输企业安全生产管理

（1）道路危险货物运输企业安全生产责任制；

（2）道路危险货物运输企业安全管理规章制度建设；

（3）道路危险货物运输企业事故隐患排查治理。

⑨ 道路危险货物运输托运及承运

（1）道路危险货物运输托运人责任；

（2）道路危险货物运输承运人责任；

（3）道路危险货物运输受理；

（4）道路危险货物运输相关文件。

⑩ 道路危险货物运输事故应急预案

（1）制订事故应急预案的原则；

（2）制订事故应急预案的基本指导思想；

（3）制订事故应急预案的基本要求；

（4）事故应急预案基本内容；

（5）道路危险货物运输事故的报告和上报程序。

四、培训学时

根据《生产经营单位安全培训规定（国家安监局第 63 号）》等相关文件要求，湖南省道路危险货物运输企业安全管理人员安全教育培训总学时为 48 学时，具体学时见下表。

培训内容			学时
道路危险货物运输企业概述	道路危险货物运输企业资质要求	企业从事道路危险货物运输经营应当具备的条件	4
	道路危险货物运输企业人员的基本要求	驾驶员、装卸管理人员和押运人员资质要求	
	道路危险货物运输企业营运车辆的基本要求	车辆设备的技术要求、车辆的限制	

续上表

培训内容			学时
道路危险货物运输企业安全生产相关的法规及标准	道路危险货物运输安全生产有关的法律法规体系	《中华人民共和国安全生产法》《中华人民共和国道路交通安全法》《危险化学品安全管理条例》《道路危险货物运输管理规定》《中华人民共和国道路运输条例》《道路危险货物运输管理规定》《道路运输从业人员管理规定》等国家法律法规及部门规章和行政规范性文件中有关道路危险货物运输企业安全生产的相关内容	8
	道路危险货物运输安全生产有关的技术标准体系	《危险货物分类和品名编号》《危险货物品名表》《危险货物道路运输规则》《危险货物道路运输企业运输事故事件应急预案编制要求》等国家标准和行业标准中道路危险货物运输企业安全生产的相关内容	
危险货物的分类与相关特性	货物物理及化学特性	物质、货物和危险货物的关系,物质的基本特性,物质的物理变化和化学变化,物质的物理性质和化学性质,物质的化学反应,化合物和溶液	4
	危险货物分类及品名编号	危险货物的分类、分项,危险货物的品名、编号	
	各类危险货物定义及特性	爆炸品基本特性、气体基本特性、易燃液体基本特性、易燃固体或物质基本特性、氧化物质(氧化剂)与有机过氧化物基本特性、有毒的(毒性的)物质和感染性物质基本特性、放射性物质基本特性、腐蚀性物质基本特性、杂项危险物质和物品基本特性	
《危险货物品名表》及其适用	《危险货物品名表》的结构和作用	危险货物品名表的结构,危险货物品名表的作用	4
	危险货物运输的限制与相关免除	各类危险货物运输的限制,危险货物运输的相关免除	
危险货物运输包装常识	危险货物运输包装基本要求	危险货物运输包装基本要求、危险货物运输包装的基本分类及其所适用的危险货物	4
	危险货物运输包装分类	危险货物运输包装标志的分类及使用要求	
	危险货物运输包装标志	《道路危险货物运输车辆标志》中有关道路危险货物运输车辆标志的分类、材质、图形和悬挂位置等要求	
	危险货物运输包装英文标识	危险货物运输包装英文标识	

续上表

培训内容			学时
道路危险货物运输安全及事故应急措施	爆炸品运输安全及应急措施	爆炸品运输前的准备工作,爆炸品运输过程的要求,爆炸品的灭火方法与撒漏处理	4
	压缩气体和液化气体运输安全及应急措施	压缩气体和液化气体运输前的准备工作,压缩气体和液化气体运输过程的要求,气体的灭火方法及撒漏处理	
	易燃液体运输安全及应急措施	易燃液体运输前的准备工作,易燃液体运输过程的要求,易燃液体灭火方法和撒漏处理	
	易燃固体、自燃物品和遇湿易燃物品运输安全及应急措施	易燃固体、自燃物品和遇湿易燃物品运输前的准备工作,易燃固体、自燃物品和遇湿易燃物品运输过程的要求,易燃固体、易于自燃物品和遇湿易燃物品的灭火方法和撒漏处理	
	氧化剂和有机过氧化物运输安全及应急措施	氧化剂和有机过氧化物运输前的准备工作,氧化剂和有机过氧化物运输过程的要求,氧化剂和有机过氧化物的灭火方法和撒漏处理	
	毒害品和感染性物品运输安全及应急措施	毒害品和感染性物品运输前的准备工作,毒害品和感染性物品运输过程的要求,毒性物质和感染性物质的灭火方法和撒漏处理	
	放射性物品运输安全及应急措施	运输放射性物品的安全要求,放射性物品应急处置	
	腐蚀品运输安全及应急措施	腐蚀品运输前的准备工作,腐蚀品运输过程的要求,腐蚀性物质灭火方法与撒漏处理	
	其他危险货物运输安全及应急措施	其他危险货物运输安全及应急措施	
道路危险货物运输常见事故处理及医疗急救常识	常见火灾事故及其防范措施	灭火对策的选择,扑救压缩或液化气体火灾的基本对策,扑救易燃液体的基本对策,扑救爆炸物品火灾的基本对策	4
	医疗急救常识	烧烫伤紧急救护、碰撞伤紧急救护、外伤紧急救护、中毒急救方法、心肺复苏	
道路危险货物运输企业安全生产管理	道路危险货物运输企业安全生产责任制	安全生产方针和安全工作基本原则,道路危险货物运输企业安全生产责任制编写要求	6
	道路危险货物运输企业安全管理规章制度建设	安全生产规章制度的种类,制订安全生产规章制度时的注意事项,各类安全生产管理制度编制要求	

续上表

培训内容			学时
道路危险货物运输企业安全生产管理	道路危险货物运输企业事故隐患排查治理	事故隐患的概念和分级,危险源和事故隐患的关系,道路危险货物运输企业隐患自查,道路危险货物运输企业隐患治理,道路危险货物运输企业隐患自报	6
道路危险货物运输托运及承运	道路危险货物运输托运人责任	托运人的定义,道路危险货物运输托运人责任的法规和标准要求,道路危险货物运输托运人的其他职责	4
	道路危险货物运输承运人责任	承运人的定义,道路危险货物运输承运人责任的法规和标准要求,危险货物运送和送达时承运人的责任	
	道路危险货物运输受理	道路危险货物运输受理程序及工作内容	
	道路危险货物运输相关文件	危险货物运单、托运证明文件、承运证明文件、危险货物的运输限制	
道路危险货物运输事故应急预案	制订事故应急预案的原则	道路危险货物运输事故应急预案编制应遵循的原则	6
	制订事故应急预案的基本指导思想	《安全生产法》的相关规定,《危险化学品安全管理条例》的相关规定	
	制订事故应急预案的基本要求	相关术语及定义,应急预案的编制目的、基本要求、主要内容,编制应急预案准备工作,应急预案编制程序及注意事项	
	事故应急预案基本内容	企业情况、应急救援组织设置、驾驶员和押运人员应急处置、企业应急处置、信息发布与后期处置、应急保障	
	道路危险货物运输事故的报告和上报程序	伤亡事故报告的要求、伤亡事故报告的程序、特别重大事故的报告	
信息技术应用推广	道路危险货物运输车辆安全实时监控管理系统	道路危险货物运输车辆安全实时监控管理要求;道路危险货物运输车辆安全实时监控系统建设情况	*
	公路集装箱运输的发展与信息技术应用	我国公路集装箱运输的发展情况;公路集装箱运输信息技术及应用	
合计			48
注:标记*内容为了解内容,不占培训学时			

五、培训计划

湖南省道路危险货物运输企业安全管理人员集中安全教育培训每季度进行一课,每课 2 个课时,全年共集中进行 8 课时学习,教学大纲规定的剩余 40 学时为学员自修。

计划每年从教学大纲中选择新的培训内容完成 8 课时集中培训,共计 6 年完成全部教学大纲 48 学时的培训内容。具体计划如下:

(1)2019 年集中培训计划。

培训内容			学时
道路危险货物运输企业概述	道路危险货物运输企业营运车辆的基本要求	车辆设备的技术要求、车辆的限制	2
道路危险货物运输企业安全生产相关的法规及标准	道路危险货物运输安全生产有关的法律法规体系	《中华人民共和国安全生产法》《中华人民共和国道路交通安全法》《危险化学品安全管理条例》《道路危险货物运输管理规定》《中华人民共和国道路运输条例》《道路危险货物运输管理规定》《道路运输从业人员管理规定》等国家法律法规及部门规章和行政规范性文件中有关道路危险货物运输企业安全生产的相关内容	2
危险货物的分类与相关特性	货物物理及化学特性	物质、货物和危险货物的关系,物质的基本特性,物质的物理变化和化学变化,物质的物理性质和化学性质,物质的化学反应,化合物和溶液	2
	危险货物分类及品名编号	危险货物的分类、分项,危险货物的品名、编号	
道路危险货物运输事故应急预案	制订事故应急预案的基本要求	应急预案的编制要求、编制程序及注意事项	2
合计			8

(2)2020 年集中培训计划。

培训内容			学时
道路危险货物运输企业概述	道路危险货物运输企业资质要求	企业从事道路危险货物运输经营应当具备的条件	2
	道路危险货物运输企业人员的基本要求	驾驶员、装卸管理人员和押运人员资质要求	

续上表

		培训内容	学时
道路危险货物运输企业安全生产相关的法规及标准	道路危险货物运输安全生产有关的法律法规体系	《中华人民共和国安全生产法》《中华人民共和国道路交通安全法》《危险化学品安全管理条例》《道路危险货物运输管理规定》《中华人民共和国道路运输条例》《道路危险货物运输管理规定》《道路运输从业人员管理规定》等国家法律法规及部门规章和行政规范性文件中有关道路危险货物运输企业安全生产的相关内容	2
危险货物的分类与相关特性	各类危险货物定义及特性	爆炸品基本特性、气体基本特性、易燃液体基本特性、易燃固体或物质基本特性、氧化物质（氧化剂）与有机过氧化物基本特性、有毒的（毒性的）物质和感染性物质基本特性、放射性物质基本特性、腐蚀性物质基本特性、杂项危险物质和物品基本特性	2
道路危险货物运输企业安全生产管理	道路危险货物运输企业安全生产责任制	安全生产方针和安全工作基本原则，道路危险货物运输企业安全生产责任制编写要求	2
	道路危险货物运输企业安全管理规章制度建设	安全生产规章制度的种类，制定安全生产规章制度时的注意事项，各类安全生产管理制度编制要求	2
合计			8

(3) 2021年集中培训计划。

		培训内容	学时
道路危险货物运输企业安全生产相关的法规及标准	道路危险货物运输安全生产有关的技术标准体系	《危险货物分类和品名编号》《危险货物品名表》《危险货物道路运输规则》《危险货物道路运输企业运输事故事件应急预案编制要求》等国家标准和行业标准中道路危险货物运输企业安全生产的相关内容	2
《危险货物品名表》及其适用	《危险货物品名表》的结构和作用	危险货物品名表的结构，危险货物品名表的作用	2
道路危险货物运输企业安全生产管理	道路危险货物运输企业事故隐患排查治理	事故隐患的概念和分级，危险源和事故隐患的关系，道路危险货物运输企业隐患自查，道路危险货物运输企业隐患治理，道路危险货物运输企业隐患自报	4
合计			8

(4) 2022 年集中培训计划。

培训内容			学时
道路危险货物运输企业安全生产相关的法规及标准	道路危险货物运输安全生产有关的技术标准体系	《危险货物分类和品名编号》《危险货物品名表》《危险货物道路运输规则》《危险货物道路运输企业运输事故事件应急预案编制要求》等国家标准和行业标准中道路危险货物运输企业安全生产的相关内容	2
《危险货物品名表》及其适用	危险货物运输的限制与相关免除	各类危险货物运输的限制,危险货物运输的相关免除	2
道路危险货物运输常见事故处理及医疗急救常识	常见火灾事故及其防范措施	灭火对策的选择,扑救压缩或液化气体火灾的基本对策,扑救易燃液体的基本对策,扑救爆炸物品火灾的基本对策	2
道路危险货物运输事故应急预案	事故应急预案基本内容	企业情况、应急救援组织设置、驾驶员和押运人员应急处置、企业应急处置、信息发布与后期处置、应急保障	2
合计			8

(5) 2023 年集中培训计划。

培训内容			学时
危险货物运输包装常识	危险货物运输包装基本要求	危险货物运输包装基本要求、危险货物运输包装的基本分类及其所适用的危险货物	4
	危险货物运输包装分类	危险货物运输包装标志的分类及使用要求	
	危险货物运输包装标志	《道路危险货物运输车辆标志》中有关道路危险货物运输车辆标志的分类、材质、图形和悬挂位置等要求	
	危险货物运输包装英文标识	危险货物运输包装英文标识	
道路危险货物运输托运及承运	道路危险货物运输托运人责任	托运人的定义,道路危险货物运输托运人责任的法规和标准要求,道路危险货物运输托运人的其他职责	4
	道路危险货物运输承运人责任	承运人的定义,道路危险货物运输承运人责任的法规和标准要求,危险货物运送和送达时承运人的责任	
	道路危险货物运输受理	道路危险货物运输受理程序及工作内容	
	道路危险货物运输相关文件	危险货物运单、托运证明文件、承运证明文件,危险货物的运输限制	
合计			8

(6) 2024 年集中培训计划。

培训内容			学时
道路危险货物运输安全及事故应急措施	爆炸品运输安全及应急措施	爆炸品运输前的准备工作,爆炸品运输过程的要求,爆炸品的灭火方法与撒漏处理	4
	压缩气体和液化气体运输安全及应急措施	压缩气体和液化气体运输前的准备工作,压缩气体和液化气体运输过程的要求,气体的灭火方法及撒漏处理	
	易燃液体运输安全及应急措施	易燃液体运输前的准备工作,易燃液体运输过程的要求,易燃液体灭火方法和撒漏处理	
	易燃固体、自燃物品和遇湿易燃物品运输安全及应急措施	易燃固体、自燃物品和遇湿易燃物品运输前的准备工作,易燃固体、自燃物品和遇湿易燃物品运输过程的要求,易燃固体、易于自燃物品和遇湿易燃物品的灭火方法和撒漏处理	
	氧化剂和有机过氧化物运输安全及应急措施	氧化剂和有机过氧化物运输前的准备工作,氧化剂和有机过氧化物运输过程的要求,氧化剂和有机过氧化物的灭火方法和撒漏处理	
	毒害品和感染性物品运输安全及应急措施	毒害品和感染性物品运输前的准备工作,毒害品和感染性物品运输过程的要求,毒性物质和感染性物质的灭火方法和撒漏处理	
	放射性物品运输安全及应急措施	运输放射性物品的安全要求,放射性物品应急处置	
	腐蚀品运输安全及应急措施	腐蚀品运输前的准备工作,腐蚀品运输过程的要求,腐蚀性物质灭火方法与撒漏处理	
	其他危险货物运输安全及应急措施	其他危险货物运输安全及应急措施	
道路危险货物运输常见事故处理及医疗急救常识	医疗急救常识	烧烫伤紧急救护、碰撞伤紧急救护、外伤紧急救护、中毒急救方法、心肺复苏	2
道路危险货物运输事故应急预案	道路危险货物运输事故的报告和上报程序	伤亡事故报告的要求、伤亡事故报告的程序、特别重大事故的报告	2
合计			8

道路危险货物运输驾驶员安全教育培训大纲

为了全面贯彻落实《中华人民共和国安全生产法》《危险化学品安全管理条例》《中华人民共和国道路运输条例》《生产经营单位安全培训规定》等法律法规的要求，进一步加强湖南省道路危险货物运输驾驶员安全教育培训工作，提高其安全经营、安全从业意识和安全素养，从源头上切实减少、杜绝重大责任事故的发生，保障运输安全，特制订湖南省道路危险货物运输驾驶员安全教育培训大纲。

一、培训对象

湖南省道路危险货物运输驾驶员。

二、培训目的

通过培训，使道路危险货物运输驾驶员了解我国道路危险货物运输安全管理有关的法律、法规和技术标准等方面的基本知识；了解各类危险货物的基本特性；熟悉所运危险货物的安全管理知识及应急措施；掌握常见火灾事故防范措施及医疗急救常识；掌握道路危险货物运输驾驶员及车辆基本要求；熟悉防御性驾驶技术。

三、课程内容

❶ 道路危险货物运输企业概述

（1）道路危险货物运输企业资质要求；

（2）道路危险货物运输企业人员的基本要求；

（3）道路危险货物运输企业营运车辆的基本要求。

❷ 道路危险货物运输企业安全生产相关的法规及标准

（1）《中华人民共和国安全生产法》《中华人民共和国道路交通安全法》等国家法律；

（2）《危险化学品安全管理条例》《道路危险货物运输管理规定》《中华人民共和国道路运输条例》等行政法规；

（3）《危险货物分类和品名编号》《危险货物品名表》等危险货物技术标准；

（4）《营运车辆综合性能要求和检验方法》《营运车辆技术等级划分和评定

要求》等营运车辆技术标准；

(5)《危险货物道路运输规则》等危险货物运输作业技术标准。

❸ 危险货物的分类与相关特性

(1)货物物理及化学特性；

(2)危险货物分类及品名编号；

(3)各类危险货物定义及特性。

❹《危险货物品名表》及其适用

(1)《危险货物品名表》的结构和作用；

(2)危险货物运输的限制与相关免除。

❺ 危险货物运输包装常识

(1)危险货物运输包装基本要求；

(2)危险货物运输包装分类；

(3)危险货物运输包装标志；

(4)危险货物运输包装英文标识。

❻ 道路危险货物运输安全及事故应急措施

(1)爆炸品运输安全及应急措施；

(2)压缩气体和液化气体运输安全及应急措施；

(3)易燃液体运输安全及应急措施；

(4)易燃固体、自燃物品和遇湿易燃物品运输安全及应急措施；

(5)氧化剂和有机过氧化物运输安全及应急措施；

(6)毒害品和感染性物品运输安全及应急措施；

(7)放射性物品运输安全及应急措施；

(8)腐蚀品运输安全及应急措施；

(9)其他危险货物运输安全及应急措施。

❼ 道路危险货物运输常见事故处理及医疗急救常识

(1)常见火灾事故及其防范措施；

(2)医疗急救常识。

❽ 道路危险货物运输驾驶员基本要求

(1)道路危险货物运输驾驶员职业道德；

(2)道路危险货物运输驾驶员要求。

❾ 道路危险货物运输营运车辆基本要求

(1)道路危险货物运输车辆车型要求；

(2)道路危险货物运输车辆基本要求。

⑩ 道路危险货物运输驾驶员防御性驾驶

(1)防御性驾驶的基本知识;

(2)防御性驾驶技术。

四、课时安排

湖南省道路危险货物运输驾驶员安全教育培训每月一课,每课 2 个学时,全年共 24 学时。

	培训内容		学时
道路危险货物运输企业概述	道路危险货物运输企业资质要求	道路危险货物运输管理规定	2
	道路危险货物运输企业人员的基本要求	驾驶员、装卸管理人员和押运人员资质要求	
	道路危险货物运输企业营运车辆的基本要求	车辆设备的技术要求、车辆的限制	
道路危险货物运输企业安全生产相关的法规及标准	道路危险货物运输安全生产有关的法律法规体系	《中华人民共和国安全生产法》《中华人民共和国道路交通安全法》等国家法律中有关道路危险货物运输企业营运车辆驾驶员安全生产的相关内容	4
	道路危险货物运输安全生产有关的技术标准体系	《危险化学品安全管理条例》《道路危险货物运输管理规定》《中华人民共和国道路运输条例》等行政法规中道路危险货物运输企业营运车辆驾驶员安全生产的相关内容	
危险货物的分类与相关特性	货物物理及化学特性	物质、货物和危险货物的关系,物质的基本特性,物质的物理变化和化学变化,物质的物理性质和化学性质,物质的化学反应,化合物和溶液	2
	危险货物分类及品名编号	危险货物的分类、分项,危险货物的品名、编号	
	各类危险货物定义及特性	爆炸品基本特性、气体基本特性、易燃液体基本特性、易燃固体或物质基本特性、氧化物质(氧化剂)与有机过氧化物基本特性、有毒的(毒性的)物质和感染性物质基本特性、放射性物质基本特性、腐蚀性物质基本特性、杂项危险物质和物品基本特性	
《危险货物品名表》及其适用	《危险货物品名表》的结构和作用	危险货物品名表的结构,危险货物品名表的作用	2
	危险货物运输的限制与相关免除	各类危险货物运输的限制,危险货物运输的相关免除	

续上表

培训内容			学时
危险货物运输包装常识	危险货物运输包装基本要求	危险货物运输包装基本要求、危险货物运输包装的基本分类及其所适用的危险货物	2
	危险货物运输包装分类	危险货物运输包装标志的分类及使用要求	
	危险货物运输包装标志	《道路危险货物运输车辆标志》中有关道路危险货物运输车辆标志的分类、材质、图形和悬挂位置等要求	
	危险货物运输包装英文标识	危险货物运输包装英文标识	
道路危险货物运输安全及事故应急措施	爆炸品运输安全及应急措施	爆炸品运输前的准备工作,爆炸品运输过程的要求,爆炸品的灭火方法与撒漏处理	2
	压缩气体和液化气体运输安全及应急措施	压缩气体和液化气体运输前的准备工作,压缩气体和液化气体运输过程的要求,气体的灭火方法及撒漏处理	
	易燃液体运输安全及应急措施	易燃液体运输前的准备工作,易燃液体运输过程的要求,易燃液体灭火方法和撒漏处理	
	易燃固体、自燃物品和遇湿易燃物品运输安全及应急措施	易燃固体、自燃物品和遇湿易燃物品运输前的准备工作,易燃固体、自燃物品和遇湿易燃物品运输过程的要求,易燃固体、易于自燃物品和遇湿易燃物品的灭火方法和撒漏处理	
	氧化剂和有机过氧化物运输安全及应急措施	氧化剂和有机过氧化物运输前的准备工作,氧化剂和有机过氧化物运输过程的要求,氧化剂和有机过氧化物的灭火方法和撒漏处理	
	毒害品和感染性物品运输安全及应急措施	毒害品和感染性物品运输前的准备工作,毒害品和感染性物品运输过程的要求,毒性物质和感染性物质的灭火方法和撒漏处理	
	放射性物品运输安全及应急措施	运输放射性物品的安全要求,放射性物品应急处置	
	腐蚀品运输安全及应急措施	腐蚀品运输前的准备工作,腐蚀品运输过程的要求,腐蚀性物质灭火方法与撒漏处理	
	其他危险货物运输安全及应急措施	其他危险货物运输安全及应急措施	
道路危险货物运输常见事故处理及医疗急救常识	常见火灾事故及其防范措施	灭火对策的选择,扑救压缩或液化气体火灾的基本对策,扑救易燃液体的基本对策,扑救爆炸物品火灾的基本对策	2
	医疗急救常识	烧烫伤紧急救护,碰撞伤紧急救护,外伤紧急救护,中毒急救方法,心肺复苏	

续上表

培训内容			学时
道路危险货物运输驾驶员基本要求	道路危险货物运输驾驶员职业道德	道路危险货物运输驾驶员职业道德：爱祖国、爱人民，爱岗敬业、忠于职业，遵纪守法、安全运输，团结协作、顾全大局，刻苦学习、不断进取，规范操作、文明从业，诚实守信、服务行业	2
	道路危险货物运输驾驶员要求	驾驶员基本要求，驾驶员岗位职责	
道路危险货物运输营运车辆基本要求	道路危险货物运输车辆车型要求	道路危险货物运输车型选择，道路危险货物运输车辆的管理，道路危险货物运输车辆限制	4
	道路危险货物运输车辆基本要求	道路危险货物运输车辆技术要求，道路危险货物运输车辆管理要求，道路危险货物运输车辆安全要求	
道路危险货物运输驾驶员防御性驾驶	防御性驾驶的基本知识	防御性驾驶定义，驾驶员分类，驾驶过程中的风险评估	2
	防御性驾驶技术	防御性驾驶要领，防御性驾驶措施，防御性驾驶中驾驶员应具备的能力，防御性驾驶技术，三层空间驾驶法	
信息技术应用推广	道路危险货物运输车辆安全实时监控管理系统	道路危险货物运输车辆安全实时监控管理要求；道路危险货物运输车辆安全实时监控系统建设情况	*
	公路集装箱运输的发展与信息技术应用	我国公路集装箱运输的发展情况；公路集装箱运输信息技术及应用	
合计			24

注：标记＊内容为了解内容，不占培训学时

道路危险货物运输押运人员安全教育培训大纲

为了全面贯彻落实《中华人民共和国安全生产法》《危险化学品安全管理条例》《中华人民共和国道路运输条例》《生产经营单位安全培训规定》等法律法规的要求，进一步加强湖南省道路危险货物运输押运人员安全教育培训工作，提高其安全经营、安全从业意识和安全素养，从源头上切实减少、杜绝重大责任事故的发生,保障运输安全,特制订湖南省道路危险货物运输押运人员安全教育培训大纲。

一、培训对象

湖南省道路危险货物运输押运人员。

二、培训目的

通过培训,使道路危险货物运输押运人员了解我国道路危险货物运输安全管理有关的法律、法规和技术标准等方面的基本知识;了解各类危险货物的基本特性;熟悉所运危险货物的安全管理知识及应急措施;掌握常见火灾事故防范措施及医疗急救常识;掌握道路危险货物运输押运人员基本素质及操作规程;掌握各类危险货物运输押运安全要求及押运事故应急措施。

三、课程内容

1 道路危险货物运输企业概述

(1)道路危险货物运输企业资质要求;

(2)道路危险货物运输企业人员的基本要求;

(3)道路危险货物运输企业营运车辆的基本要求。

2 道路危险货物运输企业安全生产相关的法规及标准

(1)《中华人民共和国安全生产法》《中华人民共和国道路交通安全法》等国家法律;

(2)《危险化学品安全管理条例》《道路危险货物运输管理规定》《中华人民共和国道路运输条例》等行政法规;

(3)《危险货物分类和品名编号》《危险货物品名表》等危险货物技术标准;

(4)《营运车辆综合性能要求和检验方法》《营运车辆技术等级划分和评定要求》等营运车辆技术标准;

(5)《危险货物道路运输规则》等危险货物运输作业技术标准。

3 危险货物的分类与相关特性

(1)货物物理及化学特性;

(2)危险货物分类及品名编号;

(3)各类危险货物定义及特性。

❹《危险货物品名表》及其适用

(1)《危险货物品名表》的结构和作用；

(2)危险货物运输的限制与相关免除。

❺ 危险货物运输包装常识

(1)危险货物运输包装基本要求；

(2)危险货物运输包装分类；

(3)危险货物运输包装标志；

(4)危险货物运输包装英文标识。

❻ 道路危险货物运输安全及事故应急措施

(1)爆炸品运输安全及应急措施；

(2)压缩气体和液化气体运输安全及应急措施；

(3)易燃液体运输安全及应急措施；

(4)易燃固体、自燃物品和遇湿易燃物品运输安全及应急措施；

(5)氧化剂和有机过氧化物运输安全及应急措施；

(6)毒害品和感染性物品运输安全及应急措施；

(7)放射性物品运输安全及应急措施；

(8)腐蚀品运输安全及应急措施；

(9)其他危险货物运输安全及应急措施。

❼ 道路危险货物运输常见事故处理及医疗急救常识

(1)常见火灾事故及其防范措施；

(2)医疗急救常识。

❽ 道路危险货物运输押运人员概述

(1)道路危险货物运输押运人员素质；

(2)道路危险货物运输押运人员操作规程。

❾ 道路危险货物运输押运过程安全及事故应急措施

(1)道路危险货物运输押运安全基本要求；

(2)道路运输各类危险货物押运安全要求；

(3)道路危险货物运输押运事故应急措施。

四、课时安排

湖南省道路危险货物运输押运人员安全教育培训每月一课,每课2个学时,全年共 24 学时。

培训内容			学时
道路危险货物运输企业概述	道路危险货物运输企业资质要求	道路危险货物运输管理规定	2
	道路危险货物运输企业人员的基本要求	驾驶员、装卸管理人员和押运人员资质要求	
	道路危险货物运输企业营运车辆的基本要求	车辆设备的技术要求、车辆的限制	
道路危险货物运输企业安全生产相关的法规及标准	道路危险货物运输安全生产有关的法律法规体系	《中华人民共和国安全生产法》《中华人民共和国道路交通安全法》等国家法律中有关道路危险货物运输企业营运车辆驾驶员安全生产的相关内容	4
	道路危险货物运输安全生产有关的技术标准体系	《危险化学品安全管理条例》《道路危险货物运输管理规定》《中华人民共和国道路运输条例》等行政法规中道路危险货物运输企业营运车辆驾驶员安全生产的相关内容	
危险货物的分类与相关特性	货物物理及化学特性	物质、货物和危险货物的关系,物质的基本特性,物质的物理变化和化学变化,物质的物理性质和化学性质,物质的化学反应,化合物和溶液	2
	危险货物分类及品名编号	危险货物的分类、分项,危险货物的品名、编号	
	各类危险货物定义及特性	爆炸品基本特性、气体基本特性、易燃液体基本特性、易燃固体或物质基本特性、氧化物质(氧化剂)与有机过氧化物基本特性、有毒的(毒性的)物质和感染性物质基本特性、放射性物质基本特性、腐蚀性物质基本特性、杂项危险物质和物品基本特性	
《危险货物品名表》及其适用	《危险货物品名表》的结构和作用	危险货物品名表的结构,危险货物品名表的作用	2
	危险货物运输的限制与相关免除	各类危险货物运输的限制,危险货物运输的相关免除	

续上表

培训内容			学时
危险货物运输包装常识	危险货物运输包装基本要求	危险货物运输包装基本要求、危险货物运输包装的基本分类及其所适用的危险货物	2
	危险货物运输包装分类	危险货物运输包装标志的分类及使用要求	
	危险货物运输包装标志	《道路危险货物运输车辆标志》中有关道路危险货物运输车辆标志的分类、材质、图形和悬挂位置等要求	
	危险货物运输包装英文标识	危险货物运输包装英文标识	
道路危险货物运输安全及事故应急措施	爆炸品运输安全及应急措施	爆炸品运输前的准备工作,爆炸品运输过程的要求,爆炸品的灭火方法与撒漏处理	2
	压缩气体和液化气体运输安全及应急措施	压缩气体和液化气体运输前的准备工作,压缩气体和液化气体运输过程的要求,气体的灭火方法及撒漏处理	
	易燃液体运输安全及应急措施	易燃液体运输前的准备工作,易燃液体运输过程的要求,易燃液体灭火方法和撒漏处理	
	易燃固体、自燃物品和遇湿易燃物品运输安全及应急措施	易燃固体、自燃物品和遇湿易燃物品运输前的准备工作,易燃固体、自燃物品和遇湿易燃物品运输过程的要求,易燃固体、易于自燃物品和遇湿易燃物品的灭火方法和撒漏处理	
	氧化剂和有机过氧化物运输安全及应急措施	氧化剂和有机过氧化物运输前的准备工作,氧化剂和有机过氧化物运输过程的要求,氧化剂和有机过氧化物的灭火方法和撒漏处理	
	毒害品和感染性物品运输安全及应急措施	毒害品和感染性物品运输前的准备工作,毒害品和感染性物品运输过程的要求,毒性物质和感染性物质的灭火方法和撒漏处理	
	放射性物品运输安全及应急措施	运输放射性物品的安全要求,放射性物品应急处置	
	腐蚀品运输安全及应急措施	腐蚀品运输前的准备工作,腐蚀品运输过程的要求,腐蚀性物质灭火方法与撒漏处理	
	其他危险货物运输安全及应急措施	其他危险货物运输安全及应急措施	

续上表

培训内容			学时
道路危险货物运输常见事故处理及医疗急救常识	常见火灾事故及其防范措施	灭火对策的选择,扑救压缩或液化气体火灾的基本对策,扑救易燃液体的基本对策,扑救爆炸物品火灾的基本对策	2
	医疗急救常识	烧烫伤紧急救护,碰撞伤紧急救护,外伤紧急救护,中毒急救方法,心肺复苏	
道路危险货物运输押运人员概述	道路危险货物运输押运人员素质	道路危险货物运输押运人员的基本要求,道路危险货物运输押运人员的岗位要求	4
	道路危险货物运输押运人员须知	出车前的安全检查,装载作业过程的监督和检查,启运前准备工作,运输途中的监督与检查,卸载时的监督检查,回场后的监督、检查	
道路危险货物运输押运过程安全及事故应急措施	道路危险货物运输押运安全基本要求	道路危险货物运输基本安全要求,道路危险货物运输作业要求	4
	道路运输各类危险货物押运安全要求	道路危险货物运输各类危险货物押运安全要求,不同运输方式押运安全要求	
	道路危险货物运输押运事故应急措施	道路危险货物运输应急救援工作的主要任务,应急救援工作的基本原则,事故报告程序与现场保护,应急救援装备,应急预案的启动与实施,应急预案相应条件,事故应急救援终止	
信息技术应用推广	道路危险货物运输车辆安全实时监控管理系统	道路危险货物运输车辆安全实时监控管理要求;道路危险货物运输车辆安全实时监控系统建设情况	*
	公路集装箱运输的发展与信息技术应用	我国公路集装箱运输的发展情况;公路集装箱运输信息技术及应用	
合计			24
注:标记*内容为了解内容,不占培训学时			

附录 D 安全教育考试大纲

道路危险货物运输企业安全管理人员安全教育考试大纲

为提高湖南省道路危险货物运输企业安全管理人员安全素养和安全管理水平,确保湖南省道路危险货物运输企业安全管理人员安全教育培训质量,根据《中华人民共和国安全生产法》《安全生产培训管理办法》《中华人民共和国运输条例》《危险化学品安全管理条例》和《道路危险货物运输管理规定》等有关法律、法规,制订本大纲。

一、适用范围

湖南省道路危险货物运输企业安全管理人员安全教育考试。

二、执行主体

湖南省道路运输协会负责湖南省道路危险货物运输企业安全管理人员安全教育考试的组织、实施。

三、方法及合格标准

❶ 考试方法

考试为理论知识考核,采用闭卷考试方法。每季度考试一次,全年考试4次。试题分为判断、单项选择、多项选择三类题型,同一次考试的试卷不少于两套;每套试题为15题,其中判断题5题,单项选择题5题,多项选择题5题;试题内容的比例:安全管理基础知识部分占5题,安全管理能力知识部分占10题。

❷ 考试时间及合格标准

每次考试时间为30分钟;每小题1分,满分为15分,考试成绩达到12分及以上为合格。

❸ 成绩确认及有效期

必须由2名监考人员签字确认,成绩一年内有效。全年考试4次,4次考试成绩均达到 12 分及以上为全年考试合格。

四、考试内容及要求

(1)道路危险货物运输企业概述

(2)道路危险货物运输企业安全生产相关的法规及标准

(3)危险货物的分类与相关特性

(4)《危险货物品名表》及其适用

(5)危险货物运输包装常识

(6)道路危险货物运输安全及事故应急措施

(7)道路危险货物运输常见事故处理及医疗急救常识

(8)道路危险货物运输企业安全生产管理

(9)道路危险货物运输托运及承运

(10)道路危险货物运输事故应急预案

五、考试内容及分值分配

见下表,全年考试分值总数(题数):60。

(1)2019 年考试内容及分值分配。

考试内容			分值分配		
			单选	多选	判断
道路危险货物运输企业概述	道路危险货物运输企业营运车辆的基本要求	车辆设备的技术要求、车辆的限制	5	5	5
道路危险货物运输企业安全生产相关的法规及标准	道路危险货物运输安全生产有关的法律法规体系	《中华人民共和国安全生产法》《中华人民共和国道路交通安全法》《危险化学品安全管理条例》《道路危险货物运输管理规定》《中华人民共和国道路运输条例》《道路危险货物运输管理规定》《道路运输从业人员管理规定》等国家法律法规及部门规章和行政规范性文件中有关道路危险货物运输企业安全生产的相关内容	5	5	5

续上表

考试内容			分值分配		
			单选	多选	判断
危险货物的分类与相关特性	货物物理及化学特性	物质、货物和危险货物的关系,物质的基本特性,物质的物理变化和化学变化,物质的物理性质和化学性质,物质的化学反应,化合物和溶液	5	5	5
	危险货物分类及品名编号	危险货物的分类、分项,危险货物的品名、编号			
道路危险货物运输事故应急预案	制订事故应急预案的基本要求	应急预案的编制要求、编制程序及注意事项	5	5	5
合计			20	20	20

(2)2020年考试内容及分值分配。

考试内容			分值分配		
			单选	多选	判断
道路危险货物运输企业概述	道路危货企业资质要求	企业从事道路危险货物运输经营应当具备的条件	5	5	5
	道路危货企业人员的基本要求	驾驶员、装卸管理人员和押运人员资质要求			
道路危险货物运输企业安全生产相关的法规及标准	道路危货安全生产有关的法律法规体系	《中华人民共和国安全生产法》《中华人民共和国道路交通安全法》《危险化学品安全管理条例》《道路危险货物运输管理规定》《中华人民共和国道路运输条例》《道路危险货物运输管理规定》《道路运输从业人员管理规定》等国家法律法规及部门规章和行政规范性文件中有关道路危险货物运输企业安全生产的相关内容	5	5	5

续上表

考试内容			分值分配		
			单选	多选	判断
危险货物的分类与相关特性	各类危险货物定义及特性	爆炸品基本特性、气体基本特性、易燃液体基本特性、易燃固体或物质基本特性、氧化物质(氧化剂)与有机过氧化物基本特性、有毒的(毒性的)物质和感染性物质基本特性、放射性物质基本特性、腐蚀性物质基本特性、杂项危险物质和物品基本特性	5	5	5
道路危险货物运输企业安全生产管理	道路危货物企业安全生产责任制	安全生产方针和安全工作基本原则,道路危险货物运输企业安全生产责任制编写要求	5	5	5
	道路危货企业安全管理规章制度建设	安全生产规章制度的种类,制订安全生产规章制度时的注意事项,各类安全生产管理制度编制要求			
合计			20	20	20

(3)2021年考试内容及分值分配。

考试内容			分值分配		
			单选	多选	判断
道路危险货物运输企业安全生产相关的法规及标准	道路危险货物运输安全生产有关的技术标准体系	《危险货物分类和品名编号》《危险货物品名表》《危险货物道路运输规则》《危险货物道路运输企业运输事故事件应急预案编制要求》等国家标准和行业标准中道路危险货物运输企业安全生产的相关内容	5	5	5
《危险货物品名表》及其适用	《危险货物品名表》的结构和作用	危险货物品名表的结构,危险货物品名表的作用	5	5	5
道路危险货物运输企业安全生产管理	道路危险货物运输企业事故隐患排查治理	事故隐患的概念和分级,危险源和事故隐患的关系,道路危险货物运输企业隐患自查,道路危险货物运输企业隐患治理,道路危险货物运输企业隐患自报	10	10	10
合计			20	20	20

(4) 2022 年考试内容及分值分配。

考试内容			分值分配		
			单选	多选	判断
道路危险货物运输企业安全生产相关的法规及标准	道路危险货物运输安全生产有关的技术标准体系	《危险货物分类和品名编号》《危险货物品名表》《危险货物道路运输规则》《危险货物道路运输企业运输事故事件应急预案编制要求》等国家标准和行业标准中道路危险货物运输企业安全生产的相关内容	5	5	5
《危险货物品名表》及其适用	危险货物运输的限制与相关免除	各类危险货物运输的限制,危险货物运输的相关免除	5	5	5
道路危险货物运输常见事故处理及医疗急救常识	常见火灾事故及其防范措施	灭火对策的选择,扑救压缩或液化气体火灾的基本对策,扑救易燃液体的基本对策,扑救爆炸物品火灾的基本对策	5	5	5
道路危险货物运输事故应急预案	事故应急预案基本内容	企业情况、应急救援组织设置、驾驶员和押运人员应急处置、企业应急处置、信息发布与后期处置、应急保障	5	5	5
合计			20	20	20

(5) 2023 年考试内容及分值分配。

考试内容			分值分配		
			单选	多选	判断
危险货物运输包装常识	危货运输包装基本要求	危险货物运输包装基本要求、危险货物运输包装的基本分类及其所适用的危险货物	10	10	10
	危货运输包装分类	危险货物运输包装标志的分类及使用要求			
	危货运输包装标志	《道路危险货物运输车辆标志》中有关道路危险货物运输车辆标志的分类、材质、图形和悬挂位置等要求			
	危货运输包装英文标识	危险货物运输包装英文标识			

续上表

考试内容		分值分配		
		单选	多选	判断
道路危险货物运输托运及承运	道路危货运输托运人责任	托运人的定义,道路危险货物运输托运人责任的法规和标准要求,道路危险货物运输托运人的其他职责	10	10	10
	道路危货运输承运人责任	承运人的定义,道路危险货物运输承运人责任的法规和标准要求,危险货物运送和送达时承运人的责任			
	道路危货运输受理	道路危险货物运输受理程序及工作内容			
	道路危货运输相关文件	危险货物运单、托运证明文件、承运证明文件,危险货物的运输限制			
合计		20	20	20

(6)2024年考试内容及分值分配。

考试内容		分值分配		
		单选	多选	判断
道路危险货物运输安全及事故应急措施	爆炸品	爆炸品运输前的准备工作,爆炸品运输过程的要求,爆炸品的灭火方法与撒漏处理	10	10	10
	压缩气体和液化气体	压缩气体和液化气体运输前的准备工作,压缩气体和液化气体运输过程的要求,气体的灭火方法及撒漏处理			
	易燃液体	易燃液体运输前的准备工作,易燃液体运输过程的要求,易燃液体灭火方法和撒漏处理			
	易燃固体、自燃物品和遇湿易燃物品	易燃固体、自燃物品和遇湿易燃物品运输前的准备工作,易燃固体、自燃物品和遇湿易燃物品运输过程的要求,易燃固体、易于自燃物品和遇湿易燃物品的灭火方法和撒漏处理			
	氧化剂和有机过氧化物	氧化剂和有机过氧化物运输前的准备工作,氧化剂和有机过氧化物运输过程的要求,氧化剂和有机过氧化物的灭火方法和撒漏处理			
	毒害品和感染性物品	毒害品和感染性物品运输前的准备工作,毒害品和感染性物品运输过程的要求,毒性物质和感染性物质的灭火方法和撒漏处理			

续上表

考试内容			分值分配		
			单选	多选	判断
道路危险货物运输安全及事故应急措施	放射性物品	运输放射性物品的安全要求,放射性物品应急处置	10	10	10
	腐蚀品	腐蚀品运输前的准备工作,腐蚀品运输过程的要求,腐蚀性物质灭火方法与撒漏处理			
	其他危险货物	其他危险货物运输安全及应急措施			
常见事故处理及医疗急救常识	医疗急救常识	烧烫伤紧急救护、碰撞伤紧急救护、外伤紧急救护、中毒急救方法、心肺复苏	5	5	5
道路危险货物运输事故应急预案	道路危货运输事故报告和上报程序	伤亡事故报告的要求、伤亡事故报告的程序、特别重大事故的报告	5	5	5
合计			20	20	20

道路危险货物运输驾驶员安全教育考试大纲

为加强湖南省道路危险货物运输企业营运车辆驾驶员安全管理,提高湖南省道路危险货物运输企业营运车辆驾驶员安全素养,确保湖南省道路危险货物运输企业营运车辆驾驶员安全教育培训质量,根据《中华人民共和国安全生产法》《安全生产培训管理办法》《中华人民共和国运输条例》《道路运输从业人员管理规定》《危险化学品安全管理条例》和《道路危险货物运输管理规定》等有关法律、法规,制订本大纲。

一、适用范围

湖南省道路危险货物运输企业营运车辆驾驶员安全教育考试。

二、执行主体

湖南省道路运输协会,负责湖南省道路危险货物运输企业营运车辆驾驶员安全教育考试的组织、实施。

三、方法及合格标准

1 考试方法

考试为理论知识考核,采用闭卷考试方法。每月考试一次,全年考试 12 次。试题分为判断、单项选择、多项选择三类题型,同一次考试的试卷不少于两套;每套试题为 15 题,其中判断题 5 题,单项选择题 5 题,多项选择题 5 题;试题内容的比例:基础知识部分占 5 题,业务知识部分占 10 题。

2 考试时间及合格标准

每次考试时间为 30 分钟;每小题 1 分,满分为 15 分,考试成绩达到 12 分及以上为合格。

3 成绩确认及有效期

必须由 2 名监考人员签字确认,成绩一年内有效。全年考试 12 次,考试成绩达到 12 分及以上的次数不低于 10 次为全年考试合格。

四、考试内容

(1)道路危险货物运输企业概述
(2)道路危险货物运输企业安全生产相关的法规及标准
(3)危险货物的分类与相关特性
(4)《危险货物品名表》及其适用
(5)危险货物运输包装常识
(6)道路危险货物运输安全及事故应急措施
(7)道路危险货物运输常见事故处理及医疗急救常识
(8)道路危险货物运输驾驶员基本要求
(9)道路危险货物运输营运车辆基本要求
(10)道路危险货物运输驾驶员防御性驾驶

五、考试内容及分值分配

见下表,全年考试分值总数(题数):180。

考试内容		分值分配		
		单选	多选	判断
道路危险货物运输企业概述	道路危险货物运输企业资质要求;道路危险货物运输企业人员的基本要求;道路危险货物运输企业营运车辆的基本要求	5	5	5

续上表

考试内容		分值分配		
		单选	多选	判断
道路危险货物运输企业安全生产相关的法规及标准	道路危险货物运输安全生产有关的法律法规体系；道路危险货物运输安全生产有关的技术标准体系	10	10	10
危险货物的分类与相关特性	货物物理及化学特性；危险货物分类及品名编号；各类危险货物定义及特性	5	5	5
《危险货物品名表》及其适用	《危险货物品名表》的结构和作用；危险货物运输的限制与相关免除	5	5	5
危险货物运输包装常识	危险货物运输包装基本要求；危险货物运输包装分类；危险货物运输包装标志；危险货物运输包装英文标识	5	5	5
道路危险货物运输安全及事故应急措施	爆炸品、压缩气体和液化气体、易燃液体、易燃固体、自燃物品和遇湿易燃物品、氧化剂和有机过氧化物、毒害品和感染性物品、放射性物品、腐蚀品以及其他危险货物运输安全及应急措施	5	5	5
道路危险货物运输常见事故处理及医疗急救常识	常见火灾事故及其防范措施；医疗急救常识	5	5	5
道路危险货物运输驾驶员基本要求	道路危险货物运输驾驶员职业道德；道路危险货物运输驾驶员要求	5	5	5
道路危险货物运输营运车辆基本要求	道路危险货物运输车辆车型要求；道路危险货物运输车辆基本要求	10	10	10
道路危险货物运输驾驶员防御性驾驶	防御性驾驶的基本知识；防御性驾驶技术	5	5	5
合计		60	60	60

道路危险货物运输押运人员安全教育考试大纲

为加强湖南省道路危险货物运输押运人员安全管理,提高湖南省道路危险货物运输押运人员安全素养,确保湖南省道路危险货物运输押运人员安全教育培训质量,根据《中华人民共和国安全生产法》《安全生产培训管理办法》《中华人民共和国运输条例》《道路运输从业人员管理规定》《危险化学品安全管理条例》和《道路危险货物运输管理规定》等有关法律、法规,制订本大纲。

一、适用范围

湖南省道路危险货物运输押运人员安全教育考试。

二、执行主体

湖南省道路运输协会负责湖南省道路危险货物运输押运人员安全教育考试的组织实施。

三、方法及合格标准

1 考试方法

考试为理论知识考核,采用闭卷考试方法。每月考试一次,全年考试12次。试题分为判断、单项选择、多项选择三类题型,同一次考试的试卷不少于两套;每套试题为15题,其中判断题5题,单项选择题5题,多项选择题5题;试题内容的比例:基础知识部分占5题,业务知识部分占10题。

2 考试时间及合格标准

每次考试时间为30分钟;每小题1分,满分为15分,考试成绩达到12分及以上为合格。

3 成绩确认及有效期

必须由2名监考人员签字确认,成绩一年内有效。全年考试12次,考试成绩达到12分及以上的次数不低于10次为全年考试合格。

四、考试内容

(1)道路危险货物运输企业概述
(2)道路危险货物运输企业安全生产相关的法规及标准

(3)危险货物的分类与相关特性
(4)《危险货物品名表》及其适用
(5)危险货物运输包装常识
(6)道路危险货物运输安全及事故应急措施
(7)道路危险货物运输常见事故处理及医疗急救常识
(8)道路危险货物运输押运人员概述
(9)道路危险货物运输押运过程安全及事故应急措施

五、考试内容及分值分配

全年考试分值总数(题数):180。

考试内容		分值分配		
		单选	多选	判断
道路危险货物运输企业概述	道路危险货物运输企业资质要求;道路危险货物运输企业人员的基本要求;道路危险货物运输企业营运车辆的基本要求	5	5	5
道路危险货物运输企业安全生产相关的法规及标准	道路危险货物运输安全生产有关的法律法规体系;道路危险货物运输安全生产有关的技术标准体系	10	10	10
危险货物的分类与相关特性	货物物理及化学特性;危险货物分类及品名编号;各类危险货物定义及特性	5	5	5
《危险货物品名表》及其适用	《危险货物品名表》的结构和作用;危险货物运输的限制与相关免除	5	5	5
危险货物运输包装常识	危险货物运输包装基本要求;危险货物运输包装分类;危险货物运输包装标志;危险货物运输包装英文标识	5	5	5
道路危险货物运输安全及事故应急措施	爆炸品、压缩气体和液化气体、易燃液体、易燃固体、自燃物品和遇湿易燃物品、氧化剂和有机过氧化物、毒害品和感染性物品、放射性物品、腐蚀品以及其他危险货物运输安全及应急措施	5	5	5
道路危险货物运输常见事故处理及医疗急救常识	常见火灾事故及其防范措施;医疗急救常识	5	5	5

续上表

考 试 内 容		分值分配		
		单选	多选	判断
道路危险货物运输押运人员概述	道路危险货物运输押运人员素质;道路危险货物运输押运人员须知	10	10	10
道路危险货物运输押运过程安全及事故应急措施	道路危险货物运输押运安全基本要求;道路运输各类危险货物押运安全要求;道路危险货物运输押运事故应急措施	10	10	10
合计		60	60	60

参考文献

[1] 交通部公路司.道路危险货物运输安全简明手册[M].北京:人民交通出版社,2005.

[2] 严季.危险货物道路运输安全管理手册(危险货物和危险化学品篇)[M].北京:人民交通出版社股份有限公司,2018.

[3] 《危险货物运输应急救援指南》工作委员会.危险货物运输应急救援指南(2016版)[M].北京:化学工业出版社,2017.

[4] 交通运输部运输服务司.危险货物道路运输行业管理工作指南[M].北京:人民交通出版社股份有限公司,2015.

[5] 《危险货物道路运输安全管理手册》编写组.危险货物道路运输安全管理手册(法规篇)(2013年版)[M].北京:人民交通出版社,2013.

[6] 邱振华.常用危险货物运输知识问答[M].北京:人民交通出版社,2008.

[7] 严季.危险货物道路运输企业专职安全管理人员培训教材[M].北京:人民交通出版社股份有限公司,2016.

[8] 严季,刘浩学.危险货物道路运输从业人员培训教材(基础篇)[M].北京:人民交通出版社,2014.

[9] 刘敏文.危险货物运输管理教程[M].北京:人民交通出版社,2002.

[10] 郗恩崇.道路运输行政管理学[M].北京:人民交通出版社,1998.

[11] 周有才.汽车危险货物运输指南[M].北京:人民交通出版社,1994.

[12] 林柏泉.安全系统工程[M].北京:中国劳动社会保障出版社,2007.

[13] 刘志强,葛如海,龚标.道路交通安全工程[M].北京:化学工业出版社,2005.

[14] 刘玉增,王洪明.道路交通事故学[M].成都:四川大学出版社,2005.

[15] 王凯全.事故理论与分析技术[M].北京:化学工业出版社,2004.

[16] 高等院校安全工程专业教学指导委员会.安全管理学[M].北京:煤炭工业出版社,2002.

[17] 周有才.汽车危险货物运输指南[M].北京:人民交通出版社,1994.

[18] 吴宗之.危险品道路运输事故风险评价[M].北京:化学工业出版社,2014.

[19] 吴海杰.我国道路危险品运输管理问题剖析及解决对策[J].污染防治技术,2013(05).

[20] 卢均臣,王延平,袁纪武,翟良云.2012年全球危险化学品运输事故统计分析[J].安全、健康和环境,2013(09).

[21] 谈进辉,姚红云,李燊.危险品货物运输全程监控分析[J].交通科技与经济,2012(06).

[22] 缪克银.危险品货物运输安全策略的分析与研究[J].中国安全生产科学技术,2011(12).

[23] 钱大琳.国内外危险货物运输安全管理[M].北京:人民交通出版社,2011.